"十四五"普通高等教育汽车服务工程专业教材

Qiche Fuwu Gongcheng Zhuanye Daolun

汽车服务工程专业导论

(第2版)

王林超　李方媛　主　编
王晓哲　赵玉真　副主编
　　　　于明进　主　审

人民交通出版社股份有限公司
北京

内 容 提 要

本书为"十四五"普通高等教育汽车服务工程专业教材。全书共分为六章，分别是绪论、汽车知识、汽车服务概述、典型汽车服务介绍、汽车服务工程专业人才培养体系、大学生活与未来发展。

本书可作为高等院校汽车服务工程专业学生的入门教材，还可供其他汽车类专业学生、汽车爱好者参考阅读。

图书在版编目(CIP)数据

汽车服务工程专业导论/王林超,李方媛主编.—2版.—北京:人民交通出版社股份有限公司,2021.12
ISBN 978-7-114-17608-1

Ⅰ.①汽… Ⅱ.①王… ②李… Ⅲ.①汽车工业—销售管理—商业服务—高等学校—教材 Ⅳ.①F407.471.5

中国版本图书馆 CIP 数据核字(2021)第 186241 号

书 名:	汽车服务工程专业导论(第2版)
著 作 者:	王林超　李方媛
责任编辑:	钟　伟
责任校对:	席少楠
责任印制:	张　凯
出版发行:	人民交通出版社股份有限公司
地　　址:	(100011)北京市朝阳区安定门外外馆斜街3号
网　　址:	http://www.ccpcl.com.cn
销售电话:	(010)59757973
总 经 销:	人民交通出版社股份有限公司发行部
经　　销:	各地新华书店
印　　刷:	北京市密东印刷有限公司
开　　本:	787×1092　1/16
印　　张:	12.25
字　　数:	287千
版　　次:	2014年9月　第1版 2021年12月　第2版
印　　次:	2021年12月　第2版　第1次印刷　总第5次印刷
书　　号:	ISBN 978-7-114-17608-1
定　　价:	35.00元

(有印刷、装订质量问题的图书由本公司负责调换)

PREFACE 第2版前言

　　刚踏入大学校门的新生,对未来充满了憧憬和期望,迫切希望了解自己所学汽车服务工程专业的性质、培养目标、未来发展方向;学校将通过哪些途径把自己培养成具有什么素质的专业技术人才;高等教育和中等教育的区别;大学的教学和管理特点;自己在大学里将学到哪些知识,获得哪些技能,能力得到哪些培养,将来的就业领域和工作范畴是什么,自己将怎样适应大学的学习生活等。而学校和老师也希望尽早让同学们对自己所学专业有较为全面与深入的认识,激发学习兴趣,树立正确的学习目标,制定适合自身特点的学习规划,创建大学学习的良好开端。为此,编者编写了这本《汽车服务工程专业导论》。

　　本书在第1版的基础上进行修订,缩减了传统汽车结构知识,增加了新能源汽车和智能网联汽车的知识;增加了汽车服务工程专业的法律、政策、法规;增加了"互联网+"的典型汽车服务;增加了工程教育认证背景下汽车服务工程专业的人才培养方案;采用了最新的政策与法规等。

　　本书共分六章:第一章为绪论;第二章为汽车知识;第三章为汽车服务概述;第四章为典型汽车服务介绍;第五章为汽车服务工程专业人才培养体系;第六章为大学生活与未来发展。本书可使学生对汽车服务工程专业有较为全面的认识,了解本专业学科知识和与其他专业领域知识交叉、渗透、融合的现状,以培养"宽口径、厚基础、广适应"的专业人才。

　　本书由山东交通学院王林超、李方媛担任主编,由山东大学王晓哲、山东交通学院赵玉真担任副主编,具体编写分工如下:王晓哲编写第一章;王林超编写第二章、第四章;李方媛编写第三章、第五章;赵玉真编写第六章。参加本书资料收集、整理等工作的还有陈继玲、王万毅、陈沛啟等同志。本书由山东交通学院于明进教授担任主审。

　　在本书编写过程中,承蒙汽车服务工程领域许多同仁和专家的大力支持和帮助,在此表示最诚挚的谢意。

　　由于编者水平所限,书中存在的缺点、错误及不足之处,恳请广大读者和师生指正。

编　者

2021年4月

CONTENTS 目 录

第一章 绪论 ·· 1
 第一节 汽车的历史与发展 ··· 1
 第二节 汽车的组成与分类 ··· 8

第二章 汽车知识 ·· 17
 第一节 传统汽车结构知识 ·· 17
 第二节 新能源汽车知识 ·· 49
 第三节 智能网联汽车知识 ·· 65

第三章 汽车服务概述 ·· 75
 第一节 汽车服务的内涵 ·· 75
 第二节 汽车服务发展现状及趋势 ··· 82

第四章 典型汽车服务介绍 ·· 96
 第一节 汽车营销服务 ··· 96
 第二节 汽车保险与理赔服务 ··· 104
 第三节 二手车服务 ·· 113
 第四节 汽车技术服务 ··· 119
 第五节 汽车美容与装饰服务 ··· 125
 第六节 汽车金融服务 ··· 129
 第七节 新车电商服务 ··· 133

第五章 汽车服务工程专业人才培养体系 ··· 136
 第一节 高等教育 ··· 136
 第二节 工程教育认证 ··· 138
 第三节 汽车服务工程专业的属性 ··· 145
 第四节 汽车服务工程专业人才培养方案 ·· 150
 第五节 汽车服务工程专业人才培养方案实施 ·· 165

第六章 大学生活与未来发展 ··· 169
 第一节 大学中的教与学 ·· 169
 第二节 就业与读研 ·· 176

参考文献 ·· 189

第一章 绪 论

第一节 汽车的历史与发展

汽车作为重要的陆路交通工具,问世百余年来,取得了惊人的发展。汽车已成为人类最常用的交通工具,全世界有一半以上的客货运输是由汽车来完成的。同时汽车也逐渐改变了人们的生活方式,变革了世界经济、文化,渗透到了人类生产、生活的各个领域,直接促进了经济社会的发展,特别是轿车的普及极大地扩大了人们的活动时空,加快了人们生活节奏,提高了人们的生活品质。

一、汽车的由来

1876年,德国人奥托制成了第一台往复式四冲程内燃机。这种内燃机利用活塞往复运动的四个行程,将吸入的煤气与空气的混合气压缩后,再点火燃烧,大大提高了内燃机的热效率。

1886年,德国人卡尔·本茨设计制造出了世界上第一辆装用汽油内燃机的三轮汽车,如图1-1所示。这辆三轮汽车采用钢管焊接车架,辐条式车轮,发动机为单缸四冲程,工作容积1687mL,转速200r/min,功率1.103kW,最高车速18km/h。

同样在1886年,德国人哥德里普·戴姆勒成功发明了世界上第一辆四轮汽车,如图1-2所示。该车的发动机为单缸四冲程汽油机,水冷,转速750r/min,最高车速15km/h。

图1-1 世界上第一辆三轮汽车

图1-2 世界上第一辆四轮汽车

由于装用汽油内燃机的汽车轻便、快速、舒适,并且一次加油行驶的路程较长,因此,它一经问世,便受到了人们的普遍欢迎,同时也标志着汽车的真正诞生。

二、汽车工业发展概况

世界汽车发展大致经历了8个阶段。

1. 第一阶段——技术发展阶段

19世纪末至20世纪初,欧美一些主要资本主义国家相继完成了工业革命。生产力的大幅度提高,对交通运输工具提出了相应的发展要求。同时,石油工业的发展,已能提供足够的燃料;机械工业的发展,也提供了先进的加工设备。因此,从德国人本茨和戴姆勒于1886年制造出第一辆内燃机汽车开始,各欧美发达资本主义国家开始相继制造出了汽车。

1893年,杜里埃兄弟经过不懈的努力,造出了美国的第一辆汽车。紧随其后,亨利·利兰成立了凯迪拉克汽车公司,名车"凯迪拉克"诞生。1903年,大卫·别克创立了别克汽车公司,亨利·福特成立了福特汽车公司,从此开始了美国汽车发展的新纪元。

1896年,法国一个小五金商人的儿子阿尔芝·标致创立了以狮子为商标的标致汽车公司,这就是现代标致雪铁龙集团的前身。

1898年,路易丝·雷诺在法国创立了雷诺汽车公司,他研制的汽车率先使用轴传动,是变速器和万向节的先驱,从而奠定了雷诺名车的基础。

1899年,意大利人乔瓦尼·阿涅利建立起都灵汽车厂,后来该厂用都灵汽车厂的缩写,改名为菲亚特汽车公司。

1904年,英国贵族子弟罗尔斯和工程师罗伊斯联手合作,成立了罗尔斯·罗伊斯汽车公司,该公司生产的高级轿车以其杰出的质量、优良的性能、豪华的内饰、古色古香的外形以及设备的完善考究而驰名世界,被认为是世界名车之冠。因而罗尔斯·罗伊斯汽车成为英国王室成员用车,也是接待外国元首和政府首脑的用车,英国的达官贵人都争相购买这种车,以显示自己的地位。

2. 第二阶段——大量生产阶段

1908年亨利·福特首次推出T型车。在以后近20年的时间里,福特汽车公司共计生产了1500余万辆T型车,由于T型车结构紧凑、设计简单、坚固,加上驾驶容易、价格低廉(1927年售价仅每辆290美元),因而深受美国人民的喜爱。由于它广泛地被城市、农村的普通家庭所使用,因此,美国老百姓认为T型车改变了他们的生活方式、思维方式和娱乐方式,使他们生活更自由,视野更广阔,并产生了新的人与人之间的关系。截至第一次世界大战结束时,福特汽车公司已控制了北美乃至世界各地的汽车市场,地球上几乎一半汽车是T型车。

3. 第三阶段——适用阶段

第一次世界大战期间,福特T型车不能适应欧洲泥泞的战场,这使很多汽车厂家意识到,一定要造一种"万能车",此车由威力斯公司招标承制,所以通常称为威力斯万能车(General-Purpose Wills),缩写为GPW,没过多久又缩写为GP,也即Jeep,中文译为"吉普"。

吉普车带2挡分动器,四轮驱动,并且外形低矮(避免侦察时让敌人发现,另外也是为了减小火力目标),该车还采用了可拆放的风窗玻璃和由钢管架支撑的篷顶。为了减轻自重,吉普车增大了有限载荷能力,车身板件也是能省则省,没有车门,仅在侧围上开了一个缺口,供上下车用,而且尽量采用曲线形整件侧围。该车底盘非常坚固,离地间隙大。截至第二次世界大战结束时,吉普车的产量已超过60万辆。

4. 第四阶段——产业化时代

第二次世界大战以后,不仅汽车成为不可缺少的公共和个人运输工具,而且汽车工业也已成为牵动很多基础材料和相关零部件生产的主导产业。另外,汽车产业的发展促进了很多新工业的发展,例如公路建筑行业等,反过来又加速了汽车的普及。

(1)美国。20世纪50~60年代,美国的汽车工业不仅带动了整个美国经济的发展,而且成为世界最大的汽车生产国,汽车总产量比其他国家的总和还多。这个时期,美国汽车业完成了兼并大战,美国汽车市场成为通用、福特和克莱斯勒的天下。汽车产品走向多级化,成为世界第一商品。汽车工业由此发生质的变化,从手工业作坊式的小工业发展成为资金密集、人力密集的现代化大产业,美国也由此被誉为"绑在轮子上的国家"。

(2)日本。20世纪50年代,日本对基础工业进行了大量投资,原为小手工业作坊式的汽车厂,如日产、五十铃、丰田、日野等公司开始加速发展。特别是1955年以后,当日本经济已经基本恢复元气,准备进一步赶超欧美发达国家时,日本政府和一些经济学家认识到,要达到这个目的,单纯依靠企业管理的改善已不可能,而必须使产业结构向高端化方向发展,并确定一个能带动整个经济起飞的"战略性产业",才能使整个国民经济有一个飞跃,实现其赶超欧美的宏愿,而这个战略性产业就是汽车工业。在这一时期,日本政府制定了一系列扶持汽车工业的法规条例,使日本汽车工业迅速成长起来,汽车产量由1955年的68932辆跃升至1960年的481751辆,并且轿车在汽车总产量中的比例也由1950年的5.3%上升到1960年的34.3%。

进入20世纪60年代,日本的汽车产量更是直线上升,1965年产量达到187万辆,创造了汽车发展史上的奇迹。

(3)德国。20世纪60年代也是苏联帮助德国汽车工业大发展的时代,10年间苏联帮助德国汽车公司共生产了338万辆,使德国平均每1000人的汽车保有量达到236辆。

因此,从第二次世界大战后到20世纪60年代中期称为汽车发展的"产业化时代",在这个时代,汽车工业成为世界上最有活力的产业之一。

5. 第五阶段——摩擦时代

20世纪70年代初,受中东战争及石油危机的影响,世界汽车销售量急剧下降,市场严重萎缩,这对汽车制造业特别是中小规模的汽车生产厂家简直是致命的打击,世界汽车市场的格局发生了重大的变化。石油危机爆发使日本将其省油、价廉的小汽车打入美国市场,抢占了约30%原属于美国车企的轿车市场,从此引发出一场愈演愈烈的日美汽车战。

越来越严重的汽车排放污染问题以及20世纪70年代美国政府制定的严格的排污法规,又给汽车业的发展带来了影响。在这个阶段,人们意识到汽车是"行走凶器",汽车会造成废气污染,汽车会引起振动噪声污染以及导致石油危机等。为此,人们开始研制低公害汽车和低油耗汽车。

6. 第六阶段——高级化时代

20世纪80年代中期以后,汽车开始进入高级化时代,汽车企业中的老牌群雄和新的竞争者一同把世界汽车工业推向一个更高的发展阶段。1988年,全世界共生产汽车4850万辆,其中日本生产1270万辆,西欧地区生产1850万辆,美国生产1119万辆,日本、美国、德国、法国、西班牙、意大利六国的汽车产量就占世界汽车总产量的70%以上。这些汽车生产大国利用自己的优势,加速企业兼并,推动技术开发,进一步提高了垄断程度和竞争能力。

环境保护和不断提高的安全技术方面的要求对汽车工业产生了重大影响。而解决此类问题的最佳手段就是利用电子技术,汽车电子技术的发展也使汽车的一些性能指标达到了新的高度。此前作为汽车工业竞争焦点的质量和成本已经发生了变化,即成本已退居次要位置,而质量也不再仅考量可靠性。借助于技术的发展,汽车在动力性、经济性、制动性、舒适性、环保性、安全性等方面得到很大提高。

7. 第七阶段——电子化时代

20世纪90年代至21世纪初,汽车又进入了一个电子化和高级智能化时代,主要表现在汽车的智能化方面,也就是说为汽车装上"大脑",让汽车"学会思考"。汽车上电子控制系统不断出现及优化,彻底将汽车从机械时代飞跃到机电液一体化的时代,控制精度越来越高,使汽车的动力性、经济性、排放性不断提高。

8. 第八阶段——智能网络化时代

自21世纪10年代起,汽车行业从电子控制向集成化发展,汽车上的电控单元越来越多,嵌入式系统集成控制技术、计算机技术和网络技术的发展和成熟,使汽车电子控制系统的一体化集成、网络化和智能化成为汽车技术发展的必然趋势。目前,在汽车上集辅助驾驶技术、碰撞主动规避、智能泊车以及智能交通技术于一体的新技术正在迅猛发展,智能汽车将成为21世纪的主要交通工具。

三、中国汽车工业发展简介

我国的汽车工业是从20世纪50年代开始发展的,经历了五个阶段。

1. 创立时期(1953—1978年)

我国的汽车工业在1953年从零起步,开始建立第一汽车制造厂,三年后便生产出国产"解放牌"中型载货汽车。20世纪60年代建设了第二汽车制造厂,生产出我国独立设计的"东风牌"中型载货汽车。后来又建设了"川汽""陕汽"等重型汽车厂,还在修理厂的基础上建成了"北汽""上汽""南汽""济汽"等一批骨干企业。但汽车的品种在这一时期内"缺重少轻",更无轿车工业。

2. 大发展时期(1978—1993年)

我国改革开放后,汽车工业进入了大发展时期。汽车行业开始以各大型骨干企业为主,联合一批相关的中小型企业组建汽车集团。汽车工业加快了主导产品更新换代的步伐,注重提高产品质量、增添汽车品种。1985年,中共中央在"七五"计划建议中提出了要把汽车工业作为支柱产业的方针;1987年,国务院又确立了发展轿车工业来振兴我国汽车工业的战略。这就确立了汽车工业在我国国民经济中的重要地位和发展重点,并有计划、有重点地引进国外先进技术和整车项目,发展我国的轿车工业。

3. 快速发展时期(1993—2002年)

1993年后,我国汽车工业跨入了快速发展时期。这一时期我国重点支持2~3家汽车企业集团迅速成长为具有相当实力的大型企业,支持6~7家汽车企业成为国内的骨干企业;解决重复引进低水平产品的问题,花大气力增强汽车产品自主开发能力,从与国外联合开发逐步走向成熟的自主开发,提高产品质量和技术装备水平,迅速赶上国际先进水平。

4. 高速发展阶段(2003—2015年)

这一阶段,我国汽车的保有量和产销量飞速增长 2004年,《汽车产业发展政策》正式实施,进一步推动了汽车私人消费,我国的汽车保有量进入"井喷"时期。随着我国加入世贸组织,与国外汽车巨头的生产与营销合作步伐明显加快,引进国外企业的资金、技术和管理的力度不断加深;企业组织结构调整稳步前进。我国汽车工业开启了以大集团为主的规模化、集约化的产业新格局,呈现出汽车保有量和产销量飞速增长的局面,连续10年产销量蝉联世界第一。同时相关行业的迅猛发展,推动了汽车工业发展。道路和交通状况的改善,冶金、石化等产业的飞速发展,与汽车产业形成了相互促进、协调发展的局面。

5. 电动化、智能化、网联化、共享化阶段(自2015年起至今)

自2015年5月举办的第七届中国汽车蓝皮书论坛,首次提及"汽车四化"概念(电动化、智能化、电商化、共享化)开始,我国汽车发展趋势便是电动化、智能化、网联化、共享化。

汽车电动化发展的载体是新能源汽车,其完整的产业链包括上游锂电池及电机原材料供应,中游电机、电控、电池管理系统以及下游整车生产,以及充电桩和运营管理。我国电动汽车产业发展迅速,2019年新能源汽车销量达120.6万辆。在技术进步、政策支持、资本青睐、基础设施建设日益完善、消费者环保观念逐步增强与清洁能源产品消费看涨的综合作用下,新能源汽车的发展速度越来越快。

大数据、云计算、5G、人工智能等先进技术催生汽车行业向智能化方向发展,谷歌无人驾驶汽车的研究很早就已启动,苹果公司的造车计划也几度被报道,以百度、华为为代表的中国互联网和通信企业也对汽车智能化领域进行布局。2019年自动驾驶路测牌照达250张。智能网联汽车战略逐步明确,是汽车智能化的发展路径。在5G、物联网等新一代信息通信技术带动下,我国汽车智能化发展路线开始成熟,形成了自动驾驶和车联网两大技术融合发展的智能网联汽车国家战略。2020年3月,《汽车驾驶自动化分级》报批公示,我国正式拥有自己的自动驾驶汽车分级标准,该标准于2021年1月开始实施。

我国汽车共享化发展处于全球领先位置,具体运营模式仍在探索当中,2016年开始兴起的共享经济,是"互联网+"时代的信息化应用,主要由互联网信息技术催生,即通过平台化建设强化信息配置能力,提高资源使用效率,在此阶段,汽车共享模式,分别在汽车租赁和出行服务两个领域形成分时租赁和网约车两种代表模式。

当前,我国汽车产销量已经占据全球汽车市场近1/3的份额,成为国内外车企最重要的市场。在经历了2019年的小幅下降与激烈竞争之后,2020年我国汽车产业面临着转型升级,竞争更加激烈的局面。随后我国汽车市场的发展模式将从高速增长转入中速增长,甚至是进入低速增长阶段。2020—2025年我国汽车市场预计将保持4%的低速增长率,到2025年,我国汽车产销量将突破3000万辆。

四、汽车工业与社会进步

(1)汽车工业的发展改变了人类生活。

人类社会的"汽车化",大大地扩大了人们日常活动的半径和范围,扩大并加速人与人之间、国与国之间、地区与地区之间的交往,极大地加快了人们的生活节奏,促进了世界经济的大发展与人类文明的快速进步。

(2)汽车产品市场广阔,汽车工业对经济增长的贡献程度高。

汽车是世界上唯一兼有零件数以万件计、年产量以千万辆计、保有量以亿辆计、售价以万元计的综合性、高精度、大批量生产的工业产品。汽车产业在国民经济中地位突出,发达国家的汽车工业发展都与国民经济发展直接相关,并基本保持与国内生产总值(GDP)的同向增长。日本在经济高速发展的15年间,国内生产总值增长了6倍,而汽车工业的产值却增长了57倍。汽车工业完成的工业增加值在其国内生产总值中的占比,西欧地区平均为

7%,日本在10%以上,美国也超过了5%。因而,有人认为完成的工业增加值占同期GDP的比例不小于5%的产业,即为支柱产业。

随着汽车工业的全球化发展,其产值大幅度提高。目前,全球汽车工业年总产值在15000亿美元以上。这个数字表明,汽车工业是全球性创造产值巨大的产业。

(3)汽车工业对其他产业的波及效果大、牵动力强,能够大面积促进相关产业的发展。

汽车工业是一个高投入、高产出、集群式发展的产业部门。汽车工业自身的投资、生产、研发、供应、销售、维修,前序的原材料、零部件、技术装备、物流,后序的油料、服务、报废回收、信贷、咨询、保险,直至广告、租赁、驾驶员培训、汽车运输、汽车救援、汽车美容、汽车运动、加油站、基础设施建设、汽车旅游、汽车旅馆、汽车影院、汽车餐厅等,构成了一个无与伦比的长链条、大规模的产业体系。

汽车工业产业链长、辐射面广、关联度高、就业面广、消费拉动大,与其相关的上游产业包括钢铁、有色金属、橡胶、玻璃、机械、化工、电子、石油等,其下游产业包括销售、维修、公路建设、交通、物流、保险理赔、汽车美容和旅游等。汽车工业的发展能带动钢铁、机械、电子、橡胶、玻璃、石化、建筑、服务等150多个相关产业的发展,汽车制造业对其他产业带动效应的直接相关度为1∶2.4~1∶2.7。汽车消费的拉动作用范围大、层次多,是典型的波及效果(相关产业为汽车工业服务所形成的增加值)大的产业,其波及效果数倍于汽车工业本身的效益。以美国为例,汽车工业消费了美国25%的钢材、60%的橡胶、33%的锌、17%的铝和40%的石油;在商业领域,汽车经销商的收入占美国批发商收入的17%和零售商收入的24%。可见,汽车行业的发展不但可以带动相关制造行业发展,还可强力拉动服务业,对经济的拉动作用巨大。

(4)汽车工业科技创新和科技成果吸收能力强,有利于促进国民经济产业结构升级。

汽车诞生100多年来,技术进步使得汽车的面貌日新月异,汽车工业变得日益强大和成熟。20世纪70年代以后,汽车在安全、节能和环保方面又有了新的突破和进展。特别是电子技术与汽车技术的结合,使得汽车技术又有了一个质的飞跃,汽车正在走向电子化、网络化、智能化、轻量化、能源多样化。同时,汽车的能耗、噪声和污染等公害日益减少,安全性、经济性、舒适性、使用方便性日益提高。汽车科技是国家整体提高科技水平的"领头羊",是国家创新工程的重要阵地。

汽车工业的发展,不断对相关产业提出新的要求,促进其技术的进步。例如,高性能燃料和润滑油、特种钢材和有色金属、子午线轮胎、工程塑料、夹层玻璃和钢化玻璃、汽车电子设备等,就大大推动了石油工业、冶金工业、橡胶工业、化学工业、玻璃工业、电子工业的技术进步。现代汽车科技涉及空气动力学、人机工程学、结构力学、机械工程学、热力学、流体力学、材料学、工业设计学等多个学科,它们紧密相连、相互依附、相互促进。

汽车工业还是带头应用最新技术成果的行业。通过新技术在汽车行业的试验、研究和完善,最终推广和运用到其他工业。组合机床、自动生产线、柔性加工系统、机器人、全面质量管理等新技术、新工艺、新方法,都是在汽车工业最先得到推广和应用。汽车工业是消化吸收科技成果(尤其是高科技成果)最强的工业部门之一,例如,世界上70%的机器人被应用于汽车工业,计算机辅助设计/计算机辅助制造(CAD/CAM)技术正被广泛用于汽车设计和生产,以电子产品为代表的一大批高科技产品在汽车上的装车率日益提高。机械、电子、化学、材料、光学等众多学科技术领域取得的成就多在汽车上得到了体现和应用。

汽车工业的发展,直接促进国家产业结构的升级。由于汽车工业的水平几乎代表着一个国家的制造业水平、工业化水平和科技水平,汽车科技及其相关科技对其他产业的辐射直接促进有关产业的进步,特别是促进技术含量相对较高产业的发展,从而使得国家的产业结构不断走向高级化。产业结构的升级,提高了产业的国际竞争能力,必将导致国家出口产品结构的优化,形成以深加工、高附加值为主的出口结构。第二次世界大战后,汽车作为"国际贸易第一大商品"的地位从未被撼动。

(5)汽车工业能够提供众多的就业机会。

发展汽车工业是提供就业机会的有效途径,其就业机会不仅量大、面广,而且技术含量也高。有统计数字表明,汽车工业每提供1个就业岗位,上/下游产业劳动的就业人数是10~15人。目前,在几个主要汽车生产国和消费国中,汽车及相关产业提供的就业机会约占全国总就业机会的10%~20%,尤其是汽车服务业的就业人数大幅度增长,就业比例明显提高。西欧的主要发达国家,全国平均每6~7个就业人员中就有一个是与汽车产业相关的。汽车工业为汽车发达国家提供了巨大的就业机会。我国与日本、德国相比,汽车及相关产业的总就业人数相对较多,有专家预测,到2030年将达1亿人以上。

(6)汽车成为高科技的结晶。

进入21世纪以来,汽车产品技术渐进的节奏突然变得"喧嚣而絮乱"——"智能技术和网络技术应用到汽车上,让四个轮子加两个沙发的汽车成为移动智能终端"的呼声逐渐汇聚成一股潮流,一场声势浩大的"智能网联"变革浪潮降临汽车行业。

这一变革不仅成为大众传媒津津乐道的话题,而且汇聚成一股创业变革浪潮,不到三年的时间,仅中国就涌现出了许多新造车公司:乐视汽车、蔚来汽车、小鹏汽车、前途汽车、奇点汽车、车和家、威马汽车、Future Mobility Corporation、游侠汽车、云度汽车、长江汽车等20多家企业,誓要做"汽车产业的革命者"。

总之,汽车作为人类历史上最伟大的发明之一,不仅使人类的出行摆脱了对双脚和马匹的依赖,也使人类的生产、生活乃至社会面貌都发生了巨大变化,因此被称为"改变世界的机器"。

从生产层面来看,汽车工业由于其产品的复杂性和综合性,其产业链涵盖了绝大多数现代工业门类,目前汽车工业正在由传统燃油车向新能源汽车转型,直接或间接带动了许多新兴技术和产业的发展,有些行业形成了对汽车工业的高度依赖,因此汽车工业被称为"工业中的工业"。

从生活层面来看,汽车是现代工业设计和美学的集大成者,同时也是人类挑战极限和追求速度的竞技工具,因此而形成的汽车改装、赛车运动、主题公园、自驾游、房车宿营、露天影院、汽车影视、汽车服饰和汽车游戏等,都在人类生活中留下烙印。

从社会层面来看,汽车代表了身份和尊严,被称为住宅以外的"第二生活空间",人们希望通过拥有汽车而实现自由舒适且随心所欲的出行,摆脱拥挤的公共交通,拥有汽车便成为中产阶层的"标志"之一,而明星和富商们更是对豪车一掷千金。

科技革命和产业变革加速到来,汽车产业既面临着各种机遇,也面临着重重挑战。一方面,我国汽车产业正面对全球经济下行、产业转型升级和疫情防控常态化三重压力;另一方面,国际竞争格局异常严峻,不少"卡脖子"技术难题亟待攻克,例如国内汽车芯片市场基本被国外企业所垄断,我国汽车芯片自给率不足10%。从汽车制造大国向产业强国迈进,科技创新是关键、人才培养是根本。

第二节 汽车的组成与分类

一、汽车的组成

汽车是由自身动力装置驱动,一般具有四个或四个以上车轮的非轨道承载车辆,主要用于载运人、货物及一些特殊用途。

汽车通常由发动机、底盘、车身、电气设备四大部分组成。图1-3为轿车的总体构造示意图。

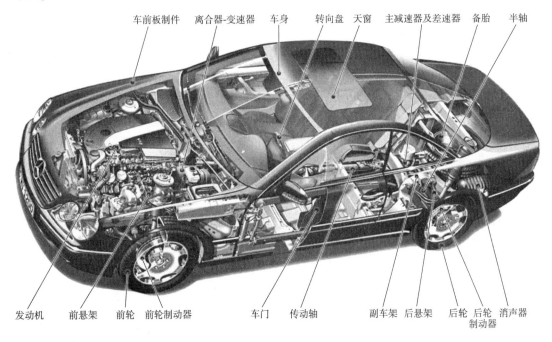

图1-3 典型轿车的总体构造

(1)发动机是汽车的动力装置。汽车上广泛使用的发动机大多是往复活塞式内燃机,其作用是使燃料燃烧而产生动力,一般是由机体、曲柄连杆机构、配气机构、燃料供给系统、冷却系统、润滑系统、点火系统、起动系统等组成。

(2)底盘是在动力装置驱动下,使汽车按驾驶员的操纵正常行驶部分的总称,它包括传动系统、行驶系统、转向系统和制动系统。

(3)车身是容纳驾驶员、载运乘客和货物部分的总称,它包括驾驶室和各种形式的车厢。

(4)电气设备是保证汽车动力性、经济性、安全性和可靠性,提高汽车品质的重要组成部分,包括汽车电源、用电设备和电子控制装置。

二、汽车的分类

汽车一般可按用途、发动机排量、乘客座位数、总质量、总长度、车身或驾驶室特点的不同等来分类,也可以取上述特征量中的两个指标作为分类的依据。

1. 按用途分类

汽车按用途分为轿车、货车、越野汽车、自卸汽车、牵引汽车、客车及专用汽车等,具体分类如下:

(1)轿车。轿车是用于载送人员及其随身物品且座位布置在两轴之间,乘坐2~8人的小型载客车辆。

在我国,轿车按发动机排量大小可分为微型汽车(1L以下)、普通级轿车(1~1.6L)、中级轿车(1.6~2.5L)、中高级轿车(2.5~4.0L)、高级轿车(4.0L以上)。

在欧洲,轿车分为A00、A0、A、B、C、D等级别。其中A级(包括A00、A0)车是指小型轿车,B级车是指中档轿车,C级车是指高档轿车,而D级车是指豪华轿车,其等级划分主要依据轴距、排量、质量等参数。

微型车(A00级):一般指轴距在2~2.2m之间(部分车型在此范围之外)、发动机排量小于1L的车型,如奇瑞QQ、长安奔奔等。

小型车(A0级):一般指轴距在2.2~2.3m之间(部分车型在此范围之外)、发动机排量在1~1.3L之间的车型,如广汽本田飞度、上汽大众POLO。

紧凑型车(A级):紧凑型车轴距一般在2.4~2.7m之间,发动机排量一般为1.6~2.0L,如一汽大众捷达、上汽通用别克凯越等。

中级车(B级):中级车轴距一般在2.5~2.8m之间,发动机排量一般为1.8~2.5L,如一汽大众迈腾、比亚迪G6等。

中高级车(C级):中高级车轴距一般在2.7~2.8m之间,发动机排量一般为2.5~3.0L,如一汽奥迪A6L、一汽丰田皇冠等。

豪华车(D级):这类车大多外形气派,轴距一般大于2.8m,发动机排量在3.0L以上,如奥迪A8L、宝马7系等。

对美系轿车,综合考虑车型尺寸、排量、装备和售价之后,将轿车分为6级。

Mini级:一般是指发动机排量在1L以下的轿车。

Small级:一般是指发动机排量为1.0~1.3L的轿车,处于我国普通轿车级别的低端。

Lowmed级:一般是指发动机排量为1.3~1.6L的轿车。

Interm级:和欧系车的低端B级轿车基本吻合。

Upp-med级:涵盖欧系车的高端B级轿车和低端C级轿车。

Larg/Lux级:和国内的高级轿车对应,涵盖欧系车的高端C级轿车和D级轿车。

另外,常见乘用车还有以下几种:

SUV(Sports Utility Vehicle),即运动型多功能车,一般采用四轮驱动,离地间隙较大,在一定程度上既有轿车的舒适性又有越野车的越野性能,如上汽大众途观、一汽丰田RAV4等。

MPV(Multi-Purpose Vehicle),即多用途车,它集旅行车宽大乘员空间、轿车的舒适性和厢式货车的功能于一身,一般为单厢式结构,如别克GL8、本田奥德赛等。

跑车,一般为双门式、双座或2-2座,顶盖为可折叠的软质顶篷或硬顶的一种车型,设计时较注重操控性,发动机一般功率较大,加速性好,例如保时捷911、法拉利California等。

(2)货车。货车主要指用于运送货物,有的也可牵引全挂车的汽车。根据最大总质量不同,货车可分为微型货车(1.8t以下)、轻型货车(1.8~6t)、中型货车(6~14t)、重型货车(14t以上)。

(3)越野汽车。越野汽车主要指用于坏路或无路地区的全轮驱动的、具有高通过性的汽车。按驱动形式,越野汽车可分为4×4、6×6、8×8等。

(4)自卸汽车。自卸汽车指货厢能自动倾翻的载货汽车。自卸汽车有向后倾卸的和左右后3个方向均可倾卸两种。

(5)牵引汽车。牵引汽车专门或主要用来牵引车辆,它可分为全挂牵引车和半挂牵引车。

(6)客车。客车指乘坐9人以上,具有长方形车厢,主要用于载运人员及其行李物品的车辆。根据车辆的长度,可将客车分为微型(3.5 m以下)、轻型(3.5~7.0 m)、中型(7.0~10.0 m)、大型及特大型(10.0~12.0 m)5种。

(7)专用汽车。专用汽车指为了承担专门的运输任务或作业,装有专用设备,具备专用功能的车辆,如消防车、救护车、油罐车、防弹车、工程车等。

2. 按国家标准分类

按《汽车和挂车类型的术语和定义》(GB/T 3730.1—2001)可将汽车分为乘用车和商用车。

乘用车是指在设计和技术特性上主要用于载运乘客及其随身行李和(或)临时物品的汽车,包括驾驶员座位在内最多不超过9个座位。它也可以牵引一辆挂车。乘用车又有多种,我们习惯把部分乘用车(图1-4)称为轿车。

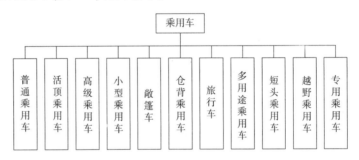

图1-4 乘用车分类

商用车是指在设计和技术特性上用于运送人员及其随身行李和货物的汽车,并且可以牵引挂车。商用车又有客车、半挂牵引车、货车之分,商用客车的座位数包括驾驶员座位在内一般超过9座,当座位数不超过16座时,称之为小型客车。商用车分类如图1-5所示。

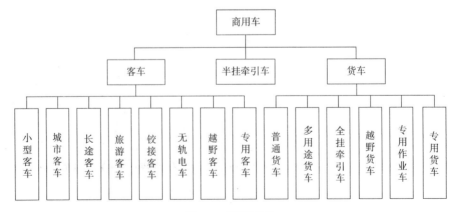

图1-5 商用车分类

三、汽车主要参数

汽车的主要参数包括尺寸参数、质量参数和性能参数等。

1. 汽车尺寸参数

汽车尺寸参数包括汽车的外廓尺寸、轴距、轮距、质心高度、前后悬、最小离地间隙等参数,如图1-6所示。

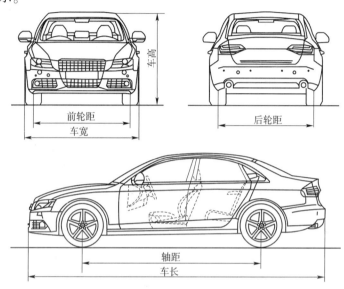

图1-6 汽车主要尺寸参数

1)外廓尺寸

汽车的长、宽、高称为汽车外廓尺寸,它的大小直接与轴距、轮距、驾驶室、车身和专用设备的布置有关,一般是根据汽车的功能、吨位、容量、外形、专用设备、结构布置和使用条件等因素确定的。在满足使用要求的前提下,力求减小汽车外廓尺寸,以减轻其整备质量,降低制造成本,提高其动力性、经济性和机动性。减小汽车长度尺寸可以增加车流密度,减小停车面积;减小汽车宽度、高度尺寸可减小迎风面积、降低空气阻力。汽车外廓尺寸必须适应公路、桥梁、涵洞和铁路运输的标准,保证其安全行驶。各国对公路运输车辆的外廓尺寸均有法规限制,而非公路行驶的车辆可以不受此限制,如矿用自卸车、机场摆渡车等。

我国对公路运输汽车、挂车及汽车列车的外廓尺寸限制是按国家标准《汽车、挂车及汽车列车外廓尺寸、轴荷及质量限值》(GB 1589—2016)规定:汽车总宽不大于2550mm,车辆间接视野装置单侧外伸量不应超出车辆宽度250mm;汽车总高不大于4000mm,顶窗、换气装置开启时不得超出车高300mm;汽车总长:货车、二轴客车总长不大于12000mm,单铰接式客车不大于18000mm,铰接列车不大于17100mm,货车列车不大于20000mm。

2)轴距

汽车轴距的长短直接影响专用汽车的长度、质量和许多使用性能。在保证汽车功能的前提下,轴距设计得越短,其长度就越短,质量就越小,最小转弯直径和纵向通过半径也越小,机动性越好。轴距还影响轴荷分配,所以轴距也不能过短,轴距过短,车辆的后悬太长,行驶时纵摆较大,车辆制动、加速以及坡道行驶时质量转移过大,使操纵稳定性变差。此外,轴距过短还会导致万向节传动的夹角增大,从而造成较大的传动不均匀。

3) 轮距

汽车轮距的大小对专用汽车的宽度、质量、横向通过半径、横向稳定性和机动性影响较大。轮距越大,则横向稳定性越好,悬架的角刚度也越大。但轮距宽了,汽车的宽度和质量一般也要增大。改变汽车轮距还会影响车厢或驾驶室内宽、侧倾刚度、最小转弯半径等。轮距过宽,汽车机动性变差,还易导致车轮向车身侧面甩泥。

4) 质心高度

汽车质心高度主要影响汽车的使用性能,包括其纵向稳定性和侧向稳定性,也包括其制动、驱动和坡道行驶时的轴质量转移系数,因此希望质心较低为好。一般车辆的纵向稳定性都能满足要求,而对厢式汽车、罐式汽车和集装箱运输车等质心较高的汽车来说,由于诸多条件的限制,其质心比较高,侧向稳定性较差。质心过高,易导致车辆横向失稳,特别是弯道行驶时,可能造成侧向倾翻。

5) 前悬与后悬

汽车前悬尺寸对汽车通过性、轴载质量、碰撞安全性、驾驶员视野、前钢板弹簧长度、上车和下车的方便性以及汽车造型等均有影响。前悬尺寸增加,汽车的接近角减小,通过性降低,驾驶员视野变差。长前悬有利于采用长钢板弹簧,有利于在撞车时对乘员起保护作用。对平头汽车,前悬还会影响从前门上、下车的方便性。前悬尺寸应在保证设计要求、功能布置下,各总成和部件尽可能短些。

汽车后悬尺寸对汽车通过性、汽车追尾时的安全性、车厢长度或装载尺寸、轴距和轴荷分配等有影响。后悬加长,汽车的前轴载质量减小,后轴载质量增大,汽车的离去角减小,使通过性降低;而后悬缩短,汽车的车厢长度或装载尺寸减小。

6) 最小离地间隙

最小离地间隙是指汽车在满载(允许最大荷载质量)的情况下,底盘最低点距离地面的距离。最小离地间隙反映的是汽车无碰撞通过有障碍物或凹凸不平地面的能力。

最小离地间隙越大,车辆通过有障碍物或凹凸不平地面的能力就越强,但重心偏高,降低了稳定性;最小离地间隙越小,车辆通过有障碍物或凹凸不平地面的能力就越弱,但重心低,可增加稳定性。汽车的离地间隙各个高度值不是静止不变的,它取决于负载状况。

2. 汽车质量参数

1) 整备质量

汽车整车整备质量就是汽车经过整备后在完备状态下的自身质量,即指汽车上带有全部装备(包括随车工具、备胎等),加满燃料、水,但没有装货和载人时的整车质量。

整备质量对汽车的制造成本和燃油经济性有影响。通过优化结构、采用高强度钢结构件以及铝合金、非金属复合材料等可尽可能减少整备质量(通常整备质量每减少10%,燃油消耗可降低6%~8%),提高质量系数,即提高汽车装运质量与整车整备质量的比值。

2) 装运质量

汽车装运质量是指汽车在良好硬路面上行驶时的最大限额(客车用座位数,货车用吨位数)。当汽车在非良好硬路面上行驶时,装运质量应适当减少。越野汽车装运质量是指其在越野路面上行驶的最大限额。

3) 最大总质量

汽车最大总质量是汽车装运质量与整车整备质量之和。它是保证汽车运输安全和运输效率的重要指标,车辆制造厂和行政主管部门对其都有明确的规定。

4) 轴载质量

汽车轴载质量的合理分配,可以提高汽车的稳定性、通过性和制动性,延长轮胎和道路的使用寿命。

理想的轴载质量分配是满载时每个车轮的负荷大致相等。但实际上,还要考虑汽车的动力性、操纵性、通过性、制动性等使用性能。

3. 汽车性能参数

1) 汽车动力性

汽车的动力性是指汽车以最高车速行驶的能力、迅速提高车速的能力和爬坡的能力,其主要取决于发动机的性能和传动系统的特性参数,是汽车使用性能中最基本和最重要的性能。

2) 汽车制动性

汽车的制动性能用制动效能和制动稳定性来评价。制动效能是指汽车迅速降低行驶速度直至停车的能力,制动稳定性是指汽车在制动过程中维持直线行驶或按预定弯道行驶的能力。

汽车制动性能特别重要。它不仅是安全行车的保证,也是下长坡行车时对车速的主要制约因素,能维持安全车速并有在一定坡道上长期驻车的能力,直接影响汽车的使用性能和生产效率。汽车除了装有必备的行车制动和驻车制动装置以外,有的还装有应急制动装置和辅助制动装置。应急制动是在行车制动气压不足、制动失灵或制动力减弱的时候,迅速发挥作用将车辆制动住,从而使汽车免于发生事故;而辅助制动常常是采用发动机排气制动、液力缓速、电力缓速等装置,以减轻车轮制动器的负担,使汽车更加安全可靠地行驶,提高运输效率。

3) 汽车通过性和机动性

汽车的通过性参数主要有:最小离地间隙、纵向通过半径(现称纵向通过角)、接近角和离去角。

汽车最小转弯直径是其机动性的主要参数之一,其数值主要根据汽车用途、道路条件和结构特点选取。大型半挂汽车列车的最小转弯直径一般在 11~15m,有的也可达 20m 左右。

四、汽车行驶基本原理

汽车行驶必须具备两个基本条件:驱动条件和附着条件。

1. 驱动条件

汽车必须具有足够的驱动力,以克服各种行驶阻力(图1-7),才能得以正常行驶。这些阻力主要包括滚动阻力、空气阻力、坡度阻力和加速阻力。

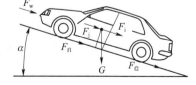

图1-7 汽车行驶阻力

1) 驱动力

汽车的驱动力来自发动机。发动机发出的转矩经过汽车传动系统施加给驱动车轮的转矩,力图使驱动车轮旋转。在驱动车轮转矩的作用下,由于车轮与路面的附着作用,驱动车轮与路面接触处对地面施加一个驱动力,其方向与汽车行驶方向相反。同时,路面对车轮施加一个大小相等、方向相反的反作用力。驱动力F_t克服滚动阻力$F_f(F_{f1}+F_{f2})$、空气阻力F_w、坡度阻力F_i、加速阻力F_j等各种行驶阻力而正常行驶。

2)滚动阻力

滚动阻力是由于车轮滚动时轮胎与路面在其接触区域发生变形而产生的。车轮在硬路面上滚动时,驱动汽车的一部分动力消耗在轮胎变形的内摩擦上,而路面变形很小;车轮在软路面(松软的土路、沙地、雪地等)上滚动时,由于路面变形较大,所产生的阻力就成为滚动阻力的主要部分。滚动阻力以F_f表示,其数值与汽车的总质量、轮胎的结构与气压以及路面的性质有关,它等于车轮负荷与滚动阻力系数的乘积。

3)空气阻力

汽车在空气中向前行驶时,前部承受气流的压力而后部抽空,会产生压力差,此外,空气与车身表面以及各层空气之间存在着摩擦,再加上引入车内冷却发动机、室内通风以及外伸零件引起气流的干扰,就形成空气阻力。空气阻力以F_w表示,它与汽车的形状、汽车的正面投影面积、汽车与空气相对速度的平方成正比。可见,汽车速度很高时,空气阻力将成为总阻力的主要部分。

4)坡度阻力

汽车在坡道上行驶时,其总重力沿坡道方向的分力称为坡度阻力,以F_i表示。汽车只有在上坡时才存在坡度阻力,但汽车上坡所做的功可转化为重力势能。当汽车下坡时,重力势能就转化为动能。

5)加速阻力

汽车加速行驶时,需要克服其自身质量加速运动的惯性力,即加速阻力,以F_j表示。

6)驱动力与行驶阻力的关系

汽车的驱动力F_t等于各种行驶阻力之和,即:

$$F_t = F_f + F_w + F_i + F_j$$

当$F_j=0$时,汽车匀速行驶;当$F_j>0$时,汽车加速行驶,但随着速度的增加,空气阻力也随之增加,在某个较高的车速达到新的平衡,然后匀速行驶;当$F_j<0$时,汽车将减速行驶或停止。当汽车在平直的路面上以最高车速匀速行驶时,只需克服滚动阻力和空气阻力。

2. 附着条件

在平整的干硬路面上,汽车附着性能的好坏决定于轮胎与路面间摩擦力的大小。这个摩擦力阻碍车轮的滑动,使车轮能够正常地向前滚动并承受路面的驱动力。如果驱动力大于轮胎与路面间的最大静摩擦力时,车轮与路面之间就会发生滑转。在松软的路面上,除了轮胎与路面间的摩擦阻碍车轮滑转外,嵌入轮胎花纹凹处的软路面凸起部还起一定的抗滑作用。通常把车轮与路面之间的相互摩擦以及轮胎花纹与路面凸起部的相互作用综合在一起,称为附着作用。由附着作用所决定的阻碍车轮滑转的最大力称为附着力F_φ。附着力F_φ等于驱动轮所承受的垂直于路面的法向力G(称为附着重力)与附着系数φ的乘积。附着系数φ与轮胎的类型及路面的性质有关。

由此可知,汽车所能够获得的驱动力受附着力的限制,即$F_t \leq F_\varphi$为汽车行驶的附着条件。

在附着力很小的冰雪或泥泞路面上,由于汽车的驱动力受附着力的限制而不能克服较大的阻力,导致汽车减速甚至不能前进。即使再增大汽车的输出功率和输出转矩,车轮也只能滑动而不能增大驱动力。为了增加附着力,可采用特殊花纹轮胎或在普通轮胎上绕装防滑链,以提高其对冰雪路面的附着能力。非全轮驱动汽车的附着重力只是分配到驱动轮上那部分汽车重力;而全轮驱动汽车的附着重力则是汽车的总重力,因而其附着力显著增大。

五、车辆识别代号

车辆识别代号英文为 Vehicle Identification Number,简称为 VIN。车辆识别代号是为识别车辆而由指定的一组字码组成的代号,这个代号是由制造厂按照一定的规则,依据本厂的实际而指定的,是车辆的"身份证",是唯一的。车辆识别代号的基本目的是区别每一辆车,并利用它的这个特性,应用在各个方面的统计和计算机检索,因而它与汽车产品型号有着不同的基本目的和用途。车辆识别代号不会也不能取代汽车产品型号。

1. 车辆识别代号的基本构成

车辆识别代号由世界制造厂识别代号(WMI)、车辆说明部分(VDS)、车辆指示部分(VIS)三部分组成,如图1-8所示,共有17位字码。

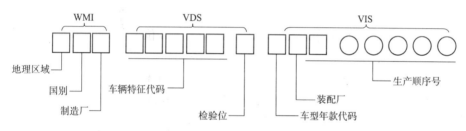

图1-8 年产量≥500辆的车辆识别代号
□-代表字母或数字;○-代表字母或数字

2. 世界制造厂识别代号(WMI)

WMI 是车辆识别代号的第一部分,WMI 应符合《道路车辆 世界制造厂识别代码(WMI)》(GB 16737)的规定。

3. 车辆说明部分(VDS)

(1) VDS 是车辆识别代号的第二部分,由6位字码组成(即 VIN 的第4~9位)。如果车辆制造厂不使用其中的一位或几位字码,应在该位置填入车辆制造厂选定的字母或数字占位。

(2) VDS 第1~5位(即 VIN 的第4~8位)应对车型特征进行描述,其代码及顺序由车辆制造厂决定。

(3) VDS 的最后一位(即 VIN 的第9位字码)为检验位。检验位可为"0~9"中任一数字或字母"X",用以核对车辆识别代号记录的准确性,检验位应按照检验位计算方法的规定计算。

4. 车辆指示部分(VIS)

(1) VIS 是车辆识别代号的第三部分,由8位字码组成(即 VIN 的第10~17位)。

(2) VIS 的第1位字码(即 VIN 的第10位)应代表年份。年份代码按表1-1规定使用(30年循环一次)。

VIN 的年份(年)代码 表 1-1

年份	代码	年份	代码	年份	代码	年份	代码
2001	1	2011	B	2021	M	2031	1
2002	2	2012	C	2022	N	2032	2
2003	3	2013	D	2023	P	2033	3
2004	4	2014	E	2024	R	2034	4
2005	5	2015	F	2025	S	2035	5
2006	6	2016	G	2026	T	2036	6
2007	7	2017	H	2027	V	2037	7
2008	8	2018	J	2028	W	2038	8
2009	9	2019	K	2029	X	2039	9
2010	A	2020	L	2030	Y	2040	A

(3) VIS 的第 2 位字码(即 VIN 的第 17 位)应代表装配厂。

(4) 如果车辆制造厂生产的完整车辆和/或非完整车辆年产量≥500 辆,此部分的第 3~8 位字码(即 VIN 的第 12~17 位)用来表示生产顺序号。如果车辆制造厂生产的完整车辆和/或非完整车辆年产量<500 辆,则此部分的第 3、4、5 位字码(即 VIN 的第 12~14 位)应与第一部分的三位字码一同表示一个车辆制造厂,第 6、7、8 位字码(即 VIN 的第 15~17 位)用来表示生产顺序号。

(5) 字码。在车辆识别代号中仅能采用下列阿拉伯数字和大写的罗马字母:1、2、3、4、5、6、7、8、9、0;A、B、C、D、E、F、G、H、J、K、L、M、N、P、R、S、T、U、V、W、X、Y、Z(字母 I、O 及 Q 不能使用)。

(6) 分隔符。分隔符的选用由车辆制造厂自行处理,但不得使用以上(5)所述车辆识别代号所用的任何字码,或可能与车辆识别代号中的字码混淆的任何字码,例如:☆、★。

5. 车辆识别代号的固定方式

为了固定 VIN,车辆制造厂可以采用以下任意一种固定方式。

(1) 车辆识别代号可直接打刻在车架上,对于无车架车身而言,可以直接打刻在不易拆除或更换的车辆结构件上。

(2) 车辆识别代号还可打印在标牌上,但此标牌应同样是永久固定在以上(1)所述的车辆结构件上。

第二章 汽车知识

第一节 传统汽车结构知识

传统汽车是当前应用最为广泛、占绝大多数的车辆,其内燃机又以燃用汽油的汽油机或燃用柴油的柴油机为绝大多数。传统汽车通常由发动机、底盘、车身、电气设备四大部分组成。

一、发动机

将热能转变为机械能的发动机称为热力发动机(简称热机),包括内燃机和外燃机。内燃机是通过将燃料与空气混合在发动机内部燃烧而产生的热能转变为机械能的装置;外燃机已经在汽车上淘汰。

现代汽车发动机是一部由许多机构和系统组成的复杂机器,其结构形式多种多样,具体构造也千差万别,但由于基本工作原理相同,所以其基本结构也就大同小异。

汽车上广泛采用往复活塞式、四冲程、水冷式、多缸汽油机或柴油机。
四冲程汽油发动机工作原理如图 2-1 所示。

四冲程汽油机
工作原理

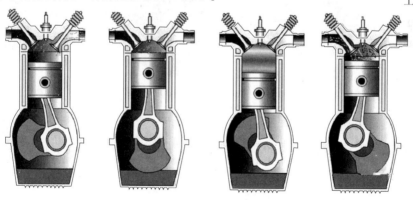

图 2-1 四冲程汽油机工作原理

(1)进气行程。曲轴带动活塞由上止点向下上止点移动,进气门开启,排气门关闭。汽缸内的容积增大,气体压力下降,形成一定的真空度,燃料与空气混合后被吸入汽缸。当活塞移动到下止点时,汽缸内充满了新鲜混合气以及上一个工作循环未排尽的废气。

(2)压缩行程。曲轴在飞轮的惯性力作用下旋转,通过连杆推动活塞向上移动,进、排气门关闭,汽缸内容积逐渐减小,汽缸内的混合气被压缩,温度逐渐升高。

(3)燃烧膨胀行程。火花塞点火,混合气剧烈燃烧,汽缸内的温度、压力急剧上升,高温、高压气体推动活塞向下移动,通过连杆带动曲轴旋转。这个行程实现热能转化为机械能,又称为做功行程。

(4)排气行程。活塞从下止点移动到上止点,排气门打开,废气随着活塞的上行排出汽缸。由于燃烧室占有一定容积,不能将废气排尽,残余的废气不仅影响充气,对燃烧也有不良影响。

排气行程结束时,活塞回到上止点,完成了一个工作循环。随后,曲轴依靠飞轮转动的惯性作用仍继续旋转,开始下一个循环,周而复始,使发动机不断地运转起来。

就往复活塞式发动机而言,其通常由曲柄连杆、配气两大机构和燃料供给、润滑、冷却、起动四大系统组成,如果是汽油机还应有点火系统,如果是增压发动机则还应有增压系统。

1. 曲柄连杆机构

1)作用与结构

曲柄连杆机构是内燃机完成工作循环、实现能量转换的传动机构。它在做功行程中把活塞的往复运动转变成曲轴的旋转运动,而在进气、压缩、排气行程中又把曲轴的旋转运动转变为活塞的往复直线运动。因此曲柄连杆机构的功用是:将燃料燃烧时产生的热能转变为活塞往复运动的机械能,再通过连杆将活塞的往复运动变为曲轴的旋转运动而对外输出动力。

曲柄连杆机构由机体组(汽缸盖罩盖、汽缸盖、汽缸垫、汽缸体、油底壳等)、活塞连杆组(活塞、活塞环、活塞销、连杆、轴承等)和曲轴飞轮组(曲轴、飞轮、扭转减振器等)3 部分组成,如图 2-2 和图 2-3 所示。

机体组的结构

图 2-2 机体组结构图

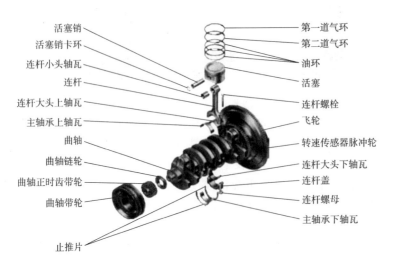

活塞连杆组的结构

曲轴的结构

飞轮的结构

图 2-3 活塞连杆组与曲轴飞轮组

2)参数

发动机的参数包括发动机汽缸数、汽缸的排列形式、气门、压缩比、排气量(简称排量)、最高输出功率、最大转矩等。

(1)发动机缸数。汽车发动机常用缸数有3、4、5、6、8、10、12缸。排量1L以下的发动机常用3缸(如比亚迪F0),排量1~2.5L的发动机一般为4缸,排量2.5L以上的发动机一般为6缸,排量4L左右为8缸发动机,排量5.5L以上用12缸发动机。

一般来说,在同等缸径下,缸数越多,排量越大,功率越高;在同等排量下,缸数越多,缸径越小,转速可以提高,从而获得较大的提升功率。

(2)汽缸的排列。汽缸有直列立式、V形、W形、对置式等。应用较少的还有H形、X形、星形等。

①直列立式(L)。发动机的汽缸成一字排开,缸体、缸盖和曲轴结构简单、维修方便、制造成本低、低速转矩特性好,缺点是功率较低。一般5缸以下发动机采用直列排法,少数6缸发动机也有直列排法,直列6缸发动机的动平衡较好,振动相对较小。L4表示直列4缸发动机。

②V形(V)。6~12缸发动机采用V形排列,优点是占用空间小,可降低振动和噪声。V8发动机结构复杂,成本高,如新奥迪A6L 4.2。V12发动机常被高级轿车采用,如奔驰S600、宝马760。V8表示V形排列8缸发动机。

③W形(W)。将V形发动机的每侧汽缸再进行小角度错开,就成了W形发动机。严格来说W形发动机还应属V形发动机的变种,如大众辉腾W12、奥迪A8W12。

④水平对置6缸发动机,如斯巴鲁森林人等。

(3)汽缸的压缩比。汽缸的最大容积与最小容积(或汽缸总容积与燃烧室容积)之比,用ε表示。压缩比越大,压缩终了时的混合气压力和温度就越高,混合气中的汽油分子气化得更完全,燃烧更迅速更充分,输出的功率大。压缩比越大发动机工作时抖振增大,压缩比过大会出现"爆燃"和"表面点火"现象。爆燃会引起发动机过热、功率下降、油耗增加,甚至损毁发动机。表面点火会增加发动机的负荷,使其寿命降低。

压缩比越大,要求使用的汽油标号越高。压缩比为8~10用93或95号汽油,压缩比在10以上用97号汽油。高压缩比发动机采用高标号汽油,低压缩比发动机可采用低标号或高标号的汽油。最好按说明书或加油口盖上标明的选择油号,同时考虑燃油质量的因素。

(4)排量。汽缸内活塞从最低点到最高点的容积称单缸排量,单位用升(L)表示。发动机所有汽缸排量总和为该发动机排量。排量越大,输出功率就越高,汽车加速性就越好。

轿车按排量分级:微型车≤1L;1L<普通轿车≤1.6L;1.6L<中级轿车≤2.5L;2.5L<高级轿车≤4L;特级轿车>4L。

(5)最大功率。最大功率是指该车可实现的最大动力输出。功率是指物体在单位时间内所做的功。常用最大功率来描述汽车的动力性能,它决定了车子能跑多快。最大功率一般用马力(PS)或千瓦(kW)来表示,1PS(马力)=0.735kW。1kW=1.361PS。例如:比亚迪G62012款1.5T手动尊贵型的最大功率是113kW/(5200r/min),说明了该种汽车在5200r/min的时候可以发出最大为113kW的功率,也就是最大马力是154PS左右。最大功率(马力)一般在高转速的时候出现。

(6)最大转矩。转矩是指曲轴回转所做的功,它决定汽车行驶时可克服阻力的限度,包括加速性。转矩的表示方法是 N·m/(r/min)。转矩越大,发动机输出的"劲"越大,汽车的爬坡能力、特别是起步时的加速性能就越好。但是转矩随发动机转速的变化而不同,转速太高或太低,转矩都不是最大,只在某个转速时或某个转速区间内才会产生最大转矩,这个区间就是在标出最大转矩时给出的转速或转速区间。最大转矩一般出现在发动机的中、低转速的范围,随着转速的提高,转矩反而会下降。例如,一汽大众迈腾2012款3.0FSi带运动模式6挡手/自动一体DSG双离合自动变速器旗舰型,它的最大转矩为310N·m/(3300r/min),表示发动机在3300r/min的时候可以产生的最大转矩为310N·m。

发动机参数不仅要看功率同时要看转矩参数,以发动机处于最大功率、最大转矩时的转速值稍低为好。若一辆车的最大功率、转矩发生在发动机的低转速,该车适合于低速行驶;若发生于高转速该车适合于高速加速行驶。两辆车的转矩不同,功率同样为220kW,跑车的速度可到250km/h,货车可能只有150km/h,但它能拖动30~40t重的货箱。

2. 配气机构

配气机构的功用是按照发动机各缸工作过程的需要,定时地开启和关闭进、排气门,使可燃混合气或空气及时进入汽缸,废气及时排出汽缸。

配气机构的功用

配气机构由气门组、气门传动组和气门驱动组三部分组成,作用是按照发动机各缸工作顺序和工作循环的要求,定时地将各缸进、排气门打开或关闭,以便发动机进行换气过程。

配气机构的组成

气门式配气机构多采用顶置式气门,即进、排气门位于汽缸盖内,倒挂在汽缸顶上(顶置式气门)。气门式配气机构结构组成图如图2-4所示。

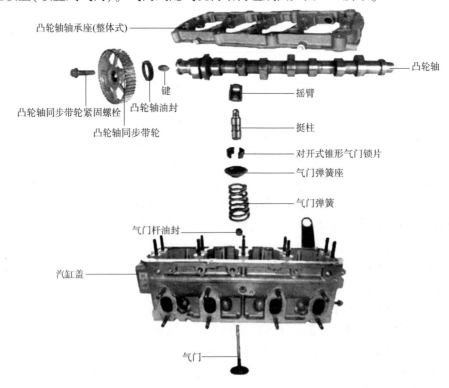

图2-4 气门式配气机构结构组成图

当汽缸的工作循环需要将气门打开进行换气时,由曲轴通过正时齿轮驱动凸轮轴旋转,使凸轮轴上的凸轮凸起部分通过摇臂、挺柱向下推开气门,同时使弹簧进一步压缩。当凸轮凸起部分的顶点转过摇臂以后,便逐渐减小了对摇臂的推力,气门在其弹簧张力的作用下,开度逐渐减小,直至最后关闭,进气或排气过程即告结束。压缩和做功行程中,气门在弹簧张力作用下严密关闭,使汽缸密闭。

车用发动机的高速、强化、低排放,要求配气机构不断改善换气性能和提高高速适应性。配气机构随着内燃机的发展出现了多种配气机构形式。

凸轮轴的传动方式,可分为链条与链轮传动式、齿形皮带传动式和齿轮传动式,如图2-5所示。根据每缸气门数目不同,有二气门式(一进一排)、三气门式(二进一排)、四气门式(二进二排)和五气门式(三进二排)。

a)链条与链轮传动

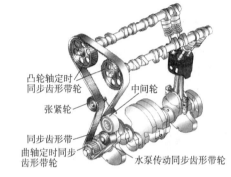
b)齿形皮带传动

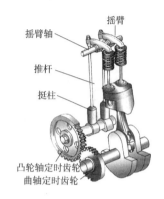
c)齿轮传动

图2-5 凸轮轴的传动方式

3.发动机燃料供给系统

1)汽油机燃料供给系统

汽油在汽缸内燃烧,须先形成雾状,并进行适当蒸发,与适量空气均匀混合。这种按一定比例混合的汽油与空气的混合物,称为可燃混合气。可燃混合气中燃油含量的多少称为可燃混合气的浓度(成分)。

汽油机燃料供给系统的作用是:不断地输送滤清的燃油和清洁的空气,根据发动机各种不同工作情况的要求,配制出不同的可燃混合气,进入汽缸燃烧,做功后将废气排入大气。

现代汽车汽油发动机广泛采用电控汽油喷射式燃料供给系统,它是利用安装在发动机不同部位上的各种传感器所测得的信号,按电子控制单元(电控单元、ECU)中设定的控制程序,通过对汽油喷射时间的控制,调节喷入进气管或汽缸中的喷油量,从而改变混合气成分,使发动机在各种工况下都能获得与所处工况相匹配的最佳混合气,发动机功率得到提高,燃油消耗降低,废气排放量减少,使汽车冷车起动更容易,暖机更迅速,应用更广泛。

电控汽油喷射系统由三个子系统组成:空气供给系统、燃油供给系统和电子控制系统,如图2-6所示。

2)柴油机燃料供给系统

柴油黏度大,挥发性差,不能在汽缸外部与空气混合形成满足燃烧要求的可燃混合气。因此,采用高压共轨喷射系统,用喷油泵和喷油器将高压柴油(压力达到140MPa)喷入汽缸,喷出的柴油呈油雾状,瞬间即与空气混合成可燃混合气,并自行燃烧做功。

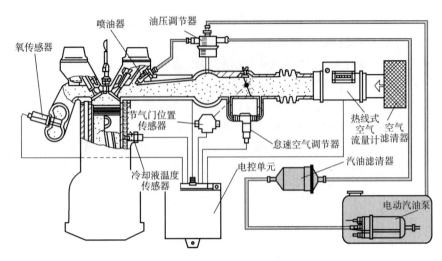

图 2-6　电控汽油喷射系统组成

柴油发动机高压共轨喷射系统由三个子系统组成:空气供给系统、燃油供给系统和电子控制系统,其基本原理与电控汽油喷射系统相同,如图 2-7 所示。

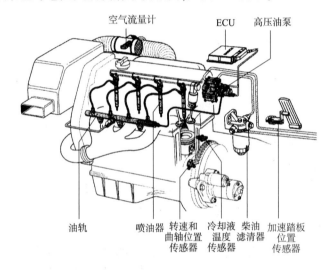

图 2-7　柴油机的燃油供给系统组成

4.发动机进排气系统

1)进气系统

进气系统用于将新鲜空气过滤后送入汽缸(柴油机),或与燃料混合后送入汽缸(汽油机)。

普通汽油机的进气系统主要由空气滤清器、进气软管、节气门体、进气总管、进气歧管等组成。在空气滤清器与进气歧管之间装有燃油供给装置。柴油机的燃油直接喷入汽缸。汽油机的进气系统如图 2-8 所示。

2)排气系统

排气系统(图 2-9)用于将燃烧后的废气排出机外,减小排气噪声,并对废气进行净化。

排气歧管像进气歧管一样,安装于缸盖的一侧,其作用是收集各缸排气,集中到排气管。消声器通过逐渐降低排气压力和衰减排气压力的脉动来消减排气噪声,消除废气中的火焰及火星,使废气安全地排入大气。

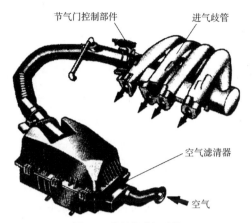

图2-8 汽油机进气系统

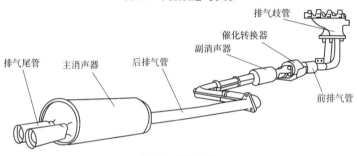

图2-9 排气系统

排气管中在排气歧管与消声器之间串联安装三元催化转换器,内装有用陶瓷或金属制成的蜂窝状催化体,上面涂有含催化剂的涂层。在催化剂的作用下,将燃烧产生的有毒有害物质 CO、HC 和 NO_x,转化为无害的 CO_2、N_2 和 H_2O。汽车上装用三元催化转换器后必须安装氧浓度传感器,用以检测排气中的氧含量,以便对供油量进行调节。因为三元催化转换器对标准浓度混合气燃烧产生的废气才具有良好的净化效果。

为了抑制汽车排放的有害气体,并促使相关厂商注重产品技术的改进,已有许多国家制定了相关汽车环保排放标准(国际主流的有欧、美、日三大体系),其中应用最为广泛的欧洲标准也是我国借鉴的汽车排放标准。

我国从 20 世纪 80 年代初期开始采取了先易后难分阶段实施的排放控制具体方案,其具体实施至今主要分为四个阶段,也就是我们常说的国Ⅰ、国Ⅱ、国Ⅲ、国Ⅳ、国Ⅴ、国Ⅵ,目前国产和进口的车型都要满足国Ⅵ标准。

3)增压器

(1)分类。

发动机进气方式有:自然吸气、涡轮增压、机械增压和涡轮双增压。

自然吸气就是利用负压来自主把空气吸入发动机。

机械增压是发动机直接输出一个传动轴连通增压器,强制把空气压入汽缸。

涡轮增压利用排气的废气推动涡轮,强制把空气压入汽缸。

装用在汽车上的增压器,起初都是机械增压器,在刚发明时被称为超级增压器(Supercharge)。涡轮增压发明之后,为了区别两者,起初将涡轮增压器称为 Turbo Supercharger,机械增压则被称为 Mechanical Supercharger。久而久之,两者就分别被简化为 Turbocharger 与

Supercharger 了。

双增压就是机械+涡轮增压,顾名思义就是含有这两种增压形式的发动机。

(2) 涡轮增压器。

涡轮增压器 Turbo 简称 T,一般装有该类增压器的车型在车尾标有 1.8T、2.8T 等字样。

现代柴油发动机和缸内直喷的汽油发动机为了提高进气量,在进气系统中装有增压器以提高进气压力。这种增压器由涡轮和压气机组成,装在排气管路的称为废气涡轮(或动力涡轮),装在进气管路的称为压气机。发动机排出的废气推动废气涡轮高速转动,由此带动与它同轴安装的压气机。涡轮增压器把进气压力提高,当进气门打开时,把空气压入汽缸,如图 2-10 所示。带有增压器的发动机可使充入汽缸的空气量提高,因而可提高发动机的功率,由于压缩比增大,因此燃烧效率提高,油耗降低。同时还将废气的部分能量回收利用,进一步提高了发动机的效率。

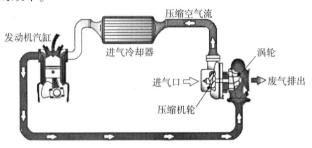

涡轮增压原理

废气涡轮增压器
工作原理

图 2-10　涡轮增压器原理图

发动机的进气经过增压后,温度也随之上升,这就使实际进入汽缸的空气量(质量)比常温时减少。为解决这一问题,有的柴油机在增压器后面串联一个冷却器,用空气或水对升温的空气进行冷却,这种装置称为中冷器。装有中冷器的发动机又可进一步提高进气量。

涡轮增压器可提高发动机输出功率 10% 以上。缺点是"滞后响应",由于叶轮的惯性作用对节气门骤时变化反应迟缓(滞后 1.7s 以上),使发动机延迟增加或减少输出功率。对要突然加速或超车而言,瞬间会有点提不起劲的感觉。

5. 润滑系统

润滑系统的主要功用就是将润滑油不断地输送到各摩擦表面,减小机件间的摩擦和磨损。此外,润滑系统还兼起防腐、密封、清洁和冷却的作用。需要润滑的表面一般都是精密表面,润滑油膜可以有效地防止氧化和锈蚀;

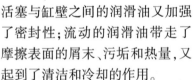

润滑系统的功用

润滑方式

活塞与缸壁之间的润滑油又加强了密封性;流动的润滑油带走了摩擦表面的屑末、污垢和热量,又起到了清洁和冷却的作用。

发动机的润滑方式有压力润滑、飞溅润滑和润滑脂润滑三种。

发动机压力润滑系统主要由油底壳、机油泵、集滤器、机油滤清器、油道、机油压力表和机油标尺等组成。润滑油在发动机内的循环路线如图 2-11 所示。机油泵把机油从集滤器吸入,加压

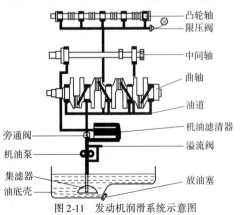

图 2-11　发动机润滑系统示意图

后经滤清器过滤进入主油道,然后分成若干支路润滑各轴承滑动工作面。有的大型发动机还装有机油散热器。

6. 冷却系

润滑系统的组成

发动机在正常工作时,燃烧室及附近零部件的温度可高达2000℃以上,若不及时加以冷却,则将导致零件的损坏,使燃烧效率下降,甚至引起致命故障。要保证发动机正常工作,必须对发动机高温零部件进行冷却。发动机冷却系统的功用就是根据发动机的工况对发动机进行适度的冷却,从而保持发动机在最适宜的温度范围内(85~95℃)工作。

冷却系统的功用

发动机的冷却方式有风冷式和水冷式两种。风冷式是直接利用空气对发动机的缸体、缸盖等高温零件进行冷却。水冷式是用水作介质,让循环水流经燃烧室附近带走热量,再在发动机外对冷却水进行冷却。风冷式结构简单但冷却效果不佳,故通常只在摩托车发动机上使用,汽车上广泛使用的是水冷式冷却系统,如图2-12所示。

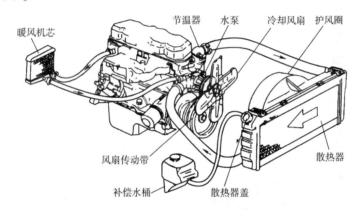

图2-12 汽车发动机水冷式冷却系统组成

冷却系统由散热器、上下水管、补偿水桶、水泵、节温器、暖风机芯、水管、风扇等组成。

冷却系统的组成

发动机不应使用普通自来水,而要使用冷却液。冷却液是由乙二醇、水、防垢剂等组成,可以降低水的冰点,提高水的沸点,防止水垢的产生。为防止冷却液的散失,在散热器上方设置一补偿水桶。补偿水桶里装有半桶冷却液,其上有水管通往散热器。由于补偿水桶在整个冷却水路中所处位置最高,且常布置在温度较低处,故所有蒸发了的冷却液蒸汽都上升到补偿水桶里,冷凝成液体后再进入循环。这种封闭式的冷却系统可以较长时间不更换冷却液。

7. 点火系统

在汽油发动机中,燃油和空气的混合气是由点火系统产生的电火花点燃的。为了适应发动机的工作,要求点火系统能在规定的时刻,按发动机的点火次序供给火花塞以足够能量的高压电,使其两电极间产生电火花,点燃缸内的混合气,使发动机做功。现代汽车的点火系统普遍采用单缸直接点火系统。

单缸直接点火系统每缸有一个高压线圈的电控点火系统。传感器采集发动机运行参数转变成电信号送入电子控制单元进行分析处理,迅速得出

点火系统的组成

需要点火的汽缸位置,以及最佳点火时刻。电子控制单元发出控制指令给点火器,控制点火的汽缸高压线圈电路接通和断开,产生高压电,使对应的火花塞在最佳时刻点火。单缸直接点火系统由点火器、高压线圈、火花塞等组成,如图2-13所示。

火花塞由中心电极和侧电极组成,其头部的两电极之间有一小间隙,高压电击穿间隙时产生电火花。火花塞安装在汽缸盖上,火花塞的头部伸入到燃烧室中,用来将点火线圈产生的高压电引入燃烧室,点燃缸内的可燃混合气。

电控点火系统的点火时刻控制精确,点火可靠度高,故障率低,使发动机的动力性、经济性都大为提高,排放污染大大降低。

图2-13　火花塞与点火器、高压线圈

8. 起动系统

用外力矩带动静止的发动机曲轴旋转,直到曲轴达到能保证进气、压缩、做功和排气各行程顺利进行的转速,使发动机进入自行运转的过程称为起动。现代汽车发动机都采用起动机起动,起动机安装在发动机飞轮旁边,起动机上的小齿轮与飞轮上的大齿圈啮合,将动力传给曲轴,通过起动控制电路将蓄电池的电能,转变为机械能,如图2-14所示。

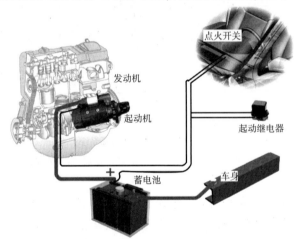

图2-14　起动系统的组成

9. 发动机特有技术

提升汽油发动机工作效率主要从配气和供油两个渠道进行。三大车系中,日韩系车通过改变进气量以及气门的升程来优化燃料的消耗与动力的输出;德系车则注重将燃料按所需的浓度直接喷入汽缸,再经过分层燃烧,以达到发动机最佳的工作效率。以下是这些发动机特有技术的介绍。

1) BLUE DIRECT

这一技术的核心主要是能够在1ms内连续4次放电的多火花点火技术(Multi-sparkignition)和能够在一个行程内最多喷射5次燃油的压电式喷油嘴,再加上优化的缸内涡流设计,带来了混合更充分的混合气和更充分的燃烧效果,使燃料的燃烧效率进一步提高,同时达到了更高的排放标准。

BLUE DIRECT 是奔驰的第三代汽油机缸内直喷技术，搭载这一技术的发动机于 2010 年正式亮相，目前该技术已经较广泛地应用于奔驰的新 V6、V8 以及直列四缸发动机上，分别安装于奔驰的 S 级、E 级以及最新的奔驰 B 级和新款 ML 车型上。

2）BLUETEC

BLUETEC 技术是奔驰原创的一项基于柴油发动机的系统解决方案，以实现柴油机有害物质排放最小化，并实现高效的废气后处理。该技术可以有效降低微粒和氮氧化合物的排放，是世界上最清洁的柴油发动机技术之一，据美国环保部门统计，柴油发动机使用 BLUETEC，可降低微粒排放 98%，能降低有害气体排放 80%。

BLUETEC 技术也同样应用于商用车，由于其"有效性"和"实用性"等良好的口碑，如今已经可以应用于所有的商用车系列。目前，梅赛德斯-奔驰已经交付了 60000 多辆应用 BLUETEC 技术的载货汽车和公共汽车。

3）EcoBoost

EcoBoost 福特公司对于未来使用涡轮增压和缸内直喷两项核心技术发动机的总称。

福特 EcoBoost GTDI 发动机融合了三大关键技术（燃油高压直喷、先进涡轮增压器和双独立可变气门正时系统）的协同优势。

每项技术各有所长，三大技术的整合体现了 EcoBoost 发动机设计理念，包括：优化的发动机效率——有效提升燃油经济性 20%，同时降低二氧化碳排放 15%；带来更出色的驾驶乐趣——低转速下的强大转矩和宽转速范围内的优异响应；小排量带来的优势——享受传统高排量发动机的输出动力，却拥有小排量发动机体积小、质量轻和油耗低的好处。

4）HEMI

HEMI 源于"Hemispherical"一词的缩写，是因发动机采用了半球形燃烧室而得名，HEMI 发动机自 20 世纪 50 年代起就已经诞生，至今已有半个多世纪。其特点是发动机汽缸的进排气门采用倾斜角度布置，以更好地利用气流提升汽缸的进排气效率，汽缸燃烧室因此而呈半球形，这种汽缸结构设计一直沿用至今。克莱斯勒旗下 Jeep 大切诺基就采用了这项技术。

5）缸内直喷

现在最先进的发动机技术，就是将燃油喷嘴安装于汽缸内，直接将燃油喷入汽缸内与进气混合，喷射压力也进一步提高，使燃油雾化更加细致，真正实现了精准地按比例控制喷油并与进气混合，并且消除了缸外喷射的缺点。同时，喷嘴位置、喷雾形状、进气气流控制，以及活塞顶形状等特别的设计，使油气能够在整个汽缸内充分、均匀地混合，从而使燃油充分燃烧、能量转化效率更高。

除了汽油机外，蓝驱（Blue Motion）技术是以改进的 TDI 发动机技术为核心。TDI 就是英文 Turbo-charged Direct Injection 的缩写，也即涡轮增压柴油直喷发动机技术。

国内各厂商缸内直喷技术英文缩写为：大众，SI；奥迪，FSI；梅赛德斯-奔驰，CGI；通用，SIDi；福特，GDI。

6）VCM

VCM 的全称为 Variable Cylinder Management，即可变汽缸技术，一般适用于多汽缸大排量车型，如 V6、V8、V12 发动机。因为日常行驶中，大多数情况下并不需要大功率的输出，所以大排量多汽缸就显得有点浪费，于是可变汽缸技术应运而生，它可以在不需要大功率输出时，控制关闭一部分汽缸，以减少燃油的消耗。

VCM 是本田公司研发的一种可变汽缸管理技术,它可通过关闭个别汽缸的方法,使得 3.5LV6 发动机可在 3、4、6 缸之间变化,使得发动机排量也能在 1.75~3.5L 之间变化,从而大大节省了燃油。

MDS 是为克莱斯勒的 HEMI 发动机量身打造的多级可变排量控制系统,全称为 MDS-Multi-Displacement System,其实质上与其他可变汽缸技术如 VCM 技术一样。

7) 可变气门

可变气门正时技术几乎已成为当今发动机的标准配置,为了进一步挖掘传统内燃机的潜力,工程人员又在此基础上研发出可变气门升程技术,当二者有效结合起来时,则为发动机在各种工况和转速下提供了更高的进、排气效率。在提升动力的同时,也降低了油耗水平。

各厂商常见可变气门技术(图 2-15)的缩写为:

VVT-i 系统是丰田公司的智能可变气门正时系统的英文缩写;

本田为 i-Vtec,也是最早将可变气门升程技术发扬光大的厂商;

MIVEC 全称为 Mitsubishi Innovative Valve timing Electronic Control system,中文解释为三菱智能可变气门正时与升程管理系统。

BMW 为 Valvetronic、Double-VANOS(双凸轮轴可变气门正时系统);

英菲尼迪为 VVEL 系统;

奥迪为 AVS;

菲亚特为 Multiair 电控液压进气系统。

市面上的绝大部分气门正时系统都可以实现进气门正时在一定范围内的无级可调,而一部分发动机在排气门也配备了 VVT 系统,从而在进、排气门都实现了气门正时无级可调(也就是 D-VVT,双 VVT 技术),进一步优化了燃烧效率。

图 2-15 各厂商可变气门技术

8) TSI、TFSI、TDI

大众的 TSI 在国内和国外有着不一样的意思,国外指 Twincharger Stratified ion,即双增压(涡轮和机械增压)分层喷射技术。而在国内,T 代表涡轮增压,Si 代表燃油直喷,并没有燃油分层喷射技术,因为国内燃油质量一般,达不到分层喷射的要求。

在国内,经常会看到不同的 TSI 标志:有"TSI"全红的、也有"SI"是红的,还有只有"I"是红的,这是国产大众汽车为了区分不同的排量而已。例如:1.8L 排量为"SI"是红色的,而 2.0LTSI 车型中的高配车型或者高端车型则使用全红"TSI"的标识,1.4L 排量的则只有"I"是红色的了。TSI 标志如图 2-16 所示。

TFSI 发动机也是涡轮燃油直喷发动机,是 FSI 发动机和涡轮增压器的结合,即涡轮增压(Turbocharger)+FSI。它的 T 和 TSI 中的 T 一样,表示采用涡轮增压技术,后面的 FSI 即燃油分层喷射发动机(Fuel Stratified ion),S 表示"分层次的"。TFSI 发动机既有分层喷射技术,又有涡轮增压,是 TSI 发动机的升级版。TFSI 标志如图 2-17 所示。

图 2-16　TSI 标志

TDI 是英文 Turbo Direction 的缩写,意为涡轮增压直接喷射柴油发动机。为了解决 SDI (自然吸气式柴油发动机)的先天不足,人们在柴油机上加装了涡轮增压装置,使得进气压力大大增加,压缩比一般都达到 10 以上,这样就可以在转速很低的情况下输出很大的转矩,而且由于燃烧更加充分,排放物中的有害颗粒含量也大大降低。TDI 技术使燃油经由一个高压喷射器直接喷射入汽缸,因为活塞顶的造型是一个凹陷式的碗状设计,燃油会在汽缸内形成一股螺旋状的混合气。TDI 标志如图 2-18 所示。

图 2-17　TFSI 标志

图 2-18　TDI 标志

二、底盘

汽车底盘接受并传递发动机的动力,使汽车正常行驶。它包括传动系统、行驶系统、转向系统、制动系统四大部分,如图 2-19 所示。

1. 传动系统

传动系统是位于发动机与驱动轮之间的一套传递动力的装置。它的主要功用是:将发动机输出的动

图 2-19　汽车底盘结构

力传递给每一个驱动轮,并能改变动力的特性(转矩、转速和转向)以满足汽车各种行驶工况的需要;能随时接通和断开动力传递;能实现倒车。

发动机前置后轮驱动汽车的传动系统示意图如图 2-20 所示,载货汽车多采用这种传动系统。发动机发出的动力依次经过离合器、变速器、万向传动装置(包括万向节、传动轴)、主减速器、差速器和半轴传到驱动轮。

大多数轿车采用发动机前置前轮驱动的结构,如图 2-21 所示。其特点是变速器、主减速器和差速器等部件位于一个箱体内,结构紧凑。发动机前置前轮驱动的传动系统示意图如图 2-22 所示。

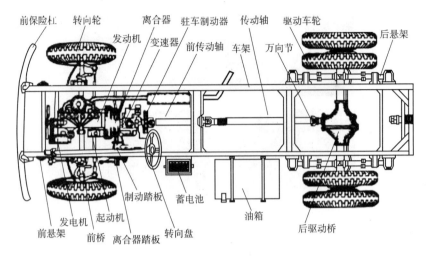

图 2-20 发动机前置后轮驱动的传动系统示意图

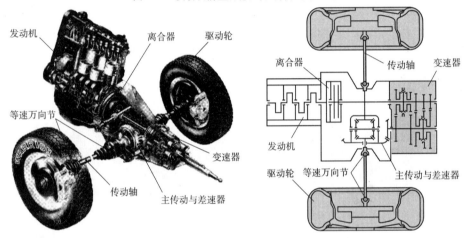

图 2-21 发动机前置前轮驱动汽车的结构　　图 2-22 发动机前置前轮驱动的传动系统示意图

1) 离合器

离合器安装在发动机与变速器之间,用于将两者接合以传递发动机的动力,并能随时将两者分离。它有如下三个功用:保证汽车平稳起步;中断发动机与传动系统的联系,保证换挡时工作平顺;限制所传递的转矩,防止传动系统过载。

汽车上广泛采用的是摩擦式离合器。发动机飞轮、离合器盖和压盘是离合器的主动件,与发动机曲轴相连。从动件是位于飞轮与压盘之间的从动盘,通过花键与输出轴相连。膜片弹簧通过压盘将从动盘紧压在飞轮端面上,发动机发出的转矩通过飞轮及压盘与从动盘接触面间的摩擦作用传给从动盘。当驾驶员踩下离合器踏板时,通过传动零件使膜片弹簧外端带动压盘右移,此时从动部分与主动部分分离,动力传递中断。要接合时,需要驾驶员适当控制离合器踏板的抬起速度,让压盘逐渐压紧从动盘与飞轮,使主动部分传给从动部分的转矩逐渐加大。在这个过程中,主动部分与从动部分之间会发生相对滑动。

2) 变速器

(1) 变速器的功用。

根据道路和交通状况,改变汽车的驱动力和行驶速度;切断发动机与驱动轮之间的动力传递;实现倒车。

(2)变速器的分类。

汽车变速器按照操控方式可分为手动变速器和自动变速器。常见的自动变速器主要有五种,分别是自动离合变速器(AMT)、自动变速器(AT)、手自一体式自动变速器、无级变速器(CVT)、双离合变速器(DSG)。

变速器的类型

①手动变速器(Manual Transmission,MT),就是必须通过用手拨动变速杆,才能改变传动比的变速器。手动变速器主要由壳体、传动组件(输入输出轴、齿轮、同步器等)、操纵组件(换挡拉杆、拨叉等)组成,如图2-23所示。

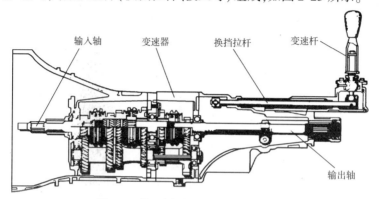

图2-23 普通齿轮变速器及变速操纵机构

手动变速器工作原理是通过拨动变速杆,改变齿轮组合,形成不同的传动比,即不同的挡位,从而改变汽车行驶的速度和牵引力。

一般轿车手动变速器设5~6个前进挡,客车和货车设4~6个前进挡,大型客车和重型货车设6~8个前进挡。变速器的挡位越多,汽车适应性越强,但变速器结构复杂,体积和重量增大,成本也高。在变速器的挡位中,数字小的挡叫作低挡,数字越小,传动比越大,牵引力也越大,车速越低。如一挡车速最低,但牵引力最大。数字大的挡叫作高挡,数字越大,传动比越小,牵引力也越小,车速越高。如五挡变速器中,五挡车速最高,牵引力也最小。

②自动离合变速器(AMT)在普通手动变速器的基础上,增加了微机控制的电动装置,取代了离合器分离、接合,变速器挡位的选择和换挡动作的手动操作,实现了自动换挡,其在车辆中使用较少。

③自动变速器(AT)能根据发动机负荷和车速等情况自动变换传动比,实现换挡,使汽车获得良好动力性和燃料经济性,并减少排放污染。自动变速器简化了驾驶操作动作,降低了对驾驶技术和经验的要求,能减少驾驶员在驾驶过程中的注意力分散和体力消耗,对安全行车更为有益。

自动变速器由液力变矩器、行星齿轮变速器、换挡执行机构和电子液压控制系统组成,如图2-24所示。

自动变速器电子控制单元对节气门位置传感器信号、车速传感器信号经过处理后发出指令,控制换挡电磁阀工作,改变换挡阀两端的油压,使换挡阀移动改变油路,控制不同的离合器和制动器工作,使齿轮改组,形成不同的挡位。

自动变速器的组成

④手自一体式自动变速器实质是自动变速器,只不过可采用两种操纵模式,即手动换挡

和自动换挡。该变速器结合了自动变速器和手动变速器的优点,最大限度地减少了传动系统的功率损耗。手动变速因为可以根据驾驶员的主观意愿,自由调节挡位及转速,使驾驶员驾驶起来有种畅快的感觉,运动感十足,富有驾驶乐趣。在用手动变速时,只需拨到手动挡,随着时速的变换,向上或向下调节挡位。如果速度匹配不上相应的挡位,挡位会自动往下调;如果速度高于所在的挡位,则需要手动向上拨。

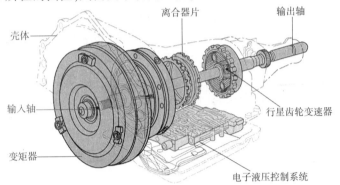

图 2-24 自动变速器结构图

⑤无级变速器(CVT)采用传动带和工作直径可变的主、从动轮相配合来传递动力,可以实现传动比的连续改变,从而得到传动系统与发动机工况的最佳匹配。

每个带轮是由两个锥形盘组成的 V 形结构,输入轴连接小带轮,透过钢制传动带带动大带轮。每个带轮可在液压的推力作用下收紧或张开,挤压钢制传动带以此来调节 V 形槽的宽度。当带轮锥形盘向内侧移动收紧时,钢制传动带在锥形盘的挤压下向圆心以外的方向(离心方向)运动,否则会向圆心以内运动。这样,带轮的圆盘直径增大,传动比也就发生了变化,如图 2-25 所示。

无级变速器由于没有了一般自动变速器的传动齿轮,也就没有了自动变速器的换挡过程,由此带来的换挡顿挫感也随之消失,因此动力输出是线性的,在实际驾驶中非常平顺。无级变速器传动的机械效率、燃油经济性大大优于普通的自动变速器,因此被广泛应用。

图 2-25 无级变速器

⑥双离合变速器(DSG)技术关键就在于双离合,也就是有两个离合器,其中一个负责奇数挡(1、3、5、7 挡),另一个负责偶数挡(2、4、6 挡)。可以想象为将两台手动变速器的功能合二为一,并建立在单一的系统内,它没有液力变矩器也没有行星齿轮组。从齿轮部分看去很像一台手动变速器,因为它有同步器,但不同的是它用"双"离合器控制与发动机动力的通断,这两台自动控制的离合器,由电子控制及液压推动来运作。

当双离合变速器运作时,一组齿轮被啮合,而接近换挡时,下一组挡段的齿轮已被预选,但离合器仍处于分离状态;当换挡时,一台离合器将使用中的齿轮分离,同时另一台离合器啮合已被预选,在整个换挡期间能确保最少有一组齿轮在输出动力,从而不会出现动力中断的状况。为配合以上运作,DSG 的传动轴运动时被分为两部分,一部分为实心的传动轴,另一部分为空心的传动轴。实心的传动轴连接了 1、3、5、7 及倒挡,而空心的传动轴则连接 2、4 及 6 挡,两台离合器各自负责一根传动轴的啮合动作,发动机动力便会由其中一根传动轴作出无间断的传送,如图 2-26 所示。

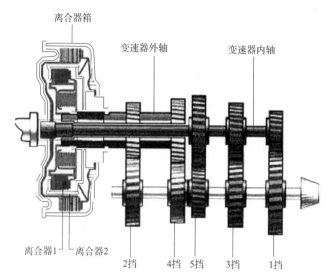

图 2-26 双离合器自动变速器结构简图

双离合变速器具有换挡快、省油、换挡平顺性好、换挡几乎没有转矩损失等优点,被轿车广泛采用,如大众的 DSG、奥迪的 S-tronic、福特的 Powershift、三菱的 SST 以及保时捷的 PDK 等。

3）万向传动装置

万向传动装置用于两轴间夹角时刻变化场合的动力传动,广泛用于汽车的传动系统和转向系统中。

万向传动装置一般是在变速器与驱动桥之间采用两个十字轴万向节和传动轴。万向节允许夹角变化,传动轴允许距离变化(图 2-27)。

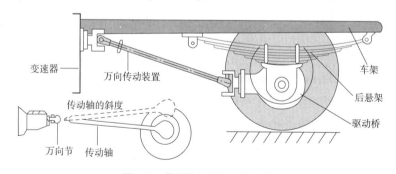

图 2-27 传动轴的运动状态示意图

在发动机前置前轮驱动轿车上使用的是球笼式等速万向节和传动轴,其前轮既是转向轮又是驱动轮,转向时具有较大传动夹角,夹角可达 42°~45°。

4）驱动桥

驱动桥主要由主减速器、差速器、半轴和驱动桥壳等组成。驱动桥的功用是将万向传动装置传来的运动和动力传给两个驱动轮,并使两侧车轮能

驱动桥的组成

等速转动或以不同转速转动。

2. 行驶系统

汽车行驶系统的功用是支承汽车总质量,将传动系统传来的转矩转化为汽车行驶的驱动力,承受并传递路面作用于车轮上的各种力及力矩,减少振动,缓和冲击,以改善汽车行驶的舒适性,保证汽车正常行驶。

汽车行驶系统包括车架、车桥、车轮、轮胎、悬架等。

1) 车架

车架是汽车的骨架,是汽车的装配基础,汽车的各种总成和零部件都直接或间接地安装在车架上。绝大部分轻型及以上货车、客车都有独立的车架,而大部分轿车和一些客车是将车架与车身制成一体,不另设车架,称为承载式车身。

多数货车采用边梁式车架,如图2-28所示。

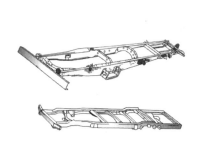 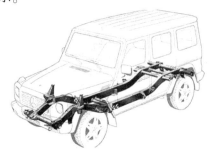

图2-28　边梁式车架

车架通常是由冲压钢板焊接(或铆接)而成,主要由两根纵梁(边梁)和若干横梁组成。车架一般前窄后宽,前面要给转向轮的转向留出空间。车架前端有保险杠,当汽车前端受到碰撞时,保险杠可以保护车身和散热器等,使之不受损坏。

2) 车桥

车桥又称为车轴,它通过悬架与车架相连,车桥的两端安装车轮。车桥分为驱动桥、转向桥、转向驱动桥和支撑桥四类。一般发动机前置后轮驱动汽车的前桥是转向桥,后桥是驱动桥;发动机前置前轮驱动轿车的前桥是转向驱动桥,后桥是支撑桥;越野车等全轮驱动的汽车前桥是转向驱动桥,后桥是驱动桥。

3) 车轮与轮胎

车轮与轮胎用于支承整车,缓和路面传来的冲击力,通过轮胎与路面间的附着作用产生驱动力和制动力,在汽车转弯行驶时产生平衡离心力的侧向抗力,保证汽车能正常转向行驶。

车轮和轮胎的功用

(1) 车轮。

车轮是介于轮胎和车轴之间承受负荷的旋转组件,通常由轮毂、轮辋和轮辐(辐板)组成。轮胎安装在轮辋上,轮毂与车轴之间装有滚动轴承,车轮可在车轴上旋转。

轮辋俗称轮圈,是车轮周边安装轮胎的部件。轮辋一般分为铝合金轮辋、钢材质轮辋(图2-29)。铝合金轮辋,顾名思义用铝合金材质制成,它与传统钢材质轮辋比,具有散热好、质量轻、精度高、更美观的特性。铸造轮辋和锻造轮辋是铝合金轮辋的两种制造工艺。

(2) 轮胎。

轮胎安装在轮辋上,直接与路面接触。轮胎必须有适当的弹性和承受载荷的能力,轮胎与地面接触的部分应具有高的附着性能。

轮胎由胎体、胎冠和胎圈三部分组成。胎体是由若干层尼龙材料的帘子布构成,各层之间用橡胶压粘在一起。胎体是承受气体压力和机械压力的主要部分,要求有一定的强度。胎冠是贴在胎体外面的厚橡胶层。在胎冠上有各种花纹,称为胎面花纹。胎冠直接与路面接触,耐磨性要好。胎圈内部有钢丝圈,钢丝圈是由若干匝钢丝拧成的圈,它的作用是防止轮胎脱离轮辋。

a)铝合金轮辋　　　b)钢材质轮辋

图2-29　铝合金轮辋和钢材质轮辋

①有内胎轮胎和无内胎轮胎。

有内胎的轮胎内胎中充满着压缩空气,外胎是用以保护内胎使其不受外来损害的强度高而富有弹性的外壳。一般充气压力较高、要求密封性能好的轮胎采用有内胎轮胎,如货车轮胎和大型客车轮胎。

无内胎轮胎中没有内胎,空气直接充入外胎中。无内胎轮胎在外观上和结构上与有内胎轮胎近似,所不同的是无内胎轮胎的外胎内壁上,用硫化的方法附加了一层厚2~3mm的专门用来封气的橡胶气密层。当轮胎穿孔后,由于橡胶气密层处于压缩状态而紧裹着穿刺物,故能长时间不漏气。即使将穿刺物拔出,压缩气体也不会漏出(穿孔不大时)。对于充气压力较低、要求散热性能好的轮胎都采用无内胎轮胎,如轿车轮胎。

目前汽车上广泛采用子午线轮胎,其帘线强度得到充分利用,它的帘布层数小于普通斜交轮胎,使轮胎质量减轻,胎体较柔软。子午线轮胎附着性能好,散热性能好,行驶时的变形小,使油耗得到降低,更适合于高速行驶,如图2-30所示。

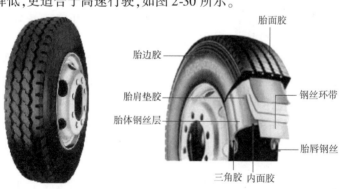

图2-30　无内胎子午线轮胎

②轿车轮胎型号。

国际标准的轮胎代号,以毫米为单位表示断面高度和以百分数表示扁平比,后面加上:轮胎类型代号,轮辋直径[英寸,1英寸(in)=25.4毫米(mm)],负荷指数(许用承载质量代号),许用车速代号。

例如:175/70R 14 83H M+S中175代表轮胎宽度是175mm;70表示轮胎断面的扁平比是70%,即断面高度是宽度的70%;轮辋直径是14英寸;负荷指数83,也就是最大可承重487kg;许用车速是H级,也就是许用车速210km/h;M+S表示特别设计的雪泥花纹轮胎。轮胎常见负荷指数、允许车速见表2-1。

一般轮胎的制造日期通常都标示在胎壁上"DOT"的后面,为第几周(两位数)+公元年份(后两位数)的组合方式,例如DOT4818,即表示在2018年的第48周生产的产品。

轮胎常见负荷指数、允许车速一览表　　　　表2-1

负荷指数(许用承载质量代号)				许用车速代号			
83	487kg	92	630kg	F级	80km/h	R级	170km/h
84	500kg	93	650kg	G级	90km/h	S级	180km/h
85	515kg	94	670kg	J级	100km/h	T级	190km/h
86	530kg	95	690kg	K级	110km/h	U级	200km/h
87	545kg	96	710kg	L级	120km/h	H级	210km/h
88	560kg	97	730kg	M级	130km/h	V级	240km/h
89	580kg	98	750kg	N级	140km/h	W级	270km/h
90	600kg	99	775kg	P级	150km/h	Y级	300km/h
91	615kg	100	800kg	Q级	160km/h	ZR级	240km/h以上

4)悬架

悬架是汽车车架与车桥(或承载式车身与车轮)之间的弹性连接装置。汽车是高速运动的车辆,当它行驶在凹凸不平的路面上时,路面会通过车轮对车身产生冲击和振动,使乘坐者感到不舒适,还会导致汽车零部件损坏。在车轮与车身之间装上悬架,能有效地缓和冲击,吸收振动,大大提高行驶的平顺性和乘坐的舒适性。

悬架的功用

汽车的悬架通常是由弹性元件、减振器和导向机构三部分组成。弹性元件用来缓和冲击,减振器用来衰减系统的振动,导向机构用来使车轮按一定运动轨迹相对车身跳动,同时也起传力作用。

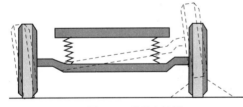

图2-31　非独立悬架

悬架的类型

按悬架构造的不同,通常可分为非独立悬架和独立悬架两大类。

非独立悬架(图2-31)的结构特点是两侧的车轮由一根整体式车轴相连。车轮连同车轴一起通过弹性悬架与车架(或车身)连接。在振动过程中两侧车轮通过车轴互相影响,当一侧车轮因道路不平而发生跳动时,必然引起另一侧车轮的摆动。非独立悬架结构简单、质量大、强度高,主要用于载货汽车,多采用钢板弹簧悬架。

独立悬架(图2-32)的结构特点是两侧车轮分别安装在车架(或车身)的结构上,没有车轴部件,每一侧车轮通过弹性悬架与车架(或车身)连接,两侧车轮可以独立跳动,互不影响。独立悬架结构较复杂,质量小,主要用于轿车,多采用螺旋弹簧悬架。

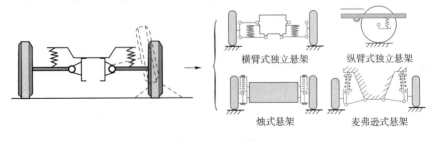

图2-32　独立悬架

电控悬架能根据汽车运动状态和路面状况,实时地调节悬架的刚度和(或)阻尼,使悬架处于最佳减振状态,属于主动悬架。电控悬架的微处理机从传感器接收汽车行驶状态的多种信号,计算出所需要的阻尼值,向步进电动机输出控制信号,步进电动机驱动阀杆转动,调节阀门开度,使减振器的阻尼连续变化,以满足不同路面和不同行驶状态下汽车的缓冲减振要求。

3. 转向系统

汽车转向系统的功用是根据驾驶员的操作改变汽车的行驶方向。

按转向能源的不同,转向系统可分为机械转向系统和动力转向系统两大类。

1) 机械转向系统

以驾驶员的体力(手力)作为转向能源的转向系统称为机械转向系统,机械转向系统由转向操纵机构、转向器和转向传动机构组成。

图 2-33 所示为机械转向系统的组成示意图。从转向盘到转向传动轴这一系列零部件,属于转向操纵机构。从转向摇臂至转向梯形臂这一系列零部件,属于转向传动机构。

当汽车转向时,驾驶员对转向盘施加一个转向力矩。该力矩通过转向轴、万向节和传动轴输入转向器;经转向器减速增矩后的运动由转向摇臂输出,通过转向传动机构将运动传给左、右转向节,使转向节上的转向轮偏转。

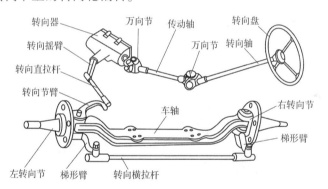

机械转向系统的组成

图 2-33 机械转向系统的组成示意图

2) 动力转向系统

兼用驾驶员体力和发动机(或电动机)的动力作为转向能源的转向系统称为动力转向系统。它是在机械转向系统基础上加设一套转向加力装置而形成的。在正常情况下,汽车转向所需的能量,只有一小部分由驾驶员提供,大部分由发动机(或电动机)通过转向加力装置提供。

目前轿车上普遍采用电动助力转向系统,如图 2-34 所示。

驾驶员在操纵转向盘进行转向时,转矩传感器检测到转向盘的转向以及转矩的大小,将电压信号输送到电子控制单元,电子控制单元根据转矩传感器检测到的转矩电压信号、转动方向和车速信号等,向电动机控制器发出指令,使电动机输出相应大小和方向的转向助力转矩,从而产生辅助动力,保证汽车在低速转向行驶时轻便灵活,高速转向行驶时稳定可靠。汽车不转向时,电子控制单元不向电动机控制器发出指令,电动机不工作。

动力转向系统的类型

电动助力转向系统的工作原理

4. 制动系统

使行驶中的汽车减速和停车，使下坡行驶的汽车速度保持稳定，以及使已停驶的汽车保持不动，这些作用统称为汽车制动。汽车上必须装设一系列制动装置，以便驾驶员能根据道路和交通等情况，进行一定程度的强制制动。这种对汽车进行制动的装置称为制动系统。

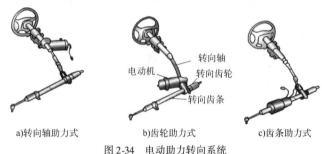

图 2-34 电动助力转向系统
a)转向轴助力式　b)齿轮助力式　c)齿条助力式

1）制动系统的组成及分类

图 2-35 所示是轿车常用的制动系统，主要由制动踏板、真空助力器、制动主缸、前轮制动器、后轮制动器、驻车制动器操纵杆（及传动零件）和制动管路等组成。

按制动系统的作用可分为行车制动系统、驻车制动系统及辅助制动系统等。用以使行驶中的汽车减速和停车的制动系统，称为行车制动系统；用以使已停驶的汽车驻留原地不动的制动系统，称为驻车制动系统；在汽车下长坡时用以稳定车速的一套装置称为辅助制动系统，此时，若单靠行车制动系统来达到下长坡时稳定车速的目的，则可能导致行车制动系统的制动器过热而降低制动效能，甚至完全失效。上述各制动系统中，行车制动系统和驻车制动系统是每一辆汽车都必须具备的。

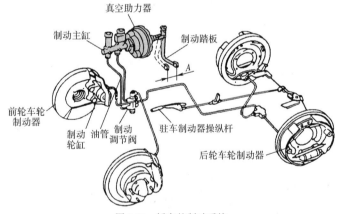

图 2-35 轿车的制动系统

2）制动器的构造

制动器安装在车轮中，称为车轮制动器。车轮制动器一般用于行车制动，也兼用于驻车制动。制动器有两种常见的结构形式：一种是鼓式制动器，另一种是盘式制动器。

（1）鼓式制动器。

鼓式制动器主要由制动鼓、制动蹄（两个）、制动轮缸、制动底板和回位弹簧等组成。图2-36所示为鼓式制动器的工作原理示意图。以内圆柱面为工作表面的金属制动鼓固定在车轮轮毂上，随车轮一同旋转。在固定不动的制动底板上有两个支承销，支承着两个弧形制动蹄。制动蹄的外圆柱面

鼓式制动器的工作原理

上装有摩擦片。制动底板上还装有制动轮缸,用油管与装在车架上的制动主缸相连通。制动主缸活塞由驾驶员通过制动踏板机构来操纵。

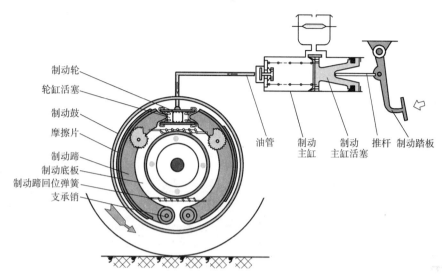

图2-36 鼓式制动器的工作原理示意图

制动系统不工作时,制动鼓的内圆柱面与制动蹄摩擦片的外圆柱面之间保持一定的间隙,使车轮和制动鼓可以自由旋转。要使行驶中的汽车减速时,驾驶员踩下制动踏板,通过推杆和主缸活塞,将制动主缸内的油液压入制动轮缸,使轮缸的两个活塞向外移出,推动两制动蹄向外张开,使其摩擦片压紧在制动鼓的内圆柱面上,通过摩擦力使车轮减速。制动力越大,则汽车减速度也越大。当放开制动踏板时,制动蹄被回位弹簧拉回原位,轮缸中的油液流回主缸,制动即解除。

(2)盘式制动器。

盘式制动器如图2-37所示,它的制动主体是随车轮一起转动的制动盘和固定于制动底板上的制动钳。

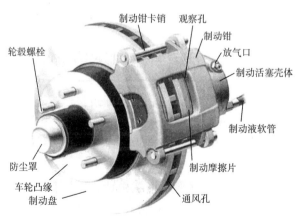

图2-37 盘式制动器

盘式制动器制动钳跨于制动盘两侧,每侧各有1~2个制动块。在制动盘一侧的制动块与制动钳之间装有单活塞制动轮缸。未制动时,制动块与制动盘之间有一定的间隙;制动时,压力油进入轮缸,将活塞向右推出,使制

盘式制动器的工作原理

动盘一侧的制动块压向制动盘,同时通过制动钳拉动另一侧的制动块也压向制动盘,从而产生制动力。

现在乘用车的前轮大多采用通风盘式制动器,只有部分低端车型采用前实心盘,而陶瓷通风盘则主要应用在高性能跑车上。

与鼓式制动器相比,盘式制动器尺寸小,质量轻,制动性能稳定,更容易控制。鼓式制动器在相同的踏板力作用下,能产生比盘式制动器更大的制动力。因此,轿车多采用盘式制动器,而货车要求制动力大,均采用鼓式制动器。

3) 驻车制动

乘用车上驻车制动的操作方式可以分为拉杆式驻车制动、踏板式驻车制动和电子驻车制动三种,如图2-38所示。

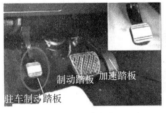

图2-38 三种驻车制动形式

5. 底盘特有技术

1) 四轮驱动

四轮驱动,又称全轮驱动,是指汽车前后轮都产生驱动力,可按行驶路面状态不同而将发动机输出转矩按不同比例分布在前后轮上,以提高汽车的行驶能力。四轮驱动一般用4×4或4WD来表示。

轿车的四轮驱动装置已经引进了电子计算机控制系统,当前轮或后轮驱动时,汽车随时根据路面状态的反馈信息分配前后轮的动力,变为四轮驱动。四轮驱动又可以细分成4种驱动模式:全时驱动(Full-Time)、分时驱动(Part-Time)、适时驱动(Real-Time)和兼时/适时混合驱动。

全时驱动(Full-Time):前后车轮永远维持四轮驱动模式,行驶时将发动机输出转矩按50:50设定在前后轮上。全时驱动具有良好的驾驶操控性和行驶循迹性,缺点是油耗较高,经济性不好。

分时驱动(Part-Time):由驾驶员根据路面情况,通过接通或断开分动器来变化两轮驱动或四轮驱动模式,这也是一般越野车或四驱SUV最常见的驱动模式。优点是可根据实际情况来选取驱动模式,比较经济;缺点是其机械结构比较复杂,驾驶员要具有一定的经验才能掌握好切换时机。

适时驱动(Real-Time):其选择何种驱动模式由计算机控制,正常路面一般采用(前)后轮驱动,如果路面不良或驱动轮打滑,计算机会自动测出并立即将发动机输出轮矩分配给其他两轮,切换到四轮驱动状态。该驱动模式操纵简单,但缺点是计算机即时反应较慢,缺少驾驶乐趣。

分时/适时混合驱动:两者兼有,可进行转换。

目前最常见的四驱结构有:4MATIC(奔驰)、4MOTION(大众)、Dual Pump System REAL

TIME 4WD（本田 CRV）、i-AWD（铃木）、quattro（奥迪）、SH-AWD（讴歌）、TOD 转矩随选四驱（长城）、xDrive（宝马），如图 2-39 所示。新款 Jeep 有五种四驱系统名称，指南者和自由客车型使用 Freedom-Drive Ⅰ适时四驱系统、大切诺基 3.6 车型使用 Quadra-Trac Ⅱ、5.7HEMI 车型使用 Quadra-Drive Ⅱ全时四驱系统、牧马人 SAHARA 车型使用 Command-Trac、Rubicon 车型使用 Rock-Trac 分时四驱系统。

图 2-39　常见四驱结构

2）汽车防滑控制系统

汽车操纵稳定性是保证汽车行驶安全的重要性能，是提高行车速度的重要保证，汽车防滑控制是提高操纵稳定性的重要措施，主要包括防抱死制动系统（ABS）、电子制动力分配系统（EBD）、驱动防滑转控制系统（ARS）和电控汽车稳定行驶系统（ESP）等（图 2-40）。

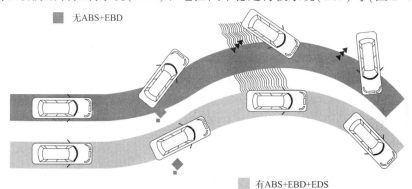

图 2-40　汽车防滑控制系统

(1)防抱死制动系统（ABS）。

汽车在遇到障碍或突发事件时，要求在很短距离和时间内停车。如果制动强度过大，将会使车轮抱死。后轮抱死将使车辆丧失方向稳定性（甩尾侧滑），前轮抱死则使车辆失去转向能力（转向盘失控）。ABS 的主要作用就是根据汽车行驶状态和车轮转动情况，在制动过程中自动调节各车轮的制动力，使车轮滑移率被控制在一个狭小的理想范围内，车轮不会抱死，使其纵向制动力和侧向附着能力保持较大值，充分利用轮胎与路面之间的纵向和侧向附着力提高汽车抗侧滑的能力，改善汽车的操纵性和方向稳定性，缩短制动距离，有效提高行车安全性。随着人们对汽车安全性能要求的不断提高，ABS 已逐渐成为乘用车的标准装备。

ABS 通常是由车轮转速传感器、制动压力调节器、控制器以及普通制动系统组成，如图 2-41 所示。汽车每个车轮上各安装一个转速传感器，将车轮转速的信号输入控制器。控制器根据各车轮的转速信号对各个车轮的运动状态进行监测和判定，并形成相应的控制指令。通过制动压力调节器对各制动轮缸的制动压力进行调节。

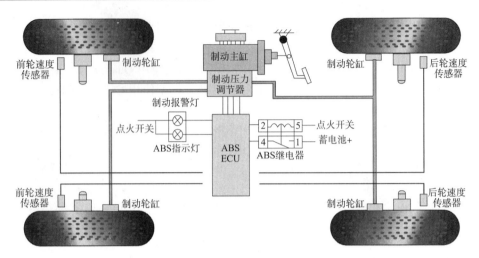

图 2-41　ABS 与 EBD 布置图

（2）电子制动力分配（EBD）。

EBD（Electric Brakeforce Distribution）实际上是 ABS 的辅助功能，是在 ABS 的控制器里增加一个控制软件，其机械系统与 ABS 完全一致。它只是 ABS 的有效补充，一般和 ABS 组合使用，可以提高 ABS 的功效。

通常情况下，各个车轮与地面的附着条件不同。EBD 的功能就是在汽车制动的瞬间，由传感器检测前后轮的转动状态，并由车载微处理器高速计算出各轮胎与路面间的附着力大小，然后分别调节各个车轮制动器的制动转矩，使之达到与路面附着力的理想匹配，以进一步缩短制动距离，同时保证车辆制动时的稳定性。EBD 与 ABS 结合，可大大提高 ABS 的功效。重踩制动踏板时，EBD 会在 ABS 作用之前，依据车辆的质量分布和路面条件，有效分配制动力，使各个车轮得到理想的制动力。因此，EBD 的作用就是在 ABS 的基础上，平衡每一个车轮的有效地面附着力，改善制动的平衡，防止出现甩尾和侧滑，并缩短汽车制动距离，使汽车的行驶安全性能更高。

（3）制动辅助（EBA、BAS、BA 等）。

制动辅助一般称为 EBA（Electronic Brake Assist）、BAS（Brake Assist System）、BA（Baker Aid，机械制动辅助系统），它的工作原理是传感器通过分辨驾驶员踩踏板的情况，识别并判断是否引入紧急制动程序。由此该系统能立刻激发最大的制动压力，以达到可能的最好的制动效果，以制止交通事故的发生。

（4）牵引力控制（ASR、TCS、TRC 等）。

ASR（Acceleration Skid Control System）为加速防滑控制系统；TCS（Traction Control System）为牵引力控制系统，也称 TRC（主动牵引力控制）。它们的作用是使汽车在各种行驶状况下都能获得最佳的牵引力。牵引力控制系统能防止车辆在雪地等湿滑路面上行驶时驱动轮空转，使车辆能平稳地起步、加速。尤其在雪地或泥泞的路面，牵引力控制系统均能保证流畅的加速性能，防止车辆因驱动轮打滑而发生横移或甩尾。

（5）车身稳定控制（ESP、DSC、VSC、VDC、VSA 等）。

ESP 全称为 Electronic Stability Program。包含 ABS 及 ASR，是这两种系统功能上的延伸。由于 ESP 名称已经被德国博世公司注册，故其他公司开发的电子稳定系统只能使用其他名称。配备 ESP 的汽车品牌有菲亚特、奥迪、标致、大众、铃木、雪铁龙、克莱斯勒、奔驰、长安福特等。DSC(Dynamic Stability Control)的性能类似德国博世公司的ESP,配备DSC的汽车品牌有捷豹、路虎、宝马、MINI、马自达等。VSC的全称为Vehicle Stability Control,是丰田锐志的车身稳定控制系统,丰田皇冠和雷克萨斯则配备了VDIM(Vehicle Dynamics Integrated Management,车身动态综合管理系统)。VDC的全称是Vehicle Dynamic Control,是日产公司研发的汽车动态控制系统,英菲尼迪、斯巴鲁也配备了VDC。VSA的全称是Vehicle Stability Assist,是本田汽车公司研发的车辆稳定性辅助系统,讴歌也配备了该系统。通用国产车型的车身稳定控制称为ESC,现代公司车型的车身稳定控制称为VSM。在车上我们看到如图2-42所示的标志,就是车身稳定控制的按键。

3)自动驻车

自动驻车英文名称为AUTOHOLD(图2-43),是一种自动启用驻车制动的功能,这个功能在系上安全带时启用,启动该功能之后,例如在停车等红绿灯的时候,右脚可以不用踩在制动踏板上,也适用于上下坡以及频繁起步停车的时候,也可以称它为上坡辅助控制(Hill-start Assist Control,HAC)。自动驻车可以防止溜车而造成事故,并且还不会让驾驶员感到手忙脚乱,防止出现将加速踏板误当制动踏板的情况发生。

图2-42 车身稳定控制按键

图2-43 自动驻车键

4)陡坡缓降

陡坡缓降系统(HDC),也称为斜坡控制系统,这是一套用于下坡行驶的自动控制系统,在系统启动后,驾驶员无须踩制动踏板,车辆会自动以低速行驶,并且能够逐个对超过安全转速的车轮施加制动力,从而保证车辆平稳下坡,此时制动踏板只是用于被动防止打滑。

5)可变悬架

可变悬架可以手动或车辆自动改变悬架的高低或软硬来适应不同路面的行驶需求。它的技术特点:底盘可升降,应用车型广泛;技术不足:可靠性不如螺旋弹簧;应用车型:奔驰S350、奥迪A8L、保时捷卡宴、Jeep大切诺基等。当然还有类似的空气悬架、电磁可调悬架(如奥迪TT、凯迪拉克CTS、SLS等车型)、液压可调悬架(雪铁龙C5海外版、C6等车型)、电子液力式可变悬架(如欧宝雅特海外版等车型)。

6)可变转向比

可变转向比即根据汽车速度和转向角度来调整转向器传动比。当汽车开始处于停车状态,汽车速度较低或者转向角度较大时,提供小的转向器传动比;而当汽车高速行驶或者转向角度较小时,提供大的转向器传动比,从而提高汽车转向的稳定性。

不同厂家对这类系统的叫法各不相同,例如宝马称之为主动转向系统(Active Front Steering,AFS),奥迪将其称之为动态转向系统(Audi Dynamic Steering),丰田/雷克萨斯则使用可变齿比转向系统(Variable Gear Ratio Steering,VGRS),而奔驰的可变转向比系统则以"直接转向系统"命名。虽然功能类似,但是它们使用的技术却是截然不同的。

7)前、后桥限滑差速器/差速锁

汽车在弯道行驶,内外两侧车轮的转速有一定的差别,外侧车轮的行驶路程长,转速也要比内部车轮的转速高。差速器就是用来让车轮转速产生差异的,在转弯的情况下可以使左右车轮进行合理的转矩分配,来达到合理的转弯效果。转弯时用差速器来调节(几乎所有车辆都具有差速器),提高了车辆越野能力,增强了车辆在非铺装路面行驶时的脱困能力。

8) 中央差速器锁止功能

奔驰 G500,雷诺科雷傲、日产奇骏等车型带有中央差速锁或者中央限滑差速器锁止功能。驾驶员可以通过按钮来锁止车辆的中央差速器。中央差速器位于车辆前轮与后轮之间的传动轴上。

三、车身

1. 车身的作用

汽车车身既是驾驶员的工作场所,也是容纳乘客和货物的场所。车身应为驾驶员提供有利的工作环境,为乘员提供舒适的乘坐条件,保护他们免受汽车行驶时的振动、噪声、废气以及外界恶劣气候的影响,并且应保证汽车能完好无损地运载货物且装卸方便。汽车车身上的一些结构措施和装备还有助于安全行车和减轻车祸等严重事故的后果。车身应保证具有合理的外部形状,在汽车行驶时能有效地引导周围的气流,减少空气阻力和燃料消耗外,还应有助于提高汽车的行驶稳定性和改善发动机的冷却条件。

2. 车身的分类

汽车车身结构从形式上,主要分为非承载式车身和承载式车身两大类(图 2-44)。

车身的类型
(按承载形式分)

非承载式车身的汽车有一刚性车架,又称底盘大梁架。在非承载式车身中发动机、传动系统的一部分、车身等总成部件都是用悬架装置固定在车架上,车架通过前后悬架装置与车轮连接。非承载式车身比较笨重,质量大,高度高,一般用在货车、客车和越野车上,也有部分高级轿车使用,因为它具有较好的平稳性和安全性。

承载式车身的汽车没有刚性车架,只是加强了车头、侧围、车尾、底板等部位,发动机、前后悬架、传动系统的一部分等总成部件装配在车身上设计要求的位置,车身负载通过悬架装置传给车轮。承载式车身除了其固有的乘载功能外,还要直接承受各种负荷力的作用。承载式车身不论在安全性还是在稳定性方面都有很大的提高,它具有质量小、高度低、装配容易等优点,大部分轿车采用这种车身结构。

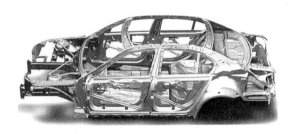

a) 非承载式车身　　　　　　　　b) 承载式车身

图 2-44　车身

还有一种介于非承载式车身和承载式车身之间的车身结构,可称为半承载式车身。它的车身本体与底架焊接在一起或用螺栓刚性连接,加强了部分车身底架而使其起到车架的作用。例如发动机和悬架都安装在加固的车身底架上,车身与底架成为一体共同承受载荷,这种形式实质上是一种无车架的承载式车身结构。因此,通常只简单地将汽车车身结构划分为非承载式车身和承载式车身。

3. 轿车车身

轿车车身是现代汽车工业引以为自豪的创新之一,也是现代社会引人注意的工业设计之一。现代轿车大多数采用承载式车身。其特点是没有车架,车身就作为发动机各总成的安装基础,载荷全部由汽车车身承受,因此要求车身具有较大的强度和刚度。

轿车的车身主要由前柱、中柱、车门、发动机舱盖、前后翼子板、行李舱盖等组成(图2-45),曲面形状复杂,并要求有较高的尺寸精度和较小的表面粗糙度,采用钢板(铝板)冲压焊接而成。

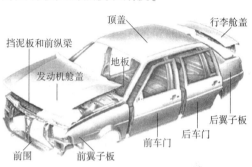

图2-45 轿车的车身

由于轿车是供少量人员乘坐用的,其货厢缩小成了行李舱。行李舱与驾驶室合为一体形式的车身称为两厢式(Hatchback),如一汽大众高尔夫、别克英朗XT、斯柯达晶锐等;若行李舱与驾驶室分开,则称为三厢式(Sedan or Saloon),如别克君越、君威、一汽大众迈腾等;另外有些以轿车为基础,把轿车的行李舱加高到与车顶齐平,用来增加行李空间的车型称为旅行车,如大众进口迈腾旅行版、高尔夫旅行版;还有硬顶敞篷车,如宝马ZA、标致207等;软顶敞篷车,如甲壳虫、Mini敞篷版、Porsche Boxter等;此外还有跑车、MPV、SUV等。

四、电气设备

汽车电气系统包括电源系统、起动系统、点火系统、照明与信号系统、仪表与报警系统、空调系统、辅助电气系统和配电装置等若干个系统(其中起动系统、点火系统已经在发动机部分介绍)。汽车电气系统具有以下特点:

(1)低压。汽油车普遍采用12V电压系统,柴油车大多数采用24V电压系统。

(2)直流。蓄电池必须使用直流电充电,所以汽车电流系统为直流电流系统。

(3)单线制。单线制是指从电源到用电设备只用一根导线连接,用汽车发动机、底盘等金属机体作为另一根公用导线。但是在特殊情况下,为了保证电气系统(特别是电子控制系统)的工作可靠性,也需采用双线制。

(4)负极搭铁。将蓄电池的负极连接到车体上称为"负极搭铁"。汽车电气系统一般规定为负极搭铁。

1. 电源系统

汽车电源系统的功用是向整车用电设备提供电能,电源系统主要由蓄电池、交流发电机和调压器组成。发电机和蓄电池在汽车上是并联工作,它们工作情况及作用如下:

(1)当发动机不工作或起动发动机时,由蓄电池向起动机、点火系统、灯光等用电设备供电;

(2)当发动机低速运转时,由蓄电池和发电机联合向点火系统、仪表、灯光等用电设备供电;

电源系统的组成

(3)当发动机正常运转时,发电机电压高于蓄电池电压,由发电机向全部用电设备供电,并向蓄电池充电,将多余的电能储存起来;

(4)当同时工作的用电设备过多而导致耗电量超过发电机供电能力时,由发电机和蓄电池共同供电;

(5)蓄电池相当于一只大容量电容器,可起到稳定系统电压、保护电子设备的作用。

1)蓄电池

蓄电池一般安装在发动机舱盖里或驾驶员座位下或车架纵梁外侧。汽车用蓄电池俗称电瓶,根据加工工艺不同可分为普通型、干荷电型和免维护型等。普通蓄电池是在盛有稀硫酸的容器中插入铅制极板而构成的电能储存器,因此又称铅酸蓄电池,如图2-46所示,单块蓄电池为直流12V。

图2-46 蓄电池的实物与安装位置图

2)交流发电机

交流发电机一般安装在发动机前部的侧面,并用螺栓固定在支架上,支架再用螺栓固定在机体上。发电机由发动机通过皮带驱动(图2-47)。交流发电机主要由转子总成、定子总成、整流器、壳体等组成,如图2-48所示。

图2-47 发电机实物与安装位置图

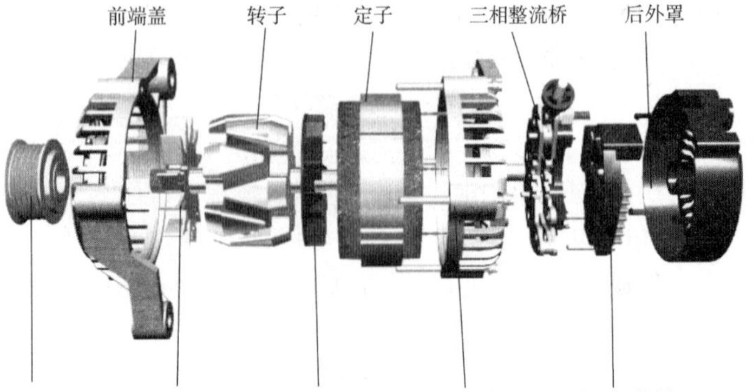

图2-48 交流发电机分解图

发电机的后端采用硅二极管进行整流,将发电机产生的交流电转变为直流电输出到蓄电池和用电设备,同时 IC 调节器控制发电机的电压。

2. 照明与信号系统

为保证汽车夜间行车安全及各种使用要求,汽车上装有各种照明与信号装置,如图 2-49 所示。

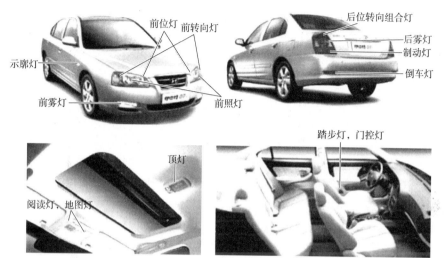

图 2-49　汽车照明和信号装置

照明装置有:前照灯(大灯)、雾灯、牌照灯。此外,车上还装有顶灯、阅读灯、行李舱灯、门灯、踏步灯、仪表照明灯、工作灯等照明装置。

汽车信号系统主要通过声、光向行人和车辆发出有关车辆运行状况或状态的信息,以引起有关人员注意,确保车辆行驶安全。如转向灯、制动灯、示宽灯、倒车灯、危险报警灯、仪表报警及指示灯、电喇叭等。

3. 仪表与报警系统

汽车常用仪表一般由传感器和指示仪表两部分组成,按功能不同可分为发动机转速表、冷却液温度表、燃油表、车速与里程表等,如图 2-50 所示。

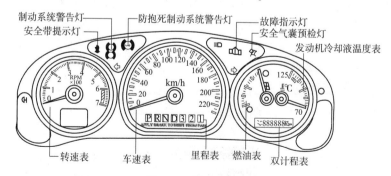

图 2-50　汽车仪表系统

为保证行车安全和提高车辆的可靠性,汽车上安装了许多报警装置。车内报警装置一般由传感器和红色警告灯组成,警告灯装在仪表板上;车外报警装置一般提供声音信号或声光信号报警。报警装置主要包括:润滑油压力过低警告灯、冷却液温度过高警告灯、燃油油量过少警告灯、制动系统警告灯、倒车灯与倒车报警器等。

4. 暖风空调装置

1) 暖风装置

水冷式发动机的暖风装置,是一个利用发动机工作时产生的热量为热源的暖风机。外部空气由送风机吸入,发动机的高温冷却水在循环途中,一部分被导入暖风机,经暖风机的热交换器(散热器)将空气加热,再将加热的空气送入车内取暖、送向车窗玻璃除霜等。

通过调节输入暖风机的高温冷却水流量以及调节送风机转速来增减外部空气的吸入量,便可控制暖风的温度。通过冷热变换阀门可调节进入车内冷、暖风的通风量。这种暖风装置多用于轿车或载货汽车驾驶室。

2) 空调装置

汽车上的空调装置多是单制冷式空调器,如图 2-51 所示。空调器制冷的基本原理是利用物体三态变化时的吸热和放热现象,即液态物质在变成气态的过程中(汽化)要吸收热量,而气态物质在变成液态的过程中(冷凝)要放出热量。空调器中所使用的热交换物质称为制冷剂,可通过加大压力和降低压力,使制冷剂在气、液态之间变化。降低液态制冷剂的压力,可使制冷剂汽化,吸收周围的热量;加大气态制冷剂的压力,可使制冷剂液化,从而放出热量。

空调器主要由压缩机、冷凝器、膨胀阀、蒸发器和储液罐等组成。

(1) 压缩机。压缩机是压缩和输送制冷剂蒸气的装置,是制冷系统的心脏。压缩机工作时可把制冷剂气体由低压变为高压,气体温度也因压缩而升高,并可维持连续不断的制冷剂循环。压缩机由汽车发动机驱动。

空调装置的组成

(2) 冷凝器。冷凝器的作用是散热,它把从压缩机出来的高压、高温气态制冷剂冷却凝结为液体,在冷凝过程中散发的热量由空气流带走。冷凝器一般安装在发动机冷却器水箱前面,借助于冷却风扇散热。

(3) 膨胀阀。膨胀阀又称为流量控制器,其作用是根据车室内空调负荷的需要,自动调节膨胀阀的开度,控制流入蒸发器的制冷剂流量。

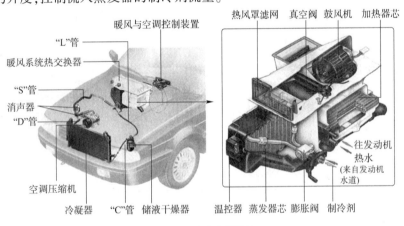

图 2-51 汽车空调装置

(4) 蒸发器。蒸发器的功能与冷凝器相反,它把从膨胀阀减压后流出的液态制冷剂蒸发成低压气体。在蒸发过程中,从车室内吸收热量,使车内空气温度降低。

空调器制冷时,由发动机驱动的压缩机将储液罐里的液态制冷剂经膨胀阀抽出,送入室内蒸发器,蒸发器内的压力较低,制冷剂在此吸收热量蒸发成气体。气体的制冷剂被压缩机抽出,加压后送入室外的冷凝器,散发热量后变成液体流回储液罐。如此不断循环,即起到连续制冷作用。为了加大制冷和散热的效果,在蒸发器和冷凝器上都装有风扇或送风机。吹过蒸发器的空气变成冷空气,经专门设计的通道吹到车内适当的地方。在通道出风口处还可以调节风速和风向。而室外的冷凝器则安装于温度较低、通风良好的地方。

5. 风窗刮水器与风窗玻璃洗涤器

风窗刮水器用来刮去前、后风窗玻璃上的雨水、霜雪和尘土,提高雨、雪天行驶时驾驶员的能见度,保障行车安全。前风窗玻璃刮水器一般有两个刮片,后风窗玻璃刮水器一般为一个刮片。刮片上柔软的橡胶片紧贴着风窗玻璃,在电动机驱动下往复摆动,即刮净玻璃上的异物。控制刮刷速度的开关一般有"停止""间歇""低速""高速"等几个位置,以适应不同的雨量。前风窗刮水器不工作时应停在最低处,以免影响驾驶员的视野。图2-52所示为前风窗刮水器。

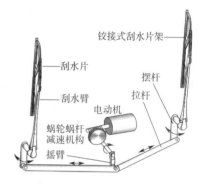

图 2-52　前风窗刮水器

为了更好地清除附在风窗玻璃上的脏物,现代汽车上又增设了风窗玻璃洗涤器,配合刮水器工作,以保持驾驶员的良好视野。洗涤器的喷嘴安装在发动机罩板上,方向可以调节,将水喷在风窗玻璃适当的位置。风窗玻璃洗涤器与刮水器联合工作,可以达到良好的洗涤效果。

除上述车身附件以外,还有电动玻璃升降器、电热除霜器、中央控制门锁和电动调节后视镜等,本书不再赘述。

6. 多媒体配置

汽车的多媒体配置包括:GPS(全球卫星定位系统)、定位互动服务、中控台彩色大屏、人机交互系统、内置硬盘、蓝牙/车载电话、车载电视、后排液晶屏、外接音源接口(AUX/USB/iPod 等)、CD 系统、喇叭扬声器系统等,如图 2-53 所示。

图 2-53　汽车多媒体配置

第二节　新能源汽车知识

新能源又称非常规能源,是指传统能源之外的各种能源形式,如太阳能、地热能、风能、海洋能、生物质能和核聚变能等。

新能源汽车是指采用新型动力系统,完全或者主要依靠新型能源驱动的汽车。从广义上来说,新能源汽车包括混合动力电动汽车、纯电动汽车、燃料电池电动汽车、代用燃料汽车及清洁能源汽车等。

一、混合动力电动汽车

混合动力电动汽车(Hybrid Electric Vehicle,HEV)是指能够至少从可消耗的燃料和可再充电能/能量储存装置两类车载储存的能量中获得动力的汽车。混合动力电动汽车一般采用能够满足汽车日常驾驶需求的小排量发动机,通过驱动电机获得加速与爬坡所需的附加动力。其优点是在未牺牲性能的前提下,大大降低了燃油消耗和废气排放。

1. 混合动力电动汽车的总体构成

混合动力电动汽车是传统汽车的替代和延伸,与传统汽车类似,是由动力系统、底盘系统、电气系统和车身四大部分构成。

1) 动力系统

混合动力电动汽车动力系统通常是由以燃油发动机和驱动电机为主的部件组成,向车辆提供纯电动、混动等不同模式下的驱动力。混合动力电动汽车所采用的燃油发动机可以是柴油机,也可以是汽油机,因此可以使用传统汽油或者柴油,也有的燃油发动机经过改造使用其他替代燃料,如压缩天然气、丙烷和乙醇燃料等。混合动力电动汽车使用的电动系统包括高效强化的驱动电机和动力电池。

2) 底盘系统

混合动力电动汽车继承和沿用了很大部分燃油汽车的底盘系统,包括传动系统、行驶系统、转向系统和制动系统四大系统。驾驶员通过底盘系统中的加速踏板、制动踏板、离合器踏板、变速器操纵杆、转向盘等操控装置,发出控制信号,通过中央控制器和各种控制模块发出指令,实现混合动力电动汽车的起动、行驶、加速、爬坡、减速、转向和制动等控制。

3) 电气系统

电气系统方面,混合动力电动汽车由于驱动电机直接参与汽车的动力系统,所以给汽车的整体构造带来了巨大的变化。在目前主要的新能源汽车电气系统中,分为12V电压电路和高电压电路(200V、300V,甚至是500V以上)两个系统。12V电压电路用于沿袭燃油汽车中的底盘、车身、车载电气系统,这一电路系统中的输电功率一般小于10kW。高电压电路系统主要负载包括驱动电机,电路功率可高达70~100kW,高电压回路中增加了大量的大功率电器元器件和单元,例如大功率二极管、高电压继电器、DC/DC单元、整流单元等。

4) 车身

混合动力电动汽车的车身和燃油汽车基本一样,按造型可分为厢型、鱼型、船型、流线型及模型等,根据结构可以分为两厢型、三厢型、硬顶敞篷车、软顶敞篷车、SUV等,按照受力情况可分为非承载式车身和承载式车身。非承载式车身的汽车有一刚性车架(又称底盘大梁架),具有较好的平稳性和安全性,一般用于货车、客车、越野车和高级轿车;承载式车身的汽车没有刚性车架,只是加强了车头、侧围、车尾、底板等部位,它具有质量小、高度低、装配容易等优点,大部分轿车采用这种车身结构。

2. 混合动力电动汽车的分类与原理

混合动力电动汽车技术引起人们重视的时间虽然不长,但是近年来受重视程度却非常高,因此发展非常快,其分类也有多种方式,主要包括按照驱动系统连接方式分类、按照是否能外接充电分类、按照混合度分类等方式,更为专业的分类是按照电气化部件的架构分类。

1)按照驱动系统连接方式分类

根据混合动力驱动系统的连接方式,混合动力电动汽车可以分为串联式、并联式和混联式三类。

(1)串联式混合动力系统。

如图2-54所示,串联式混合动力系统是将发动机和驱动电机"串"在一条动力传输路径上,其最大的特点就是发动机在任何情况下都不参与驱动汽车的工作,它只能通过带动发电机为驱动电机提供电能。串联结构的动力来源于驱动电机,发动机只能驱动发电机发电,并不能直接驱动车辆行驶。因此,串联结构中驱动电机功率一般要大于发动机功率。如雪佛兰沃蓝达VOLT就是采用串联式混合动力系统。

(2)并联式混合动力系统。

如图2-55所示,并联式混合动力系统是在普通燃油汽车的基础上加装一套电能驱动系统(驱动电机和动力电池),发动机和驱动电机都能单独驱动车轮,也可以同时工作,共同驱动车辆行驶。当动力电池电量不足时,发动机还能带动驱动电机反转为动力电池充电。这种结构的混合动力电动汽车连接方式简单,更接近传统汽车,只需要增加一套电驱动系统就行,可以降低成本。如本田IMA混合动力系统就是采用并联式混合动力系统,广泛运用在本田思域、本田雅阁(第七代)、本田飞度、本田CR-Z等车型上。

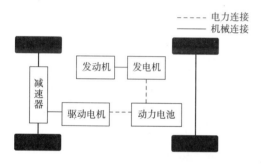

图2-54 串联式混合动力系统　　图2-55 并联式混合动力系统

(3)混联式混合动力系统。

如图2-56所示,混联式混合动力系统综合了串联式和并联式的结构而组成,主要由发动机、发电机和驱动电机三大动力总成组成,发动机和驱动电机协同驱动车辆行驶的同时,发动机还能带动发电机为动力电池充电,不再像并联结构中单一驱动电机需要身兼两职,并且理论上它能够实现发动机带动发电机发电,驱动电机驱动车辆的模式,具有纯电驱动、纯油驱动、混合驱动和充电四种模式。

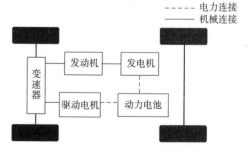

丰田THS-Ⅱ混合动力系统就是混联式,是在并联基础上加一个发电机,但不使用传统的变速器,而是用"ECVT"的行星齿轮结构的耦合单元来代替,这

图2-56 混联式混合动力系统

种技术一直被丰田垄断,广泛应用于丰田Prius、丰田凯美瑞、丰田雷凌等混合动力车型上。

2)按照是否能外接充电分类

按照是否能外接充电,可将混合动力电动汽车分为插电式混合动力电动汽车和非插电式混合动力电动汽车两种。

插电式混合动力电动汽车(Plug-in Hybrid Electric Vehicle,PHEV)有充电接口,电池容量比较大,介于纯电动汽车与燃油汽车两者之间,在行驶距离不长和具备充电条件的情况下,插电式混合动力电动汽车可以不用加油,当作纯电动汽车使用。比亚迪秦、比亚迪唐、宝马i8、保时捷918等都属于插电式混合动力电动汽车。

非插电式混合动力电动汽车必须加油,通过发动机驱动发电机来给电池充电,由于有驱动电机的辅助,可以明显降低油耗。

3)按照混合度分类

按照混合度来分类的方法是一种定性的理解,是人们根据市场上量产车的实际情况进行的主观分类。按照驱动电机的输出功率在整个系统输出功率中所占的比例,混合动力电动汽车通常分为微混合、轻混合、中混合和完全混合四种。

(1)微混合。微混合动力电动汽车是指在传统内燃机上的起动电机(一般起动电压为12V或42V,42V主要用于柴油混合动力系统)上加装了皮带驱动起动电机(也就是常说的Belt-alternator Starter Generator,BSG),该电机为发电起动(Stop-Start)一体式电动机,用来控制发动机的起动和停止,从而取消了发动机的怠速工况,降低了油耗和排放。从严格意义上来讲,这种微混合动力系统的汽车不属于真正的混合动力电动汽车,因为它的电机并没有为汽车行驶提供持续的动力。丰田混合动力版Vitz以及标致PSA混合动力版C3车型就属于微混合动力电动汽车。

(2)轻混合。与微混合动力系统的BSG系统相比,轻混合动力电动汽车采用了集成起动电机(Integrated Starter Generator,ISG),除了能够实现微混合动力系统的起动和停止,还能够在减速和制动工况下进行部分制动能量回收;在行驶过程中,发动机等速运转,发动机产生的能量在满足车辆功率需求的情况下通过发电机进行充电。通用混合动力货车等车型属于轻混合动力电动汽车,混合度约为20%。

(3)中混合。中混合动力电动汽车采用的是高压电机的ISG系统,是在汽车处于加速或者大负荷工况时,电机辅助发动机"出力",增加整个驱动系统的动力输出。本田旗下的混合动力电动汽车基本上都使用ISG系统,混合度可以达到30%左右,并且技术已经成熟。

(4)完全混合。完全混合动力电动汽车采用了272~650V的高压起动电机,能够实现纯电动驱动,可以在机械传动路径和电气传动路径之间灵活地改变比例,以获得更好的工作效率,混合度可以达到甚至超过50%,逐渐成为混合动力技术的主要发展方向。丰田旗下的Prius、Levin等多款车型属于完全混合动力电动汽车。

二、纯电动汽车

纯电动汽车(Battery Electric Vehicle,BEV)是指驱动能量完全由电能提供的、由电机驱动的汽车。

1. 纯电动汽车的分类

纯电动汽车是以动力电池为储能单元,以驱动电机为驱动系统的车辆。通常地,容量型动力电池即可满足纯电动汽车使用要求。纯电动汽车的特点是结构相对简单,生产工艺相对成熟;缺点是充电速度慢,续驶里程短,因此适合于行驶路线相对固定、有条件进行较长时间充电的车辆。

1) 按驱动形式分类

按动力驱动控制系统结构形式不同,纯电动汽车可以分为以下几类:

(1) 直流电机驱动的电动汽车。该电动汽车采用直流电机作为驱动装置,具有调速性能好、起动性能好、控制较为简单及价格便宜等优势。但同时也有效率较低、维护工作量大的缺点。

(2) 交流电机驱动的电动汽车。该电动汽车采用交流电机作为驱动装置,具有结构简单、运行可靠、过载能力强及使用、安装、维护方便等优点,目前被较多地应用在纯电动汽车上。

(3) 双电机驱动的电动汽车。将电机装到驱动轴上,直接由电机实现变速和差速转换,这种传动方式同样对电机有较高的要求,要求有大的起动转矩和后备功率。同时,这种方式要求控制系统不但要有较高的控制精度,而且要具备良好的可靠性,从而保证纯电动汽车行驶的安全、平稳。

(4) 电动轮电动汽车。电动轮纯电动汽车的最大特点是将动力、传动和制动装置都整合到轮毂内,因此将电动汽车的机械部分大大简化。

2) 按使用的电池类型分类

按使用的电池类型不同,纯电动汽车可以分为以下几类:

(1) 铅酸电池电动汽车。这种电动汽车采用最常见的铅酸电池作为电源,主要优点是电压稳定、价格便宜,但同时也存在着使用寿命短、电池的续驶能力较低等缺点。

(2) 镍氢电池电动汽车。这种电动汽车采用镍氢电池作为电源,具有功率性能好、低温性能好、循环寿命长等优点;缺点是电池比能量较低、高温充电性能差。

(3) 锂离子电池电动汽车。这种电动汽车采用锂离子电池作为电源,主要优点是能量大、循环寿命长、安全性能好;缺点是成本高,必须有特殊的保护电路,以防止过充或过放。但同优点相比,这些缺点不成为主要问题。

(4) 燃料电池电动汽车。燃料电池电动汽车与普通电动汽车基本相同,主要区别在于动力电池的工作原理不同,即通过电化学反应将化学能转化为电能,这实际上就是电解水的逆过程,即通过氢氧的化学反应生成水并释放电能。

此外,目前研究应用的还有使用镍镉电池、太阳能电池等的纯电动汽车。

2. 纯电动汽车的结构与原理

纯电动汽车主要由电力驱动系统、电源系统和辅助系统三部分组成。纯电动汽车结构与控制原理如图2-57和图2-58所示。

a) 纯电动汽车的布置方式　　b) 纯电动汽车的动力流程

图2-57 典型的纯电动汽车组成框图

当汽车行驶时,由动力电池输出电能(电流),通过控制器驱动驱动电机运转,驱动电机输出的转矩经传动系统带动车轮前进或后退。纯电动汽车续驶里程与动力电池容量有关,动力电池容量受诸多因素限制。要提高一次充电续驶里程,必须尽可能地节省动力电池的能量。

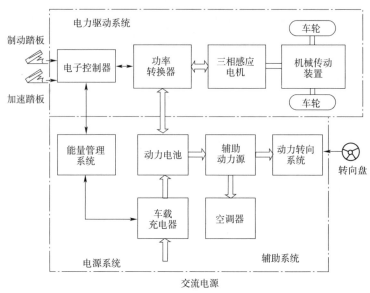

图 2-58 纯电动汽车控制原理图

1) 电力驱动系统

电力驱动系统主要包括电子控制器、功率转换器、三相感应电机、机械传动装置和车轮等。它的功用是将存储在动力电池中的电能高效地转化为驱动车轮行驶的动能,并能够在汽车减速制动时,将车轮的动能转化为电能充入动力电池。

纯电动汽车应用较多的电机有直流电机和交流电机两大类。纯电动汽车的驱动系统采用直流电机时,虽然在结构上有许多独到之处,如不需要离合器、变速器,并具有起步加速牵引力大、控制系统较简单等优点,但它的整个动力传动系统效率低,所以逐渐被其他驱动类型的电机替代。纯电动汽车使用的交流电机驱动系统,突出优点是体积和质量小、效率高、调速范围宽和基本免维护等,但其制造成本较高。随着电力电子技术的进一步发展,交流电机成本将逐步降低,采用这类驱动系统的纯电动汽车将具有强大的生命力。

纯电动汽车控制系统的性能直接影响着汽车的性能指标。该控制系统控制汽车在各类工况下的行驶速度、加速度和能源转换情况。它类似于燃油汽车的加速踏板和变速器,包括电机驱动器、控制器及各种传感器,其中最关键的是电机逆变器。

电机不同,控制器也有所不同。控制器将动力电池直流电逆变成交流电后驱动交流电机,电机输出的转矩经传动系统驱动车轮,使纯电动汽车行驶。

2) 电源系统

电源系统主要包括电源、能量管理系统和充电器等。它的功用是向电机供电、监测电源使用情况以及控制充电器向蓄电池充电。

纯电动汽车的常用电源有铅酸电池、镍镉电池、镍氢电池、锂离子电池等。

纯电动汽车和混合动力电动汽车的能量管理不同,纯电动汽车主要是指电池管理系统,它的主要功用是对纯电动汽车车用电池单体及整组进行实时监控、充放电、巡检、温度监测等。

3）辅助系统

辅助系统主要包括辅助动力源、空调器、动力转向系统、导航系统、刮水器、收音机以及照明和除霜装置等。辅助系统除辅助动力源外，其余的依据车型不同而不同。

辅助动力源主要由辅助电源和 DC/DC 功率转换器组成，其功用是向动力转向系统、空调器及其他辅助设备提供动力。

3. 纯电动汽车的布置及参数

1）纯电动汽车的布置

纯电动汽车的驱动系统是整车的核心部分，其性能决定着纯电动汽车运行性能的好坏。纯电动汽车的驱动系统布置有多种多样的形式。常见的驱动系统布置形式如图 2-59 所示。

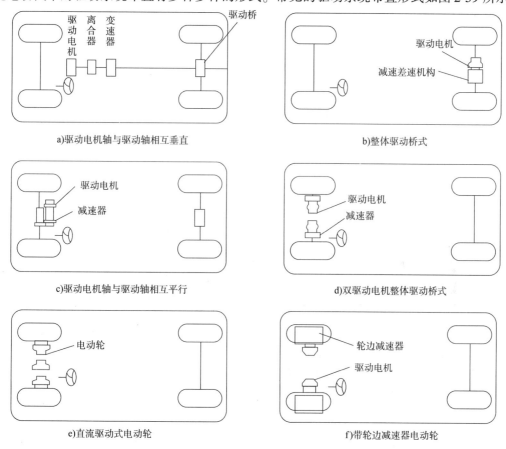

图 2-59 常见的驱动系统布置形式

（1）第 1 种布置方式与传统汽车驱动系统的布置方式一致，带有变速器和离合器。只是将发动机换成驱动电机，属于改造型电动汽车。这种布置方式可以提高电动汽车的起动转矩，提高低速时电动汽车的后备功率。

（2）第 2 种布置方式取消了离合器和变速器。优点是可以沿用当前发动机汽车中的动力传动装置，只需要一组驱动电机和逆变器。这种方式对驱动电机的要求较高，不仅要求驱动电机具有较高的起动转矩，而且要求具有较大的后备功率，以保证电动汽车的起动、爬坡、加速超车等动力性。

（3）第 3 种布置方式是将驱动电机装到驱动轴上，直接由驱动电机实现变速和差速转换。这种传动方式同样对驱动电机有较高的要求,要求有大的起动转矩和后备功率,同时不仅要求控制系统有较高的控制精度,而且要求其具备良好的可靠性,从而保证电动汽车行驶的安全、平稳。

(4)第4种布置方式与第3种布置方式比较接近,将驱动电机直接装到驱动轮上,由驱动电机直接驱动车轮行驶。

2)纯电动汽车的相关技术

(1)驱动电机及控制技术。

纯电动汽车的驱动电机属于特种电动机,是纯电动汽车的关键部件。要使纯电动汽车具有良好的使用性能,驱动电机应具有较宽的调速范围及较高的转速、足够大的起动转矩,体积和质量小、效率高且有动态制动强和能量回馈的性能。纯电动汽车所用的驱动电机正在向大功率、高转速、高效率和小型化方向发展。随着驱动电机及驱动系统技术的发展,控制系统趋于智能化和数字化。变结构控制、模糊控制、神经网络控制、自适应控制,以及专家系统、遗传算法等非线性智能控制技术,都将应用于纯电动汽车的驱动电机控制系统。它们的应用将使纯电动汽车的驱动电机控制系统结构简单、响应迅速、抗干扰能力强,参数变化具有鲁棒性,可大大提高整个系统的综合性能。

纯电动汽车再生制动控制系统可以节约能源、提高续驶里程,具有显著的经济价值和社会效益。再生制动还可以减少汽车制动片的磨损,降低车辆故障率及使用成本。

(2)动力电池及管理技术。

动力电池是纯电动汽车的动力源泉,也是一直制约纯电动汽车发展的关键因素。纯电动汽车需要所用动力电池比能量高、比功率大、使用寿命长,但目前的动力电池能量密度低、动力电池组过重、续驶里程短、价格高、循环寿命有限,还无法完全满足要求。

纯电动汽车车用动力电池经过3代的发展,已取得突破性的进展。第1代是铅酸电池,由于其比能量较高、价格低和能高倍率放电,是目前唯一能大批量生产的纯电动汽车用动力电池。第2代是碱性电池,主要有镍镉、镍氢、钠硫、锂离子和锌空气等多种电池,其比能量和比功率都比铅酸电池高,因此大大提高了纯电动汽车的动力性能,延长了其续驶里程,但其价格比铅酸电池高。只要能采用廉价材料,纯电动汽车锂离子电池将获得长足的发展,目前关键是要降低批量化生产的成本,提高电池的可靠性、一致性及寿命。第3代是以燃料电池为主的电池。燃料电池能量转变效率、比能量和比功率都较高,并且可以控制反应过程,能量转化过程可以连续进行,因此是理想的汽车用动力电池。

动力电池组性能直接影响整车的加速性能、续驶里程以及制动能量回收的效率等。动力电池的成本和循环寿命直接影响车辆的成本和可靠性,所有影响动力电池性能的参数必须得到优化。纯电动汽车的动力电池在使用中发热量很大,动力电池温度影响动力电池电化学系统的运行、循环寿命和充电可接受性、功率和能量、安全性和可靠性,因此,为了达到最佳的性能和寿命,需将动力电池包的温度控制在一定范围内,减小包内不均匀的温度分布以避免模块间的不平衡,以此避免动力电池性能下降,且可以消除相关的潜在危险。由于动力电池包的设计既要密封、防水、防尘、绝缘等,又要考虑气流流畅分布、均匀散热,所以动力电池包的散热通风设计成为纯电动汽车研究的一个重要领域。

(3)整车控制技术。

新型纯电动汽车整车控制系统是两条总线的网络结构,即驱动系统的高速控制器局域网络(CAN)总线和车身的低速总线。高速 CAN 总线每个节点为各子系统的电子控制单元(ECU)。低速总线按物理位置设置节点,基本原则是基于空间位置的区域自治。

实现整车网络化控制,其意义不只是解决汽车电子化中出现的线路复杂和线束增加问题,网络化实现的通信和资源共享能力也成为新的电子与计算机技术在汽车上应用的一个基础,同时还为 X-By-Wire 技术提供了有力的支撑。

(4)整车轻量化技术。

整车轻量化技术始终是汽车技术重要的研究内容。纯电动汽车由于布置了动力电池组,整车质量增加较多,轻量化问题更加突出。可以采取以下措施减小整车质量:

①通过分析整车实际使用工况和使用要求,对动力电池的电压、容量,驱动电机功率、转速和转矩,整车性能等车辆参数进行整体优化,合理选择动力电池和驱动电机参数。

②通过结构优化和集成化、模块化优化设计,减小动力总成、车载能源系统的质量。这里包括对驱动电机及驱动器、传动系统、冷却系统、空调和制动真空系统的集成和模块化设计,使系统得到优化;对动力电池、动力电池箱、动力电池管理系统、车载充电器组成的车载能源系统的合理集成和分散,实现系统优化。

③积极采用轻质材料,如动力电池箱的结构框架、箱体封皮、轮毂等采用轻质合金材料。

④利用计算机辅助设计(CAD)技术对车身承载结构件(如前后桥,新增的边梁、横梁)进行有限元分析研究,用计算和试验相结合的方式实现结构最优化。

3)纯电动汽车的参数

纯电动汽车动力传动系统的设计应该满足车辆对动力性能和续驶里程的要求。车辆行驶的动力性能可以用以下四个指标来评价:

(1)起步加速性能。车辆在设定时间内由静止加速到额定车速或驶过预定距离的能力。

(2)以额定车速稳定行驶的能力。对纯电动汽车来说,动力电池和驱动电机应该能够提供车辆以额定车速稳定行驶的全部功率,并且根据我国的道路状况至少能克服坡度为3%的路面阻力。

(3)以最高车速稳定行驶的能力。在纯电动汽车上,驱动电机发出的功率应该能够维持车辆以最高车速行驶。

(4)爬坡能力。纯电动汽车应能以一定的速度行驶在一定坡度的路面上。另外,纯电动汽车的动力电池所输出的电能和电量应该能够维持纯电动汽车在一定工况下行驶额定的里程。

三、燃料电池电动汽车

燃料电池电动汽车作为新能源汽车的一种,其电池工作原理是将氢气和氧气通过电极直接转化成电能,反应过程不涉及燃烧和热机做功,所以能量转换效率可以达到60%~70%,使用效率大概是普通内燃机的2倍。因此,从能源的利用和环境保护方面看,燃料电池电动汽车是一种理想的车辆。

1. 燃料电池电动汽车的总体构成

燃料电池电动汽车在整体结构上与普通燃油汽车相似,也是由动力系统、底盘系统、电气系统和车身四大部分构成的,主要区别在于动力系统。

燃料电池动力总成包括储氢罐总成、辅助电池总成、燃料电池堆总成、动力输出系统总成等。其中,储氢罐一般放置于底盘的中部,或后排座椅的下方(传统内燃机轿车的油箱位置),将储氢罐分散存储。除了燃料电池堆本身,对汽车前后悬架总成、制动总成及轮胎等方面也应作相应的调整和测试。如果采用轮毂电机技术,燃料电池电动汽车在驱动电机的放置上可以有新的选择,这将增大汽车内部空间。并且,各电动轮的驱动力也可分散独立控制,提高恶劣路面条件下汽车的行驶性能。底盘布置方面,应把绝大多数负载均匀分配在底盘的前后端,降低车辆的总体重心,使轿车的操控性能可以得到进一步提升,并改善车辆的整体安全性。

图 2-60 所示为燃料电池电动汽车的整体布置,给出了一种可选布置方案,主要包括驱动电机、超级电容或动力电池组、储氢罐、燃料电池系统箱、功率控制单元(PCU)等。

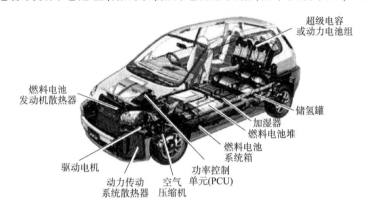

图 2-60 燃料电池电动汽车的整体布置

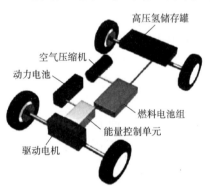

图 2-61 燃料电池电动汽车的基本构成

所谓可选布置方案,是指其中有些部件并不是必需的。例如超级电容或动力电池组,如果没有该部件就是单纯的燃料电池电动汽车,如果有就是混合动力电动汽车,也就是由燃料电池系统与辅助动力电池系统混合组成,这种组成是克服单一装备燃料电池电动汽车缺点的有效技术。这种混合技术和基于内燃机的混合动力驱动系统有一些区别,不是动力间的混合,而是燃料电池电能和动力电池电能的混合。图 2-61 所示为燃料电池电动汽车的基本构成。

2. 燃料电池的混合动力技术类型

目前,燃料电池的混合动力技术有三种:第一种是采用"燃料电池 + 辅助电池"(FC + B)的储能形式;第二种是采用"燃料电池 + 超级电容"(FC + C)的储能形式;第三种是采用"燃料电池 + 辅助电池 + 超级电容"(FC + B + C)的储能形式。

1) "燃料电池 + 辅助电池"(FC + B)储能形式

燃料电池电动汽车的燃料电池起动时,空气压缩机或鼓风机需要提前工作,氢气和空气需要先加湿、燃料电池堆需要预热等,这些过程都需要提前向燃料电池系统供电;同时,回收制动能量需要有存储空间,因此,增加了辅助电池。辅助电池和燃料电池系统组合起来就形成了混合储能系统,即如图 2-62 所示的"燃料电池 + 辅助电池"(FC + B)储能形式。

这样的组合,降低了对燃料电池的功率和动态特性的要求,同时也降低了燃料电池系统的成本,却增加了驱动系统的复杂程度以及质量和体积,增加了辅助电池的维护和更换费用。

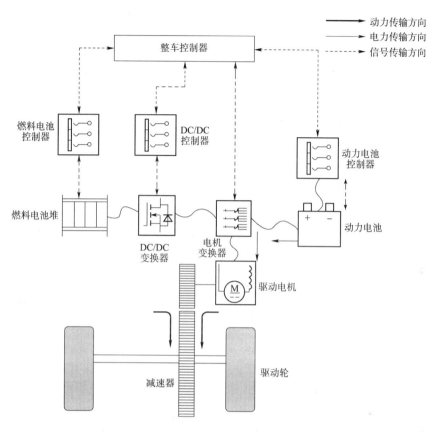

图 2-62 "燃料电池 + 辅助电池"(FC + B)储能形式的汽车结构

2)"燃料电池 + 超级电容"(FC + C)储能形式

"燃料电池 + 超级电容"(FC + C)储能形式完全摒弃了寿命短、成本高和使用要求复杂的辅助电池。采用超级电容的突出优点就是其寿命长和效率高,希望以此能大大降低使用成本,有利于燃料电池电动汽车的商业化推广和应用。目前除了本田 FCX 燃料电池电动汽车等少数几款车型,真正完全使用超级电容的燃料电池电动汽车不多。

3)"燃料电池 + 辅助电池 + 超级电容"(FC + B + C) 储能形式

如图 2-63 所示,"燃料电池 + 辅助电池 + 超级电容"(FC + B + C)是在 FC + B 储能形式的动力总线上再并联一组超级电容,用于提供/吸收加速和紧急制动时的峰值电流,从而减轻辅助电池的负担,延长辅助电池的使用寿命。

四、代用燃料汽车

代用燃料汽车是指使用代用燃料来替代汽油或柴油的汽车。目前国内开发使用的汽车发动机代用燃料包括天然气、液化石油气、甲醇、乙醇、生物质燃料、氢气以及二甲醚等。

1. 国内车用代用燃料发展趋势

我国确立了"以可再生能源替代化石能源,以新能源替代传统能源,以优势能源替代稀缺能源"的替代能源发展总体战略,并将重点确定为发展多元化车用替代燃料。

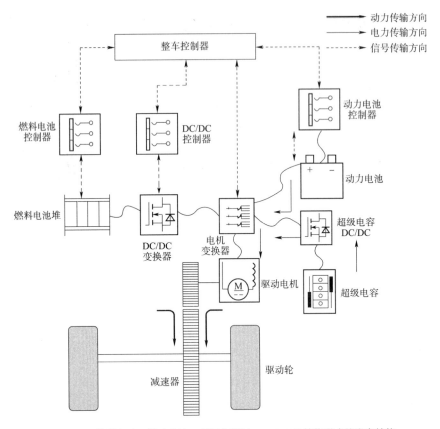

图 2-63 "燃料电池 + 辅助电池 + 超级电容"(FC + B + C)储能形式的汽车结构

1) 天然气汽车进入快速发展期

随着我国天然气管道的快速建设,有近 30 个省(自治区、直辖市)在推广天然气汽车。目前,我国已初步建立了完整的天然气汽车产业链,国内符合欧Ⅳ排放标准的天然气汽车已经投放市场。

2) 车用生物液体燃料发展迅速

非粮生物液体燃料成为我国替代能源的根本发展方向。我国在"十五"期间建成了总产能为 132 万 t 的 4 家陈化粮燃料乙醇生产企业,在 9 个省市推广使用乙醇含量为 10% 的车用乙醇汽油(E10)。"十一五"是我国生物燃料产业的转型发展期,国家和有关部门制定并颁布了《可再生能源中长期发展规划》等一系列政策和法规。在经济激励方面,中央财政对符合相关要求和标准的农林业原料基地实行补助。在此期间,一批国有企业和民营企业积极投身非粮生物液体燃料产业,加大了技术研发、原料基地和生产项目建设力度。

从总体上看,我国生物液体燃料产业发展仍需克服如下挑战:一是原料资源基础仍然薄弱;二是技术产业发展水平不高;三是缺乏足够强的经济竞争力和抗风险能力。

3) 煤基合成燃料开发取得进展

虽然煤基合成燃料开发在我国取得了一定的进展,但面临环境威胁和技术瓶颈等制约因素。我国已形成比较成熟的煤制甲醇和二甲醚生产技术,也在部分地区开展了车用甲醇示范工作,已开始了二甲醚车示范运行,但分别由于环境风险和发动机燃料供给储运技术障碍而难以实现大规模推广。煤制油技术示范项目建设正在稳步推进。但是,煤制油在根本上仍存在二氧化碳排放强度高,能耗、水耗高,投资大,周期长等制约因素,在近期还需解决技术工艺不成熟、工程放大风险等问题。

2.代用燃料的分类及基本要求

1)代用燃料的分类

由于代用燃料还处于研究发展阶段,就目前现有的代用燃料来分析,从热值可分为低、中、高热值及高能燃料,从形态可分为固体、气体及液体燃料。汽车所使用的代用燃料,主要有气体燃料和液体燃料两种。

(1)气体燃料,包括氢气、沼气、液化石油气、天然气,炉煤气等。

(2)液体燃料,包括甲醇、乙醇等醇类,经醇化处理的植物油甲基酯或乙基酯(生物柴油),煤制柴油。

2)代用燃料的基本要求

用于汽车的代用燃料应能满足下列要求:

(1)储量丰富,价格适宜,最好能用可再生资源生产。

(2)燃料的热值,尤其是混合气热值需满足内燃机动力性的要求。

(3)有利于降低有害排放物及二氧化碳排放,且不会有新的有害排放物产生。

(4)能满足车辆起动性能、行驶性能及加速性能等方面的要求。

(5)能量密度要求较高,储存运输方便。

(6)发动机的结构变动较小,技术上可行。

(7)现有的燃料,储运系统能用得上。

(8)对人类健康、环境保护及安全防火等无不良影响。

(9)对发动机的寿命及可靠性没有不良影响。

一种代用燃料要全面良好地满足上述要求是困难的,但应满足主要要求,并在采取技术措施的情况下能基本满足各方面的要求。处于研究发展阶段的代用燃料汽车已经有了相当规模的使用,有利于环保、经济实惠、储量丰富以及性能不低于石油燃料的代用燃料引起了世界各国的广泛关注和重视,代用燃料汽车得到了空前的发展。常用的汽车代用燃料有天然气、醇类燃料、生物燃料等。

五、太阳能汽车(清洁能源汽车)

1.太阳能的特点

1)优点

(1)能量巨大,每天到达地球表面的辐射能量大约相当于2.5亿万桶石油所具有的能量。

(2)可以再生,太阳能每天源源不断地照射到地球表面。

(3)清洁能源,在环境污染越来越严重的今天,太阳能对环境是友好的。

(4)范围广大,只要有日照的地方就有太阳能,不需要矿物燃料所需的运输费用。

2)缺点

(1)低密度、间歇性大,需要提高太阳能的收集效率与集光比。

(2)对应用装置要求高,需要降低应用装置的成本与提高其使用寿命。

(3)能量储存困难,需要解决如何在低成本下高效地储存能量的问题。

太阳能的应用具体有三种转换形式,分别为光热转换、光电转换和光化学转换。目前光热转换所用的平板集热器效率已经很高,再提高其收集效率的潜力已经不是很大,但是如果从降低成本和延长使用寿命方面入手,还是有较大提升空间的。当前光电转换的效率还比较低,因此如果能够提高光电转换的效率和降低光电转换器的成本,那么这种利用太阳能的方法将很有前景。

2. 太阳能汽车简介

图2-64所示为太阳能汽车基本原理。由太阳能电池方阵接收来自太阳的光照,并将其转化为电能。电能通过控制器一方面可以传输到动力电池组进行能量存储,另一方面也可以直接驱动驱动电机来使车辆行驶。

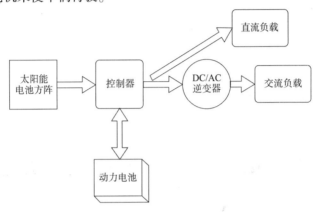

图2-64　太阳能汽车基本原理

在太阳能汽车行驶过程中,由太阳能转换的电能直接输送到驱动电机的同时,如果还有更多剩余的能量,则通过控制器储存到动力电池中,供以后使用。相反,当太阳能转换的能量不足以驱动驱动电机来满足车辆行驶功率要求时,动力电池中所储存的能量就补充太阳能来驱动驱动电机。另外,在太阳能汽车制动减速时,可以使用传统的机械装置进行制动,同时也可以利用驱动电机来进行制动。此时驱动电机将变为发电机,制动能量通过驱动电机控制器储存于动力电池中,达到制动能量回收的效果。在太阳能汽车停车时,由太阳能转换来的能量将全部用于动力电池充电,将电能储存起来。

3. 太阳能汽车的优势

1) 光电转换

太阳能汽车把光能转换为电能驱动车辆,替代了传统车辆对石油能源的使用,因此可以节约有限的石油资源。白天有太阳光时,太阳能电池把光能转换为电能储存到动力电池中;晚上没有太阳光时,可以利用现有市电(220V)直接对动力电池充电。

2) 无污染、无噪声

由于太阳能汽车没有传统车辆的内燃机,在行驶过程中就不会产生由内燃机工作而导致的轰鸣声。而没有内燃机也就不使用燃油,从而也就不会产生各种有害和污染气体。

3) 耗能少

传统汽车利用燃油能量转换为机械能驱动车辆行驶的过程中,需要遵守卡诺循环,而卡诺循环的转换效率比较低,只有1/3左右的能量用于驱动车辆,其余2/3的能量都消耗在发动机热耗散和传动轴阻力上。但是,太阳能汽车利用光能转换为电能直接驱动车辆行驶,不需要进行卡诺循环,能量的转换效率要高很多。因此,一般一辆太阳能汽车只需要 $3\sim4m^2$ 的太阳能电池板就能驱动车辆行驶。

4)易于驾驶和维护

太阳能汽车利用控制器控制驱动电机转速来改变车辆加速和减速工况,驾驶员只需踩加速踏板即可,而且不需要换挡、踩离合器踏板等步骤,大大简化了车辆的操纵,有利于驾驶员行车安全。由于太阳能汽车结构简单,在日常维护中,除了需要定期更换动力电池外,不需要像传统汽车那样更换机油、添加冷却液等。而且一般太阳能汽车整车尺寸较小,更加容易停车和转向。

5)结构简单

太阳能汽车由于没有内燃机、离合器、变速器、传动轴、散热器、排气管等零部件,结构简单,制造难度降低。

六、我国新能源汽车发展趋势

我国新能源汽车产业虽然取得了较大发展,但是仍然存在起步晚,技术优势不明显的问题。在国家政策的鼓励和市场预期的推动下,我国新能源汽车技术将向类型多样化、能源地域化、驱动电气化、技术平台化与系统化发展。

1. 类型多样化

我国的现有能源情况大体可以分为气体燃料、液体燃料和电能等。其中,气体燃料包括压缩天然气、液化天然气和液化石油气等,液体燃料主要包括石油、生物柴油、甲醇、乙醇、二甲醚等,电能为二次能源。正是由于以上各种类型的燃料具备各自不同的特点,才会使目前新能源汽车发展具有多样化。需要指出,气体燃料和液体燃料的燃烧效率较低,且具有地域分布的差异性;而电能具备来源的多样性,例如可来自太阳能、风能、水电、火电、核电以及潮汐能、地热等资源。电能的获取更为方便,在大多数时间和场合均可以得到。

2. 能源地域化

发展新能源汽车,不同地区所具有的条件不同,要因地制宜,合理引导。我国各个地区原油、焦炭、天然气以及甲醇生产量存在较大差异,不同区域具有各自不同的资源优势。因此,各地区可以优先考虑依靠现有资源或现有资源的次生品来发展相应的新能源汽车。例如,山东、内蒙古、河南、山西、陕西、重庆等地可以凭借甲醇资源优势,大力发展基于甲醇的新能源汽车。这种做法,一方面占有地域资源优势;另一方面,通过大力使用和推广,产生数量积累效应,反过来可以有效降低使用者的成本。

3. 驱动电气化

传统车辆的动力来源主要为发动机,通过控制燃料的喷射量以及燃烧过程来达到控制发动机的转速输出。近年来,随着新能源汽车的发展,逐步出现电机参与发动机的转速调节,例如本田的 IMA 系统即在发动机端耦合一个电机,进而能够保证发动机的转速输出更为理想。伴随着新能源汽车进一步发展,汽车动力系统的电气化趋势会越来越明显。未来动力的输出有可能为驱动电机取代发动机,作为单一部件来为整车提供动力支持。

驱动的电气化可以从两个方面进行理解:一是驱动能源体的电气化,如采用高能量密度的电池、高功率密度的超级电容或者高续驶里程的燃料电池作为动力的能源供应;二是驱动执行部件的电气化,例如当前新能源汽车中广泛采用的驱动电机等。

4. 技术平台化与系统化

1)动力系统的全新集成设计要求

动力系统的集成设计,不是简单地将各个部件进行一个叠加组合,而是需要全新的系统结合创新设计理念,以及包括诸多复杂问题在内的集成问题分析、控制系统设计等。例如,丰田 THS-Ⅱ系统是电机与变速器耦合,本田 IMA 系统是发动机与电机耦合。

2)底盘平台化

在新能源汽车的新型底盘设计过程中,需要综合考虑新增部件,例如电池模组、驱动电机等对整车布置以及对整车制动性、操纵稳定性等所造成的影响。对于燃料电池电动汽车的设计,需要综合考虑燃料电池反应堆的散热性能、运行安全性能以及机械系统的结构、载荷分布稳定性等因素指标。例如,图 2-65 所示的通用 Volt 电动汽车底盘的设计非常注重模块化,使其可以较

图 2-65　通用 Volt 电动汽车底盘总布置

为容易地安装、调试以及进行后续的监测、维护等,并且具有良好的可拓展性,便于应用在多个车型。

3)储能系统平台化

为适应新能源汽车在实际运行中苛刻的环境条件,动力电池包也需要进行全新的适应整车的设计。要综合考虑动力电池包机械结构设计,以最大限度地保护乘客和动力电池的安全;同时需要安装通风散热装置,以维持动力电池包工作在一个相对稳定的温度和湿度环境,从而使动力电池的工作性能和寿命状态有一个较大的提高和改善。动力电池管理系统也是一种为保持动力电池组工作可靠安全,尽量提高各个单体的状态一致性,提前预报电池状态,并进行故障诊断和维护的综合性系统。图 2-66 所示为日产 leaf 动力电池系统,从热—液—机—电—化等多个领域、多

图 2-66　日产 leaf 动力电池系统

耦合场进行综合分析设计,所开发的模块具备可拓展性,容易在多个车型中进行推广使用。

4)能源结构去碳加氢转变

从保护环境和减少温室气体排放的角度,需要所用车用燃料的燃烧产物含有尽可能少的二氧化碳。这就要求燃料本身内部含有的碳氢比越小越好。例如,90 号汽油的碳氢比约为 6.08∶1,乙醇与二甲醚碳氢比为 4∶1,甲醇碳氢比为 3∶1。可以看出,甲醇、乙醇和二甲醚等燃料的碳氢比要比汽油低,柴油的碳氢比也比汽油低,因此为了减少温室气体的排放,需要尽可能使用含碳量较低而含氢量较高的燃料,也就是能源结构的去碳加氢化。

2015 年 5 月 19 日,国务院印发《中国制造 2025》,其总体布局也明确了未来汽车产业将围绕低碳化、信息化、智能化目标,以节能汽车、新能源汽车、智能网联汽车作为三大方向实现可持续发展。

第三节 智能网联汽车知识

智能网联汽车是指通过搭载先进传感器等装置,运用人工智能等新技术,具有自动驾驶功能,逐步成为智能移动空间和应用终端的新一代汽车。

智能网联汽车是新一轮科技革命背景下的新兴产业,可显著改善交通安全、实现节能减排、减缓交通拥堵、提高通行效率,并拉动汽车、电子、通信、服务、社会管理等协同发展,对促进汽车产业转型升级具有重大战略意义。

一、智能网联汽车相关概念

与智能网联汽车相关的概念有智能汽车、无人驾驶汽车、车联网和智能交通系统等。

1. 智能汽车

智能汽车是在一般汽车上增加雷达、摄像头等先进传感器、控制器、执行器等装置,通过车载环境感知系统和信息终端实现与车、路、人等的信息交换,使车辆具备智能环境感知能力,能够自动分析车辆行驶的安全及危险状态,并使车辆按照人的意愿到达目的地,最终实现替代人来驾驶操作的目的。

智能汽车是智能交通的重要组成部分,智能汽车的初级阶段是具有先进驾驶辅助系统(Advanced Driver Assistance Systems,ADAS)的汽车,终极目标是无人驾驶汽车。

智能汽车与网络相连便成为智能网联汽车。

2. 无人驾驶汽车

无人驾驶汽车是通过车载环境感知系统感知道路环境,自动规划和识别行车路线并控制车辆到达预定目的地的智能汽车。它是利用环境感知系统来感知车辆周围环境,并根据感知所获得的道路状况、车辆位置和障碍物信息等,控制车辆的行驶方向和速度,从而使车辆能够安全、可靠地在道路上行驶。无人驾驶汽车是传感器、计算机、人工智能、无线通信、导航定位、模式识别、机器视觉、智能控制等多种先进技术融合的综合体。

与一般的智能汽车相比,无人驾驶汽车需要具有更先进的环境感知系统、中央决策系统以及底层控制系统。无人驾驶汽车能够实现完全自动的控制,全程监测交通环境,能够实现所有的驾驶目标。驾驶员只需提供目的地或者输入导航信息,在任何时候均不需要对车辆进行操控。

无人驾驶汽车是汽车智能化、网络化的终极发展目标。

3. 车联网

车联网(Internet of Vehicle,IOV)是以车内网、车际网和车载移动互联网为基础,按照约定的体系架构及其通信协议和数据交互标准,实现 V2X(V 代表汽车,X 代表车、路、行人及应用平台等)无线通信和信息交换,以实现智能化交通管理、智能动态信息服务和车辆智能化控制的一体化网络,是物联网技术在智能交通系统领域的延伸。车内网是指通过应用成熟的总线技术建立一个标准化的整车网络;车际网是指基于特定无线局域网络的动态网络;车载移动互联网是指车载单元通过 4G/5G 等通信技术与互联网进行无线连接。三网融合是车联网的发展趋势。

车联网技术主要面向道路交通,为交通管理者提供决策支持,为车辆与车辆、车辆与道路提供协同控制,为交通参与者提供信息服务。车联网是智能交通系统与互联网技术发展的融合产物,是智能交通系统的重要组成部分,更多表现在汽车现实中的场景应用,目前主要停留在导航和娱乐系统的基础功能阶段,在主动安全和节能减排方面还有待开发。

4. 智能交通系统

智能交通系统(Intelligent Traffic System,ITS)是未来交通系统的发展方向,它是将先进的信息技术、计算机处理技术、数据通信技术、传感器技术、电子控制技术、运筹学、人工智能等有效地集成运用于整个地面交通管理系统,而建立的一种在大范围内、全方位发挥作用的,实时、准确、高效的综合交通运输管理系统。

智能交通系统范围包含道路上的车辆和各种交通设施,强调系统平台通过智能化方式对交通环境下的车辆及交通设施进行智能化管理和控制,同时也提高了交通效率。

智能交通系统是随着车联网技术的发展而不断发展的,车联网的终极目标就是形成智能交通系统。

5. 智能网联汽车

智能网联汽车(Intelligent Connected Vehicle,ICV)是一种跨技术、跨产业领域的新兴汽车体系,从不同角度、不同背景对它的理解是有差异的,各国对智能网联汽车的定义不同,叫法也不尽相同,但终极目标是一样的,即可上路安全行驶的无人驾驶汽车。

从广义上讲,智能网联汽车是以车辆为主体和主要节点,融合现代通信和网络技术,使车辆与外部节点实现信息共享和协同控制,以达到车辆安全、有序、高效、节能行驶的新一代多车辆系统,如图2-67所示。

智能网联汽车、无人驾驶汽车、车联网、智能交通系统有密切相关性,但没有明显分界线,它们的关系可用图2-68表示。

图2-67 智能网联汽车

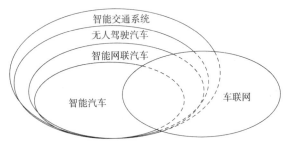

图2-68 智能网联汽车相关概念关系

智能网联汽车是智能交通系统中智能汽车与车联网交集的产品。智能网联汽车是车联网的重要组成部分,智能网联汽车的技术进步和产业发展有利于支撑车联网的发展。车联网系统是智能网联汽车、智能汽车的最重要载体,只有充分利用互联网技术才能保障智能网联汽车真正实现智能和互联。智能网联汽车更侧重于解决安全、节能、环保等制约产业发展的核心问题。

智能网联汽车与车联网应该并行推进、协同发展。智能网联汽车依托车联网,不仅要通过技术创新连接互联网,还能使V2X之间实现多种方式的信息交互与共享,提高智能网联汽车的行驶安全性。

智能网联汽车本身具备自主的环境感知能力,也是智能交通系统的核心组成部分,是车联网体系的一个结点,通过车载信息终端实现与车、路、行人、业务平台等之间的无线通信和信息交换。智能网联汽车的聚焦点是在车上,发展重点是提高汽车安全性,其终极目标是无人驾驶汽车;而车联网的聚焦点是建立一个比较大的交通体系,发展重点是给汽车提供信息服务,其终极目标是智能交通系统;无人驾驶汽车是汽车智能化与车联网的完美结合。

6. 智能网联汽车的技术路线

智能网联汽车技术路线主要分为基于传感器的车载式技术路线和基于车辆互联的网联式技术路线两种。

(1)基于传感器的车载式技术路线。这类技术路线是基于先进传感技术与传统汽车制造业的深度融合,主要是使用先进的传感器,如立体摄像机和雷达,结合驱动器、控制单元以及软件的组合,依赖车载控制器进行控制决策,具有及时操作的自主性,形成先进驾驶辅助系统,使得汽车能够监测和应对周围的环境。此技术路线中,从环境感知到中央决策,再到控制执行,都依托于汽车本身自主来实施,而不太多依赖于外部帮助,形象地说就是"机器在开车",如图2-69所示。该路线推动者是以奔驰、宝马、沃尔沃、福特等为代表的汽车整车企业,技术发展较为成熟。这种基于传感器的系统能够给驾驶员提供不同程度的辅助功能,但目前还无法提供完整的、具有成本竞争力的无人驾驶体验。主要原因是要创建车辆环境的360°视图,必须配置更多的传感器组合,成本较高。

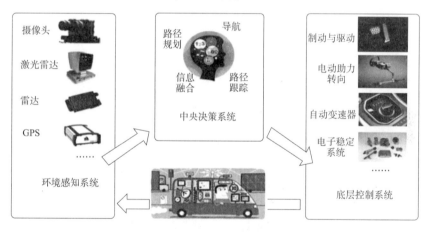

图2-69 基于传感器的车载式技术路线架构

(2)基于车辆互联的网联式技术路线。这类技术路线表现为互联网思维对传统汽车驾驶模式的变革,除了依靠汽车自带的传感器外,还通过车车通信、车路通信等方式获取环境信息,并且还可以通过云计算产生控制决策指令下发到汽车终端,从而对车辆产生控制作用,以实现各交通要素间的信息共享与控制协同,形象地说就是"远程控制"。推动者主要是以谷歌、苹果等为代表的互联网企业。这类企业重点开发车载信息系统,并与汽车厂商合作开发推广导航、语音识别、娱乐、安全等方面的应用程序和应用技术。该方案使用短距离无线通信技术来实现车辆与车辆(V2V)、车辆与道路基础设施(V2I)之间的实时通信,能充分发挥短程无线通信快速部署、低延迟、高可靠等特点,对于主动安全应用尤其重要。但该方案对道路基础设施的要求较高。另一种方案是使用远距离无线通信技术以及现有的基础设施以获得更大的通信范围,但存在响应延迟、带宽不足等问题,制约了其在主动安全领域的应用。

网联式智能汽车是一个集环境感知、规划决策和多等级驾驶辅助等功能于一体的高新技术综合体，它以计算机为平台，综合应用了测量传感、信息融合、模式识别、网络通信及自动控制等技术，但对外界的依赖度较高，易受网络连接和通信技术发展水平的制约，使车辆与后台计算中心的实时交互和响应会存在"滞后"现象。网联式智能汽车架构如图2-70所示。

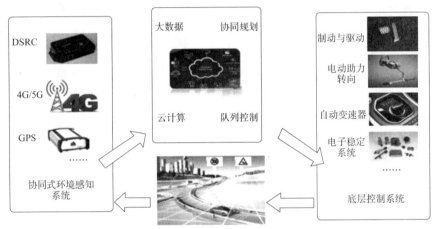

图2-70　网联式智能汽车架构

对于智能网联汽车，两种形式将走向技术融合，通过优势互补，提供安全性更好、自动化程度更高、使用成本更低的解决方案。实现这种技术融合需要更先进的定位技术、更高分辨率的地图自动生成技术、可靠而直观的人机交互界面以及相关标准、法规等。

二、智能网联汽车技术分级

各主要国家对智能网联汽车技术分级是不完全相同的，美国分为5级，德国分为3级，中国分为5级。

1. 美国关于智能网联汽车的技术分级

美国国家公路交通安全管理局（NHTSA）按以下5级定义汽车的自动化等级。

（1）无自动驾驶阶段（0级）。在无自动驾驶阶段，驾驶员拥有车辆的全部控制权，在任何时刻，驾驶员都单独控制汽车的运动，包括制动、转向、加速和减速等。

（2）驾驶员辅助阶段（1级）。在驾驶员辅助阶段，驾驶员拥有车辆的全部控制权。车辆具备一种或多种辅助控制技术，例如倒车影像与倒车雷达、电子稳定控制系统、车道偏离报警系统、正面碰撞预警系统、定速巡航系统以及汽车并线辅助系统等，这些辅助控制系统独立工作，在特定情况下，通过对车辆运行状况及运行环境的监测，提示驾驶员相关的驾驶信息或警告驾驶员驾驶中可能出现的危险，方便驾驶员在接到提示或警告后及时作出反应。相对于其他发展阶段，这一阶段的技术发展已很成熟，已经成为一些汽车的标准配置，随着成本的降低，其应用范围将逐步扩大。

（3）半自动驾驶阶段（2级）。在半自动驾驶阶段，驾驶员和车辆共享对车辆的控制权。车辆至少有两种先进驾驶辅助系统，而且这些系统能同时工作，例如自适应巡航控制系统和车道保持辅助系统的功能结合，在一定程度上协助驾驶员控制车辆。这一阶段也是当前处于并在快速发展的阶段，未来几年中，将有更多的先进驾驶辅助系统应用在量产车上。

2级和1级的主要的区别是:2级在特殊操纵条件下,自动操纵模式可以让驾驶员脱离对汽车的操纵,而1级在任何条件下都不能离开驾驶员对汽车的操纵。

(4)高度自动驾驶阶段(3级)。在高度自动驾驶阶段,车辆和驾驶员共享对车辆的控制权。在特定的道路环境下(高速公路、城郊或市区),驾驶员完全不用控制车辆,车辆完全自动行驶,而且可以自动监测环境的变化以判断是否返回驾驶员驾驶模式。现阶段已经提出的高度自动驾驶技术有堵车辅助系统、高速公路自动驾驶系统和停车引导系统等。目前,高度自动驾驶的技术尚未应用在量产车型上,在未来几年的时间,部分技术的量产将会实现。

3级和2级的主要区别是:3级在自动驾驶条件下,驾驶员不必时常监视道路,而且以自动驾驶为主,驾驶员驾驶为辅;2级在自动驾驶条件下,驾驶员必须监视道路,而且以驾驶员驾驶为主,自动驾驶为辅。

(5)完全自动驾驶阶段(4级)。在完全自动驾驶阶段,车辆拥有车辆的全部控制权,驾驶员在任何时候都不能获得控制权。驾驶员只需提供目的地信息或者进行导航输入,整个驾驶过程无须驾驶员参与。车辆能在全工况全天候环境下完全掌控所有与安全有关的驾驶功能,并监视道路环境。完全自动驾驶的实现将意味着自动驾驶汽车真正驶入了人们的生活,也将使驾驶员从根本上得到解放。驾驶员可以在车上从事其他活动,如上网、办公、娱乐和休息等。完全自动驾驶汽车还要受到政策、法律等相关条件的制约,真正量产还任重道远。

驾驶级别越高,应用的先进驾驶辅助系统越多,车辆系统的集成与融合度越高,软件控制的重要性越大。

2.德国关于智能网联汽车的技术分级

德国联邦公路研究院把智能网联汽车发展划分为3个阶段,即部分自动驾驶阶段、高度自动驾驶阶段以及最终的完全自动驾驶阶段。

(1)部分自动驾驶阶段。在部分自动驾驶阶段,驾驶员需要持续监控车辆驾驶辅助系统的提示,车辆无法做出自主动作。

(2)高度自动驾驶阶段。在高度自动驾驶阶段,驾驶员不再需要对驾驶辅助系统持续监控,驾驶辅助系统可以在某些状态下暂时代替驾驶员做出一定的动作,并且能由驾驶员随时接管对车辆的操控。

(3)完全自动驾驶阶段。在完全自动驾驶阶段,真正实现无人驾驶的状态。

3.中国关于智能网联汽车的技术分级

我国把智能网联汽车发展划分为5个阶段,即辅助驾驶阶段(DA)、部分自动驾驶阶段(PA)、有条件自动驾驶阶段(CA)、高度自动驾驶阶段(HA)和完全自动驾驶阶段(FA)。

(1)辅助驾驶阶段(DA)。通过环境信息对行驶方向和加减速中的一项操作提供支援,其他驾驶操作都由驾驶员完成。适用于车道内正常行驶、高速公路无车道干涉路段行驶、无换道操作等。

(2)部分自动驾驶阶段(PA)。通过环境信息对行驶方向和加减速中的多项操作提供支援,其他驾驶操作都由驾驶员完成。适用于变道以及停车、环岛行驶等市区简单工况,还适用于高速公路及市区无车道干涉路段进行换道、停车、环岛绕行、拥堵跟车等操作。

(3)有条件自动驾驶阶段(CA)。由无人驾驶系统完成所有驾驶操作,根据系统请求,驾驶员需要提供适当的干预。适用于高速公路正常行驶工况,以及高速公路及市区无车道干涉路段进行换道、停车、环岛绕行、拥堵跟车等操作。

（4）高度自动驾驶阶段（HA）。由无人驾驶系统完成所有驾驶操作，特定环境下系统会向驾驶员提出响应请求，驾驶员可以对系统请求不进行响应。适用于有车道干涉路段（交叉路口、车流汇入、拥堵区域、人车混杂交通流等市区复杂工况）进行的全部操作。

（5）完全自动驾驶阶段（FA）。无人驾驶系统可以完成驾驶员能够完成的所有道路环境下的操作，不需要驾驶员介入。适用于所有行驶工况下进行的全部操作。

无论怎样分级，从驾驶员对车辆控制权角度来看，可以分为驾驶员拥有车辆全部控制权、驾驶员拥有车辆部分控制权、驾驶员不拥有车辆控制权三种形式，其中驾驶员拥有车辆部分控制权时，根据车辆 ADAS 的配备和技术成熟程度，决定驾驶员拥有车辆控制权的多少，ADAS 装备越多、技术越成熟，驾驶员拥有的车辆控制权越少，车辆自动驾驶程度越高。

三、智能网联汽车系统构成

智能网联汽车是以汽车为主体，利用环境感知技术实现多车辆有序安全行驶，通过无线通信网络等手段为用户提供多样化信息服务。智能网联汽车由环境感知层、智能决策层以及控制和执行层组成，如图 2-71 所示。

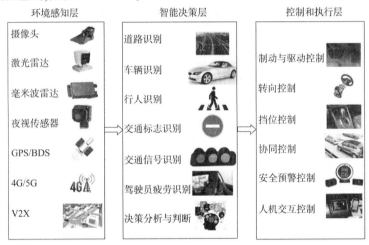

图 2-71　智能网联汽车结构层次

（1）环境感知层。环境感知层的主要功能是通过车载环境感知技术、卫星定位技术、4G/5G 及 V2X 无线通信技术等，实现对车辆自身属性和车辆外在属性（如道路、车辆和行人等）静、动态信息的提取和收集，并向智能决策层输送信息。

（2）智能决策层。智能决策层的主要功能是接收环境感知层的信息并进行融合，对道路、车辆、行人、交通标志和交通信号等进行识别，决策分析和判断车辆驾驶模式和将要执行的操作，并向控制和执行层输送指令。

（3）控制和执行层。控制和执行层的主要功能是按照智能决策层的指令，对车辆进行操作和协同控制，并为联网汽车提供道路交通信息、安全信息、娱乐信息、救援信息以及商务办公、网上消费等，保障汽车安全行驶和舒适驾驶。

从功能角度上讲，智能网联汽车与一般汽车相比，主要增加了环境感知与定位系统、无线通信系统、车载自组织网络系统和先进驾驶辅助系统等。

(1)环境感知与定位系统。环境感知与定位系统主要功能是通过各种传感技术和定位技术感知车辆本身状况和车辆周围状况。传感器主要包括车轮转速传感器、加速度传感器、微机械陀螺仪、转向盘转角传感器、超声波传感器、激光雷达、毫米波雷达、视觉传感器等,通过这些传感器,感知车辆行驶速度、行驶方向、运动姿态、道路交通情况等;定位技术主要使用 GPS,我国的北斗卫星导航系统发展也很快,是我国大力推广的全球导航卫星系统。

(2)无线通信系统。无线通信系统主要功能是各种数据和信息的传输,分为短距离无线通信技术和远距离无线通信技术。短距离无线通信技术为车辆安全系统提供实时响应的保障并为基于位置信息服务提供有效支持。用于智能网联汽车上的短距离无线通信技术还没有统一标准,处于起步阶段,但短距离无线通信技术在其他领域应用比较广泛,如蓝牙技术、ZigBee 技术、Wi-Fi 技术、UWB 技术、60GHz 技术、IrDA 技术、RFID 技术、NFC 技术、专用短程通信技术等。远距离无线通信技术用于提供即时的互联网接入,主要有移动通信技术、微波通信技术、卫星通信技术等,在智能网联汽车上的应用主要是 4G/5G 技术。智能网联汽车无线通信技术标准有望世界统一。

(3)车载自组织网络系统。车载自组织网络依靠短距离无线通信技术实现 V2X 之间的通信,它在一定通信范围内可以实现 V2V、V2I、V2P 之间相互交换各自的信息,并自动连接建立起一个移动的网络。典型应用包括车辆行驶安全预警、辅助驾驶、分布式交通信息发布以及基于通信的纵向车辆行驶控制等。

(4)先进驾驶辅助系统。先进驾驶辅助系统主要功能是提前感知车辆及其周围情况,发现危险及时预警,保障车辆安全行驶,是防止交通事故的新一代前沿技术。先进驾驶辅助系统是智能网联汽车的重要组成部分,是无人驾驶汽车的关键技术。世界各大汽车公司纷纷开发各种驾驶辅助系统,名称不尽相同,但目标是一样的。有的已经量产开始装备使用,有的还处于试验研究阶段。

四、智能网联汽车的应用

智能网联汽车在安全行驶、节能环保、商务办公、信息娱乐等方面有着广泛的应用前景。

1.在安全行驶方面的应用

安全行驶是智能网联汽车最主要的功能,它是通过环境感知技术、无线通信技术和网络技术等实现诸如交叉路口协助驾驶、车辆行车预警、道路危险预警、碰撞预警、交通信息提示等,并对其综合采用来减少道路交通事故,保障安全行驶。

(1)交叉路口协助驾驶。交叉路口协助驾驶是智能网联汽车最典型的应用之一,其包括交通信号信息发布,通过 V2I 通信,向接近交叉路口的车辆发布信息相位和配时信息,判断自车在剩余绿灯时间内是否能安全通过交叉路口,提醒驾驶员不要危险驾驶,并协助驾驶员作出正确判断,控制车速,防止交叉路口发生碰撞事故;盲点区域图像提供,通过 V2I 通信,向交叉路口准备停车或准备转弯的车辆提供盲点区域的图像,防止直角碰撞事故和由转弯车辆视距不足引起的事故;过往行人信息传递,通过 V2I 通信,向接近交叉路口的车辆发布人行道及其周围的行人、非机动车信息,防止事故发生;交叉路口车辆起停信息服务,在交叉路口,通过 V2I 通信,前车把起动信息及时传递给后车,减少后车起步等待时间,从而提升交叉路口通行能力。

交叉路口最容易发生交通事故，智能网联汽车交叉路口的典型应用如图2-72所示。

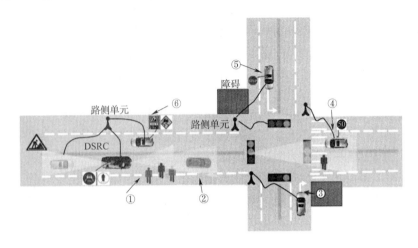

图2-72 智能网联汽车交叉路口的典型应用

图2-72中：①表示基于视觉传感器的行人识别及防撞，利用安装在汽车上的视觉传感器，对车辆前方的行人进行识别，并把识别结果显示在车载信息显示系统中，提醒驾驶员，防止碰撞；②表示基于雷达的车辆识别及防撞，利用安装在汽车上的雷达，对车辆进行识别，如果两车距离小于安全距离，发出预警，达到危险阈值，自动制动，防止碰撞；③表示基于车路协同的行人识别及防撞，由于障碍物的存在，右转弯车辆看不到右边车道上的行人，这是非常危险的工况，此时路侧单元探测到行人，并将行人信息转发给右转弯车辆，提前预警，防止碰撞；④表示基于交通信号灯的交叉路口通行辅助，交通信号灯信息通过路侧单元转发给拟通过交叉路口的车辆，判断是否通过交叉路口；⑤表示车路协同的交叉路口主动防撞，车辆通过交叉路口时，把相关信息发送给周围车辆，如果车辆之间受到障碍物的影响，需要借助路侧单元进行转发，并接收附近其他车辆的信息反馈，从而使得不同方向的车辆均可以感知到周围车辆信息，再根据行驶状况判断是否需要避让或采取其他措施；⑥表示基于路面状态的车速自适应控制，车辆通过视觉传感器、短距离无线通信技术或DSRC等获取道路交通情况，自动控制汽车行驶速度，保障安全行驶。

（2）车辆行车预警。车辆主动或被动接收周围车辆行车消息，如将要进行或正在进行减速、加速、制动、停车、变道、超车、转向等行为的相应消息和正常状态下的行车消息等，避免或减少交通事故的发生，并可辅助车辆驾驶。

（3）道路危险预警。在道路危险路段，车辆协同系统可以提供车辆安全辅助驾驶信息服务，即路侧单元检测前方道路是否发生交通堵塞、突发事件或存在路面障碍物，并通过V2I通信系统向驾驶员提供实时道路信息；路面信息发布，即向过往车辆发布路面状况信息，提醒驾驶员注意减速，防止事故；最优路径导航服务，即路侧单元检测到前方道路拥堵严重，通过V2I、V2V和车载信息显示系统，提醒驾驶员避开拥堵道路，并为其选择最佳行驶路径。

（4）碰撞预警。当检测到存在发生碰撞风险时，通过V2V、V2I通信系统向车辆发送危险信息，如障碍物的位置、速度、行驶方向等，帮助避免发生车辆之间、车辆与其他障碍物之间的碰撞，并避免与相邻车道上变更车道的车辆发生横向碰撞等。

（5）交通信息提示。用于向车辆发送交通信号灯和交通标识等安全提示类信息。目前交通信号和交通标识是驾驶员通过目视获得，不仅增加驾驶员的负担，而且从发现到采取应对措施时间短，容易造成交通事故和交通违章。借助 V2I 技术，路侧单元将道路限速、限行、信号灯状态等传输到车载单元上。车载单元根据这些信息及早产生提示信息，例如超速提醒、直行提醒等，增加驾驶的舒适性，降低交通违章数量。

安装车道保持辅助系统（LKA）的智能网联汽车，当车辆偏离行驶道路时，通过道路识别，LKA 系统将启动介入，将车辆导回原车道，以免发生事故，如图 2-73 所示。

2. 在节能环保方面的应用

智能网联汽车是通过雷达、机器视觉等，提前预知交通控制信号、前向交通流、限速标识、道路坡度等，从而可提前通过车辆控制器实施经济型驾驶策略，最终实现车辆的节能与环保行驶。

如图 2-74 所示，智能网联汽车在连续交叉路口通行系统中，通过获取交通信号灯信息、位置信息、车流汇入信息等，车载单元计算出优化的车速，控制电子节气门和制动系统，从而可实现在控制车速、保证安全前提下的高效通行并降低油耗。这样，整个系统可在保障车辆通行效率的前提下，提高了车辆燃料经济性，减少了尾气排放。

图 2-73　智能网联汽车车道保持辅助系统的应用
①-未偏离车道；②-偏离车道；③-LKA 启动将车辆导回原车道

图 2-74　智能网联汽车优化通过连续交叉路口

3. 在商务办公方面的应用

智能网联汽车可以让人们在行进的汽车内随时随地购物和支付，应用场景包括网上商场、快餐店、加油站及停车场等。

另外，智能网联汽车可以利用无线通信技术和网络技术开展文件传输、视频对话、会议交流等，它必将成为移动的办公室，如图 2-75 所示。

4. 在信息娱乐服务方面的应用

智能网联汽车可以提供各种信息、娱乐、预约、应急服务等。其中信息包括车辆信息、路况信息、交通信息、导航信息、定位信息、气象信息、旅游信息、商场信息、活动信息等；娱乐包括下载音乐、电影和游戏等，供乘坐人员娱乐；预约包括活动预约、设施预约、餐厅预约、住宿预约、机票预约、车辆维护预约等；应急服务包括道路救援、救护、消防、保险等。随着各种车载专用 APP 的开发，并通过智能手机和车载单元连接，实现信息互联。图 2-76 所示为通过智能手机查看车辆信息。

 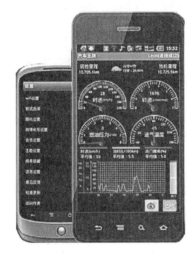

图 2-75　汽车移动办公室　　　　图 2-76　通过智能手机查看车辆信息

总之,智能网联汽车是无人驾驶汽车发展进程中的产品,它的应用主要在安全行驶和信息服务等方面,随着智能网联汽车向无人驾驶汽车的接近,其应用范围会逐渐扩大,将颠覆人们目前的生活方式。

第三章 汽车服务概述

第一节 汽车服务的内涵

一、服务

"服务"一词包含了非常广泛的内容。自20世纪中叶开始,市场营销学界就从不同角度为服务作了许多定义。

综合来讲,服务是以无形的方式,在顾客与服务人员、有形资源产品或服务系统之间发生的,可以为服务对象提出的问题提供解决方案的一种或一系列行为。因此,服务是行动、流程和绩效。服务包括以下特性:

(1)服务的无形性。服务是产品,但与有形产品不同,它是无形的、不可触摸的。例如,汽车使用者或消费者到汽车维修服务企业,并不是去购买设备,而是去接受汽车检测故障、汽车维修和养护等服务;参加汽车俱乐部的目的,是为了享受由俱乐部提供的汽车救援、保险、牌证代理、专题汽车文化活动等服务。判断一项服务的好坏,主要取决于它的一些不可触摸的特性,如热情、周到、专业、技能等。

(2)服务的即时性。服务的生产过程和消费过程是同时发生的,必须有顾客接受服务才能进行生产,消费过程的结束也就意味着生产过程的结束。因此,服务是无法储存的。由于服务的即时性,服务企业服务能力的设定就非常关键,服务能力的大小、服务的设施、设备,对服务企业的盈利能力具有很大影响。如果服务能力不足,会带来机会损失;而服务能力过大,会浪费固定资产投入。由于服务的即时性,在服务生产过程中,顾客是参与其中的,服务提供者与消费者之间的接触程度较高。因此,服务过程的质量控制对服务业来说,就显得至关重要。为此,服务业更应加强员工培训,提高其工作责任心和服务技能,这是保证服务质量的关键。

(3)服务的易进入性。从事服务业生产,相对于制造业而言,不需要太多的投资,进入门槛很低。这就意味着,如果某服务行业具有较强吸引力,则新的竞争者会不断涌入,竞争者的发展可能相当快,因此,服务业必须对潜在和现实的竞争行为保持足够的警觉。

(4)服务的外部影响性。技术进步、政策法规等外部因素对服务业的影响很大。这些外部因素往往会改变服务企业的服务内容、服务提供方式及其规模结构。例如,过去的汽车维修服务中,经验诊断和各种零件修复工艺是主要服务内容。随着汽车技术的电子化、结构的精细化,维修服务中电脑诊断、换件修理已成为主要服务内容,专门的检测和拆装器具就不可或缺了。随着我国服务贸易领域对外开放进程的不断深入,国外汽车服务企业进入我国市场,汽车金融、保险服务将逐渐成为汽车服务业新的竞争热点。所以,汽车服务企业必须保持对技术进步和国家政策法规的高度敏感,不断更新服务内容才能在竞争中立于不败之地。

二、汽车服务

提起汽车服务，人们往往会联想到汽车的售后服务，尤其是汽车的维修技术服务，其实汽车服务不仅仅是指售后服务和维修技术服务，而是以汽车为载体创造服务价值的各类动态性服务活动。它既具有服务的一般特性，又具有高技术应用密集的明显特征。汽车服务业为实现汽车的商品价值、使用价值及保护汽车消费者权益，提供全程的技术服务支撑。它涵盖的工作内容是十分广泛，概括起来说，汽车服务概念有狭义和广义之分。

狭义的汽车服务是指汽车从新车出厂进入销售流通领域始，直至其使用寿命终止后回收报废，各个环节涉及的全部技术和非技术的各类服务和支持性服务。如汽车的分销流通、物流配送、售后服务、维修检测、美容装饰、配件经营、智能交通、回收解体、金融保险、汽车租赁、旧车交易、驾驶培训、信息资讯、广告会展、交易服务、停车服务、故障救援、汽车运动、汽车文化及汽车俱乐部经营等，通常称为汽车后服务或汽车后市场。

广义的汽车服务包括汽车前服务与汽车后服务，汽车前服务是汽车生产领域的各种相关服务。如原材料供应、工厂保洁、产品外包装设备、新产品的试验测试、产品质量认证及新产品研发前的市场调研等。甚至还可延伸至使用环节中的如汽车运输服务、出租汽车运输服务等，如图3-1所示。

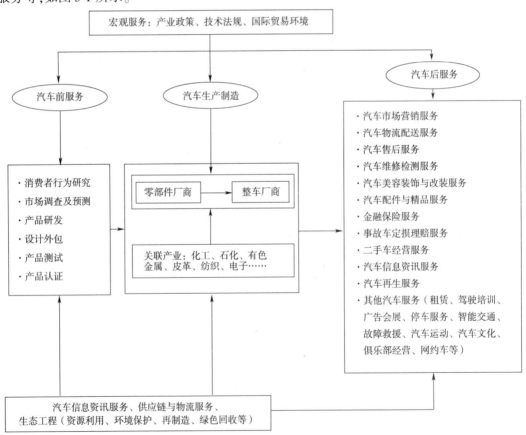

图3-1 广义的汽车服务与狭义的汽车服务

汽车服务工程中,技术性服务属于机械电子工程范畴,而非技术性服务则属于管理工程范畴,同时还跨越金融学的范畴。汽车服务的各项内容是相互有联系的,它组成了一个有机的工程系统。由于汽车服务企业所涉及的工作都是服务性工作,因此它属于第三产业。

本书所分析的汽车服务专业是指狭义的汽车服务。

三、汽车服务企业

1. 企业

企业是指具有法人资格,以营利为目的,自主经营,自负盈亏,独立核算,从事生产、流通、服务等经济活动,以产品或服务满足社会需要的独立经济核算组织,是现代社会经济的基本单位。

按照产业标准,企业可分为工业企业、农业企业、交通运输企业、建筑企业、邮电企业、商业企业、金融企业、旅游企业及服务企业等。

2. 汽车服务企业的概念

由于汽车服务涉及与汽车有关的一切行业,所以范围很宽,这里必须限定一个范畴。本书所讲的汽车服务企业是指为潜在和实际汽车使用者和消费者提供服务的企业,主要是指从事汽车营销的企业和为汽车使用者或消费者提供维修保障技术服务、配件供应及其他相关服务的企业。

无论是汽车经销企业、汽车维修企业还是汽车其他服务企业,都是随着汽车诞生、发展和普及而产生的企业。汽车经过130多年的发展,给人类社会生活带来了翻天覆地的变化。汽车产业被许多工业国家视为支柱产业,在国家经济发展过程中起着举足轻重的作用。我国改革开放以来,汽车工业得到了高速的发展,特别是20世纪90年代后我国政府鼓励汽车进入家庭以来,汽车的产量和每千人拥有量均以每年15%~20%的速度快速增长,这给汽车后市场带来了前所未有的发展机遇。与此相应的汽车服务业从企业经营形式到管理理念,也经历了由传统经营管理向现代企业公司制管理,由单一经营形式向复合经营形式的转变。汽车品牌专营、多品种经销、连锁经营、二手车交易、特约汽车维修站、综合汽车维修企业、快捷维修及汽车改装、装饰美容店、汽车金融、汽车保险、汽车租赁及汽车俱乐部等,已形成适应汽车消费者多层次需求的服务体系。

汽车属于高技术含量的产品,在整个寿命期内,都需要专门的技术人员提供专门的帮助,因此汽车服务企业有良好的生存基础。据美国测算,1美元的汽车工业产值将会带来8美元的汽车后市场产值。因此,人们把汽车服务后市场称作汽车制造业以下价值链中的"第二桶金",汽车服务也具有广阔的发展空间。据不完全统计,近年来我国汽车服务企业数量以每年10%左右的速度增长。

加强企业经营管理是提高市场竞争力的重要手段,要做好汽车服务企业管理,首先必须了解汽车服务企业的性质、特征和生产经营的特点。

3. 汽车服务企业的分类

由于汽车使用者或消费者地域、职业、文化层次及可支配收入大不相同,决定了其对产品服务需求的多样性特点,这一特点同时决定了汽车服务企业类型的多样性。汽车服务企业分类方法很多,常见有以下几种分类方式。

1) 按照服务的技术密集程度分

按照服务的技术密集程度,汽车服务可以分为技术型服务和非技术型服务。技术型服务包括汽车厂商的售后服务、汽车维修、汽车美容、智能交通服务和汽车故障救援服务等,其他服务为非技术型服务,如汽车营销、保险理赔和汽车金融等。

2) 按照服务的资金密集程度分

按照服务的资金密集程度,汽车服务可以分为金融类服务和非金融类服务。金融类服务包括汽车消费信贷服务、汽车租赁服务和汽车保险服务等,其他服务为非金融类服务。

3) 按照服务的作业特性分

按照服务的作业特性,汽车服务可以分为生产作业型的服务、交易经营型的服务和实体经营型的服务。生产作业型的服务包括汽车物流服务、售后服务、维修检测服务、美容装饰服务、废旧汽车的回收与拆解服务、汽车故障救援服务等;交易经营型的服务包括汽车厂商及其经销商的新车销售服务、二手车交易服务、汽车配件营销与精品销售服务等;其他服务为实体(企业)经营型的服务。

4) 按照服务内容的特征分

按照服务内容的特征,汽车服务可分为汽车销售服务、汽车维修服务、汽车使用服务和汽车延伸服务。

(1) 汽车销售服务包括新车销售、二手车销售和交易服务等。

(2) 汽车维修服务包括汽车配件供应服务、汽车维修服务、汽车检测服务和汽车故障救援服务等。

(3) 汽车使用服务包括汽车维护及美容装饰服务、汽车驾驶培训服务、智能交通服务、汽车保险服务、汽车信息服务、汽车资讯服务、汽车租赁服务和汽车再生(回收拆解)服务等。

(4) 汽车延伸服务包括汽车信贷服务、汽车法律服务、汽车俱乐部和汽车文化服务等。

4. 汽车服务企业的类型

1) 整车销售服务

整车销售企业可分为新车销售和二手车交易企业,其中新车销售企业又分为单品种和多品种经营企业。

(1) 汽车品牌专营企业。这种企业与某一品牌汽车生产商签订特许专营合同,受许可合同的制约,接受生产商的指导、监督、考核;只经营该品牌的汽车,并为该品牌汽车的使用者或消费者提供技术服务。汽车品牌专营店一般采用统一的店面设计和外观设计,一般是前店后厂的方式,具有整车销售(Sale)、配件供应(Spear-part)、维修服务(Service)和信息反馈(System)4项主要功能,所以也称为"4S"店,或称为"四位一体店"。这种企业专营某一品牌汽车,集汽车销售与服务于一体,且能得到汽车生产商在技术和商务上的支持,提供专业化的技术支持和服务,有利于为汽车消费者提供优质服务,适合于经营市场保有量较大的汽车品牌和单车价格较高的汽车品牌。

(2) 多品种经销企业。汽车经销商在同一卖场同时经销多个品牌的汽车。这种形式的优点是建店成本低,消费者在同一店内可以对多种不同品牌汽车进行比选。但是它难以提供专业化的技术服务,增添了消费者的购买顾虑。这种经营形式适合于经销生产厂商技术服务网络比较规范和完善的汽车品牌或社会拥有量较少的汽车品牌。

(3) 二手车交易企业。专门为旧车车主和旧车需求者提供交易,促成二手车交易的企业。旧车并不一定是车况差的车,主要是指相对于一次交易而言须办理过户手续的车辆。主要业务为旧车回收、车辆评估、技术状况鉴定、旧车售卖或撮合交易、拟定合同、代办过户手续、必要的检测或维修等。我国《旧机动车交易管理办法》规定:所有的旧机动车交易行为都必须在经合法审批设立的旧机动车交易所进行。

2)配件经销服务

(1)汽车配件销售企业。可以分为配件批发商(或代理商)和配件零售商两类。配件批发商(或代理商)主要从事配件及精品的批发业务,服务对象是配件零售商、各类汽车维修企业、装饰美容企业;配件零售商主要从事汽车配件及精品的零售业务,服务对象是车主。

(2)汽车配件连锁经销企业。连锁经营是经营汽车配件的若干企业在核心企业或总部的领导下,通过规范化经营实现规模效益的经营形式或组织方式。连锁系统像锁链似地分布在各地,形成强有力的销售网络,利用资本雄厚的特点,大批量进货,大量销售,具有很强的竞争力。这种形式在国内外汽车配件销售中广泛采用,国外许多经销商已涌入我国的配件市场。

3)汽车维修服务

(1)综合汽车维修服务企业。可以承担多种品牌汽车维修技术支持和服务的企业。

按照经营技术条件,维修企业可分为3个类别:一类维修服务企业,可以从事汽车大修、总成大修、一级和二级维护、车辆小修等综合维修服务业务;二类维修服务企业,可以从事汽车一级维护、二级维护和小修等维修服务业务;三类维修服务企业,只能从事专项修理业务,在我国这种维修企业形式占有很大的比例。

(2)汽车特约维修站。这类企业与汽车生产厂商签署特约维修合同,在某一地域负责某一品牌汽车技术支持、维护、故障检测诊断和修理等服务业务。这种经营方式可以设在综合修理厂内,也可以独立设置。由于其拥有该品牌汽车专业拆装和维修、检测诊断设备和工具,且能得到生产厂商强有力的技术和配件支持,以规范化作业保证了维修质量。品牌特约维修站在我国已成为汽车生产厂商售后服务网络体系的主干。

(3)汽车快修店。这类企业主要从事汽车生产厂商质量保修范围以外的汽车故障维修工作,一般是汽车低等级维护、换件修理等无须专业诊断与作业设备的小修业务。它们分布在街头巷尾、公路两旁,随时随地为汽车消费者提供应急维修服务,非常贴近消费者。它可以是综合维修服务企业或特约维修站的派出机构,也可以是独立维修业户,是汽车维修服务网络的重要补充。

(4)连锁维修服务企业。与连锁配件经销企业一样,在核心企业或总部的领导和技术支持下,通过统一规范化维修作业,批量化配件供应和销售,实现规模效益的经营形式或组织方式。连锁系统像锁链似地分布在各地,形成强有力的维修服务网络,利用资本雄厚的特点,大批量进货和销售配件,规范化维修作业方式,统一低廉的服务价格,赢得了消费者的信赖,占领了大部分市场。

(5)汽车美容与装饰店。这类企业从事的主要业务是在不改变汽车基本使用性能的前提下,根据消费者的个性化的要求,对汽车进行内部装饰、外部装饰、局部改装及汽车清洁养护业务的企业。随着汽车进入家庭,消费者对汽车个性化的追求体现得越来越明显,促进了这类企业的发展。

4) 汽车租赁服务企业

汽车租赁服务主要是为短期或临时性的汽车使用者提供各类用途的汽车,按使用时间或使用里程收取相应的费用。汽车租赁企业应为车辆办理上路行驶手续和证照,缴纳与车辆使用相关的各种税费和保险,承担汽车修理和维护费用,为汽车短期或临时性用户提供便利。车辆使用者除支付必要的租金外,仅承担汽车使用的直接费用,如燃油费、过路过桥费和停车费等。这类企业在国外已实现了网络化,可以异地交接车,极大地方便了使用者。国内近年来汽车租赁业发展也相当迅速,但有待规范化管理。

5) 汽车金融服务企业

这类企业是以资本经营和资本保值增值为目标,为汽车消费者提供资金融通服务,以及为客户提供资信调查与评估,提供贷款担保方式和方案,拟订贷款合同和还款计划,发放消费信贷,承担合理的金融风险等服务。在国外,汽车金融服务已成为了汽车消费市场的"助推器",美国贷款购车者占新车销售的比例达到80%。

6) 汽车保险服务企业

汽车保险服务企业主要是向汽车使用者或消费者提供汽车保险产品的合理设计,并提供定责、定损、理赔服务等业务。在我国机动车保险是第一大财产保险,保险保费收入中超过60%是机动车的保险保费收入,这类企业一般附属于大型保险公司。近年来,出现了一种新型的汽车保险服务企业——保险公估企业,以第三方的身份为汽车保险企业和汽车使用者或消费者提供客观公正的定责、定损意见。这种企业的诞生,有利于汽车保险市场的操作规范化,有利于平衡保险企业与汽车使用者或消费者间的强弱关系,有利于提高汽车保险服务业的服务水平。

7) 汽车再生企业

汽车再生企业主要从事汽车再生服务,是指依据国家有关汽车报废标准及管理规定,将达到报废规定的废二手车,从用户手中回收,然后进行拆解,并将拆解下来的旧件进行分门别类处理的服务,属于环保绿色服务。其主要包含废旧汽车回收、兑现国家政策(按规定的回收标准向用户支付回收费用)、废旧汽车拆卸、废旧零件分类、旧件重复利用(尚有使用价值的旧件)、废弃物资移送(对不能重复的废弃零部件及相关产品,分类送交炼钢厂或橡胶化工企业)及相关的保管物流类服务等。其服务主体是从事上述环节工作的服务机构或个人。

8) 汽车驾驶培训服务

汽车驾驶培训服务是指向广大汽车爱好者提供车辆驾驶教学,帮助他们提高汽车驾驶技术和考试领取汽车驾驶证的服务,包含提供驾驶培训车辆、驾驶教练员和必要的驾驶场地训练驾驶技术、教授上路行车经验、培训交通安全法规和必要的汽车机械常识、代办驾驶证及其年审手续等。其服务主体是各类汽车驾驶学校或培训中心。

9) 汽车广告会展服务

汽车广告会展服务是指以产品和服务的市场推广为核心,培养忠诚客户,向汽车生产经营者提供广告类服务和产品展示的服务,包含企业咨询与策划、产品(服务)与企业形象包装、广告设计与创作、广告代理与制作、大众传媒信息传播、展会组织与服务、产品(服务)市场推介和汽车知识服务等。其服务主体是提供上述服务及相关服务的专门机构和个人,包括各种企业策划机构、广告代理商、广告创造人、广告制作人、大众传媒、会展服务商、展览馆等。

10)汽车智能交通服务

汽车智能交通服务是指向广大驾驶者提供以交通导航为核心,旨在提高汽车用户(尤其城市用户)出行效率的服务,包含介绍天气状况、提供地面交通信息、寻址服务、自动生成从用户出发地至目的地的路线选择方案、诱导路面交通流量、紧急事故救援等,最终实现交通导航目的。其服务主体是提供交通导航的服务机构。

11)汽车俱乐部

汽车俱乐部主要从事代办汽车年检年审,代理汽车保险理赔,汽车救援、维修,主题汽车文化活动等业务。它是以会员制形式,向加盟会员提供能够满足会员要求的、与汽车相关的各类服务的企业。汽车俱乐部一般分为3种类型:经营型俱乐部,它为会员有偿提供所需的与汽车相关的服务;文化娱乐型俱乐部,它为会员提供一个文化娱乐、交友谈心、交流信息、切磋技艺的场所和环境;综合型俱乐部,它集前述两类俱乐部于一体。

实际上,大型汽车服务企业往往是以上述多种类型的综合经营状态存在。例如:"4S"店,既从事整车销售、配件供应、汽车维修业务,也从事代办保险、汽车救援、旧车置换等业务;大型汽车维修服务企业集团则是由多个汽车销售、维修、配件经销企业构成。本书所讲的汽车服务企业主要是针对汽车后市场整车销售和售后服务企业。

12)汽车电商

自从2013年美国汽车电商平台Truecar登陆中国之后,中国汽车电商便拉开帷幕。虽然Truecar本身并不采购车源、不承担车的物流,也不收取用户的购车费用(资金流),只是以"绝不花冤枉钱"为口号向用户提供附近经销商的真实报价信息(信息流),但是其从某种程度上解决了用户比价和讨价还价的麻烦,而被大家誉为汽车电商的鼻祖,在国内掀起一阵汽车电商风潮。

2014年易车公司和汽车之家纷纷宣布汽车电商大战略,易车的股价也冲高接近100美元。除了垂直汽车网站,综合电商阿里巴巴集团和京东集团也开始发力汽车电商,整车厂商和经销商也通过搭建车享网等跟进,还有一猫汽车、团车网等也相继融资进入汽车电商领域。

四、汽车服务企业经营特点

尽管汽车服务企业服务内容涵盖非常广泛,服务形式也多种多样,其经营表象有较大的差异。但是,汽车服务企业的经营特点仍然具有许多共同特性。为做好汽车服务企业管理工作,有必要了解这些特点。

(1)经营的顾客中心性。汽车服务企业以潜在和现实的汽车使用者或消费者为服务对象,企业经营的所有活动都是以顾客为中心展开的。特别是随着汽车买方市场特征体现得越来越明显,汽车市场竞争越来越激烈,汽车使用者或消费者拥有越来越多的选择机会。汽车服务企业必须从顾客需求出发来确定自身经营目标和理念,以满足顾客需求来最终实现企业盈利。再加上汽车服务企业生产经营过程中,顾客参与程度较高,顾客满意度就成了考核企业经营优劣和管理水平高低的重要指标。因此,汽车服务企业都以提高顾客满意度为其重要的经营管理任务。

(2)经营的波动性。汽车是价格比较昂贵的消费品,其供求关系必然会受到国民经济运行波动的影响,消费人群、季节及节假日也是重要的影响因素。因此,为汽车消费者服务的汽车服务企业的经营活动表现出较为明显的波动性。汽车销售市场中,每年"五一"和"十一"黄金周前后是汽车产品销售的黄金时间段。这段时间,汽车销售服务企业业务比较繁忙。同时,汽车金融和保险服务企业的经营活动也相应达到高潮。每逢节假日,汽车使用需求急剧扩大,这时汽车租赁企业业务量就会激增。私家车消费人群的工作特点,导致汽车维修服务企业每逢周末维修服务量会急剧增大。汽车服务企业经营活动的波动性对企业管理提出的挑战是如何合理设计企业的服务能力,如何有效地进行需求管理,采取各种措施使企业的服务能力与服务需求相适应。

(3) 经营的社会性。汽车服务企业涉及的服务门类广泛。汽车既可作为私人消费品,也可作为运输生产资料在经济生活中扮演重要角色。汽车服务业产业规模大,实现的经济利润丰厚,同时提供的就业机会也多,社会效益良好。汽车服务企业与社会的方方面面联系密切,在国民经济中具有重要的地位与作用,同时也极其容易受到外部环境变动的影响。因此,其经营活动表现出很强的社会性。这就要求汽车服务企业密切关注社会环境、技术环境、法律环境的变化,及时调整经营策略,完善与改进经营服务内容,以适应外部环境的变化。

第二节 汽车服务发展现状及趋势

中国汽车服务市场历经近 20 年高速发展,已跃居为全球最大的汽车后市场之一,并随着中国汽车销量增长趋势放缓,产业价值链逐渐向后市场推移,汽车后市场规模增长趋势变强。主机厂(整车生产厂商)、零部件厂商、经销商开始布局独立售后,确保汽车配件质量和门店服务,并通过与互联网平台的合作,加速门店的互联网化进程,提高门店的客流量,但同时,我国汽车服务行业在渠道结构、市场集中度、服务质量等方面仍与美国等发达国家存在一定差距。

一、从增量"明星"向存量"巨无霸"的转变:汽车行业转折点到来

1. 中国新车销量多年称霸全球,已成为全球最大汽车存量市场

中国汽车销量已连续多年成为全球最大单一市场,汽车保有量在 2020 年超越美国,成为汽车保有量全球最大国家。中国汽车产业起步发展较晚,但自 2009 年中国汽车销量超越美国以来,中国已连续十年以上蝉联全球汽车产销量第一,近几年每年超 2000 万辆的新车销量,也使中国汽车保有量保持年均 10% 以上的速度增长。

2. 后市场成为汽车产业新焦点:新车增长失速,后市场具有可持续的高增长潜力

28 年来,中国汽车销量首次增速出现拐点,新车增长失速,汽车生产厂商以及汽车经销商利润持续下滑,如图 3-2 所示。

中国市场过去十年汽车销量的飞速增长和高增长预期,促使中外主机厂在国内积极扩充产能,但随着需求的放缓和市场的调整,2018 年中国新车制造与零售行业出现了历史性拐点。当年中国全年汽车销量 2808 万辆,同比销量下滑 2.8%,在持续增长了 28 年之后首次出现负增长,中国汽车行业正式告别黄金十年。从中短期看,中国汽车新车销量截至 2019 年 6 月已经连续 12 个月下滑,由于经济增长放缓和消费者需求持续走低,短期车市的整体增速将彻底告别过去的高速增长,汽车市场由增量市场转变为存量市场。新车增长失速与

主机厂销量预期的不匹配迫使汽车经销商陷入大面积亏损,根据中国汽车流通协会的数据(《2018 年汽车经销商生存调查》,覆盖全国 30 余家汽车经销商集团,1200 个单店经销商),2018 年汽车经销商新车毛利降至 0.4%,而 2017 年时仍有 5.5%,亏损经销商占比则从 2017 年的 11.4%扩大至 39.3%,进入 2019 年,盈利面临恶化的经销商比例仍在继续扩大,而新车毛利率则转负。

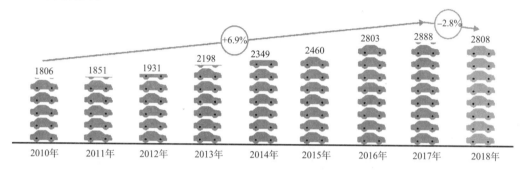

图 3-2 中国历年汽车销量情况(单位:万辆)

车龄增长、保有量增加双效驱动汽车后市场高速发展,使汽车后市场逐渐成为新的产业焦点。目前中国保有车辆的平均车龄约为 4.9 年,并随着进入存量市场平均车龄还在持续增长,对照国际市场用车经验,车龄超过 5 年后将迎来大型维修高峰期。同时随着中国汽车制造业逐渐走向成熟,耐用性和汽车质量的改善也不断延长了车辆平均使用寿命,"车龄+保有量"双效驱动汽车后市场高速发展,成为汽车产业新的增长点。

3. 行业迎来历史性发展机遇:售后维护市场容量大、成长性好且集中度低

从广义角度而言,汽车后市场包括了消费者自购车到车辆报废周期内,围绕各个售后环节衍生出的需求和服务。中国的汽车后市场价值链具体可分为汽车金融、汽车保险、汽车维修、汽车租赁、汽车用品以及二手车销售等多个细分领域。从体量看,汽车维修服务位列第二位,仅次于汽车金融,占据汽车后市场约 20%的市场份额。

同汽车保险、汽车金融等市场准入门槛(资本和牌照)相对较高的领域不同,汽车维修市场的进入门槛较低、市场集中度和成熟度低,具有较强的潜在集中度提升机会,是目前中国各行业"红海市场"里集中度较低的行业之一。因此近几年汽车维修市场吸引了大量社会资本进入,并且从商业模式、信息化和平台等多个领域切入,对汽车维修市场进行多维度、精细化的新模式探索,是中国新零售的重要阵地之一。

二、快速成长的万亿级"巨婴"市场

1. 前进的车轮从未停止:中国汽车维修市场发展四阶段

中国维修市场发展历程较短,但经历了 20 年高速发展后已经一跃成为全球最大的汽车后市场之一,此过程中也历经了四个发展阶段,如图 3-3 所示。

1)20 世纪 90 年代:汽车服务萌芽期

此时期汽车服务对象主要是公务车,汽配、汽修厂开始出现萌芽。当时中国的私家车消费刚刚起步,汽修市场仍以服务公务用车的综合维修厂为主导,随着路上行驶的车型越来越多,国营综合维修厂已经很难满足各类车型维修所需的专业维修技术和配件信息。在此背景下,依托汽配城开办的个体维修店和维修技师开办的社区店越来越多,并逐渐发展成小型

的维修连锁企业。

2）2000—2008年：汽车服务发展期

4S店兴起使私家车开始高速发展，海外售后连锁品牌纷纷进入中国"掘金"。这一时期4S店模式引入国内，这一销售和售后服务捆绑的业态迅速占据中国汽车维修市场的主导。在此期间，中国汽车产销量呈爆发式增长，汽车保有量急剧增加。同时，国际连锁汽修企业纷纷进入中国，先在沿海城市成立汽修连锁店，随后轮胎、润滑油等易损件和维护件品牌也瞄准了中国售后市场，以提供换胎、维护、小修及装饰等服务的形式建设连锁网络。与此同时，国内一些颇具技术实力和客户积累的大型维修厂，也迅速转型试水连锁模式。

3）2009—2015年：高科技助势壮大期

这一时期资本与新技术推动下的新商业模式不断涌现。私家车已经成为绝对的市场主力，大部分区域均出现了区域性第三方维修连锁龙头企业，第三方服务提供商与4S店并行，并且随着移动互联网开始普及，汽车后市场的新模式进入者开始增多并围绕电商化、O2O（线上到线下）以及新零售趋势开始拓展。市场最早涌现的是围绕更换频率高、库存保有单位（SKU）数量少且相对标准的轮胎和维护易损件为主的电商平台，希望打破代理商—分销商—批发商—零售商的传统销售渠道，实现S2B2C（大供应商到渠道商到消费者）扁平化供应链模式，以厂商授权直销或利用集采优势，获得相比4S店价格更透明的维护件来吸引消费端车主。但由于汽车配件重服务的属性，面向消费端的汽车电商相继转型O2O模式。与此同时，一些新兴企业则以上门服务为核心模式，凭借减免场地设备等固定资产投入，借助移动互联网便利性、高效性的优势，重新匹配维修资源和需求，很快成为资本追逐热点。汽车后市场在互联网背景下，资本与新技术双轮驱动，推动汽车后市场快速发展。

4）2016年至今：智能渗入线上线下融合期

此时期线上线下深度融合，新模式新方向开始逐渐清晰。经过大量的模式创新尝试，资本方开始回归理性，使模式创新项目逐渐回归商业本质，大量汽车后市场纯粹的模式创新型企业夭折，特别是2016年大量长期靠"烧钱"为继的上门维护、洗车类O2O公司相继因模式局限性及资金链断裂退出市场或开启艰难转型。存活下来的具备良性商业模式的后市场企业，则更加重视线下服务能力与线上互联网技术的深度结合，同时实力雄厚的巨型电商平台随着生态的日趋成熟也纷纷开始发力汽车后市场，促使汽车后市场不断成熟。

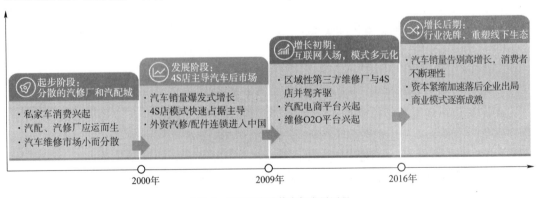

图3-3 中国汽车维修市场发展历程

2. 中国汽车维修市场成熟度较低但潜力巨大

（1）渠道结构：中国4S店渠道虽占主导，但连锁和新兴渠道快速兴起，未来有望超过4S

店市场份额。

售后维修市场从客户角度可将配件及服务渠道分为DIFM(Do It For Me)和DIY(Do It Yourself)两种模式,前者由修理厂为客户提供专业化的服务,后者由车主自主完成配件采购和维修。中国汽车后市场同欧美汽车后市场的成熟度存在较大差异(图3-4):DIFM模式在中国占比超过95%,其中主机厂系的4S店占据约60%的市场份额,剩余约35%市场份额被独立后市场占据;DIY模式市场份额占比不足5%。这主要是因为中国劳动力成本相较美国有显著优势,且中国居住条件与美国差异较大,中国消费者普遍不具备自己操作的空间及条件。

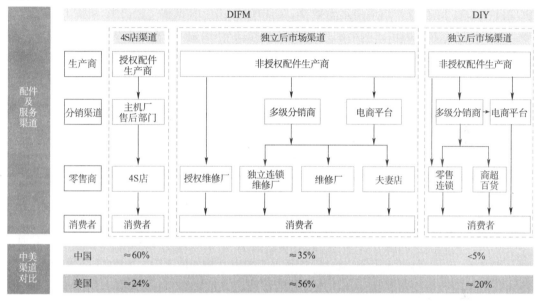

图3-4 中美汽车后市场渠道对比

中国独立后市场渠道的市场份额,从20世纪90年代不足10%增长到目前的35%,已经取得了不俗的成绩,尽管如此,仍有很多客户会首选4S店,主要是消费者对独立后市场中的第三方服务提供商不信任造成的,这种不信任体现在配件质量参差不齐、价格信息不透明、门店服务技术偏低和售后保障体系不完善四个方面。但随着数字化时代的到来,大数据分析、人工智能、SaaS系统等技术在汽车后市场领域得到更为广泛的应用,线下连锁店逐渐扩大规模,品牌力越来越强,服务趋于标准化和流程化,将会促进市场信息更加透明、服务更加高效。预计未来5~10年独立后市场会快速发展,成熟度提升,4S店的市场份额将被压缩,独立后市场的市场份额有望超过4S店。

而在美国,汽车后市场中,主机厂授权渠道市场份额占比约24%,约56%的市场份额由独立后市场占据,剩余约20%由车主自己完成。车主购买配件的渠道主要以大型配件零售连锁店、商场百货店和电商平台为主。由于美国的售后配件具有规范且严格的认证体系,汽车零部件认证协会(CAPA)会对出厂前的零件进行严格的检测,所以配件的质量、匹配度和售后服务都有保障,CAPA和保险公司建立联动机制,对于出现信用问题的企业有成熟的惩治机制,而且品牌件价格相较原厂件更有竞争力,所以多数车主在质保期后会选择购买配件并通过独立后市场渠道安装和维修,或者自己动手操作。

(2)市场集中度:与欧美市场相比,中国汽车配件(汽配)供应商基数大,行业集中度低,未来有望出现整合。

美国和欧洲的汽配市场历史发展悠久，后市场主要企业通过多年兼并收购实现整合扩张，呈现集中度高的特点。

在美国汽配市场，汽配生产和流通相对集中，四家汽配连锁巨头（包括 Autozone、Advance Auto Parts、O'Reilly 和 GenuineParts）占据全美约 30% 的市场份额，对上游品牌商拥有较高话语权，其中 GenuineParts 更是绕过经销商直接通过原始设备制造商代工销售贴牌零部件。

四大汽配连锁巨头通过一系列兼并收购，或增加对供应链体系上下游企业的控制，促使供应链体系扁平化，提升供应链运营效率，实现规模效应，或加速门店扩张，巩固其规模化优势。Autozone 作为美国最大汽车配件零售供应商之一，有近 40 年的发展历史，早年主要以线下实体连锁店起家，随着互联网时代的兴起，积极拓展线上渠道。物流系统管理方面，采用集中采购的方式，建立仓储中心，分级管理各地分店，自建高效的物流体系，保证配件精准流通。

再如美国汽车维修市场，以汽修服务提供商 Monro Muffer Brake 为例，20 年门店数量从仅一百家扩张至一千家以上。该公司主要采用"直营+并购"模式，直营店和并购店数量几乎相同，业务范围专注于易损件维修，初期在自营店经营成熟、品牌力强化后，利用门店的销售时点情报系统（Point of sale，POS）以及电子化存货管理系统将服务流程标准化，形成自己的智库，以三年为一个并购周期，以全资控股和深度管理的理念，迅速通过并购实现区域性的业务复制和扩张，打造集群优势，实现规模化发展。

欧洲汽车后市场同样分为 4S 店渠道和独立后市场渠道，且以独立后市场渠道占据主导。在波兰、英国、西班牙等国，独立后市场渠道份额达到 60% 以上。过去十年来，欧洲后市场并购整合趋势也逐渐加速。LKQ 通过并购扩张进入欧洲市场，成为欧洲最大的汽车配件分销商，并通过供应链的整合实现了规模效应及成本缩减。

反观中国的售后汽配汽修市场，由于主机厂对原厂件的流通和配件技术信息的垄断，长时间处于市场高度分散、信息不透明、质量参差不齐、流通成本高的发展初级阶段。中国汽车保有量与美国接近，然而经销商和维修厂数量均远远高于美国。中国每千辆车拥有维修厂的数量是美国的 7 倍以上，终端门店复杂性、分散性和多样性的特点，决定了配件厂商大多采用代理、分销的层级流转模式，使配件最终到达维修门店，汽配城在较长一段时间内是维修厂配件采购的主要渠道。同时，独立后市场渠道财务合规性差也是中国汽车维修市场的另一大特点，财务透明度不高，资产难以证券化，这也是制约独立后市场渠道做大做强的因素之一。

(3) 服务质量：市场起步晚且成熟度低，各类传统渠道目前均存在明显短板，无法全面满足客户多元化的需求。

目前中国汽车维修市场的渠道形态主要由主机厂授权渠道及独立后市场渠道组成，其中独立后市场渠道多为小规模路边店，大中型维修厂及品牌化连锁店虽在高速发展但目前仍是少数派，如图 3-5 所示。中国汽车售后维修市场发展近二十年，三类主要渠道的服务品质也在不断进步，但目前各类主要渠道在整体客户体验角度仍旧存在诸多弱项，没有一种形态可以较为完善地满足客户需求，也正是因为这一原因，大量内外部投资人看到这样一个历史性的机会，纷纷通过模式创新希望瞄准各类渠道短板以体验创新来进入汽车维修市场。

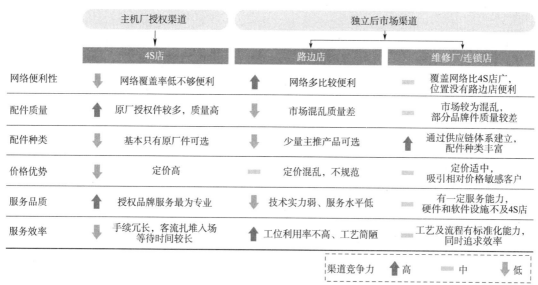

图3-5 不同汽车维修市场渠道服务竞争力比较
来源：德勤研究

（4）汽车车龄：中国平均车龄仍与美国差距较大，但逐年快速提升，拉开汽车存量市场"序幕"。

2018年，美国平均车龄超过10年，而中国平均车龄仅有4.9年，但保有期5年以上的车辆占比较2010年增加8%，如图3-6所示。一方面，平均车龄增长将提升消费者自费比例，因为大量汽车原厂件质保期为三年，质保期外消费者会寻求低成本的服务解决方案，消费者对4S店的依赖性会下降，消费者维修习惯会逐渐改变；另一方面车龄增加会提升维护需求频率，部分易损件进入更换周期。以美国汽修市场为例，70%的"脱保"车辆通过独立后市场渠道接受售后维护服务。上述趋势为汽车后市场发展奠定基础，第三方服务提供商存在巨大利润提升空间，汽车维修需求将迎来高峰期。

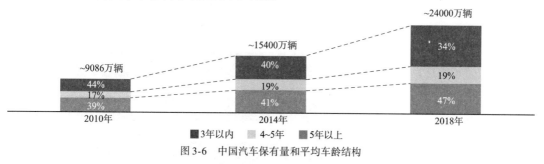

图3-6 中国汽车保有量和平均车龄结构

三、行业进入洗牌期：中国汽车维修市场发展趋势

1. 消费者、信息技术及来自行业自身的内生发展：三大行业变革核心驱动力

1）驱动因素一：不断变化的消费者

中国消费者需求与行为的快速变化已经对零售服务行业的消费渠道组合、形态及营销模式产生了深远的影响，中国年轻消费者有如下几大特征。

（1）热衷于线上消费体验。

中国年轻消费者呈现出非常明显的线上消费化趋势，与电子商务较为发达的美国相比,尽管中美人均国内生产总值(GDP)还存在较大差距,但中国消费者对线上消费偏好明显,中美年度人均网络消费总额差别不大,中国消费者对线上消费的热情要远高于欧美发达国家,尤其是年轻消费者,如图3-7所示。2018年在中国通过手机支付的交易额约34万亿美元,手机支付金额是美国250倍以上,78%客户通常在选择购物前会受到网上提供信息的影响。中国年轻消费者也热衷于与品牌形成社交式互动,例如Nike、蔚来等品牌均在中国市场利用移动端场景,通过移动端社交媒体和APP,与用户开展充分的社交与沟通,这有助于在品牌和客户之间建立信任,增强消费者黏性和O2O服务体验。据CBNData分析,汽车后市场线上交易总体增长较快,消费者年轻化趋势明显,95后(出生于1995年以后)消费者数量在不同年龄阶段中呈现最快速的增长,中国消费者已经成为全球最热衷线上消费的消费者群体。

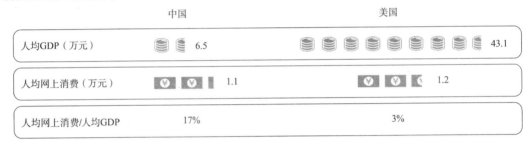

图3-7 中美人均GDP与网络消费对比

来源:国家数据,商务部,IMF(国际货币基金组织),Internet World Stats(互联网世界统计),美国商务部

(2)对服务效率和服务体验的极致追求。

年轻消费者热衷于使用更便利的手机消费来替代过去的繁复消费体验,节约时间和成本是消费者首先考虑的因素。德勤报告中指出,80%的消费者对使服务体验更简便的科技感兴趣,通过一站式的简化服务流程,提升服务效率和体验,成为未来消费者追求的服务模式(图3-8)。相比于欧美国家,中国市场消费者更倾向于使用数字化工具来更便捷快速地获取维修信息,更愿意通过数据交换获得更好的汽车维修数字化体验,数字化触点为竞争激烈的汽车后市场提供了差异化的机遇。

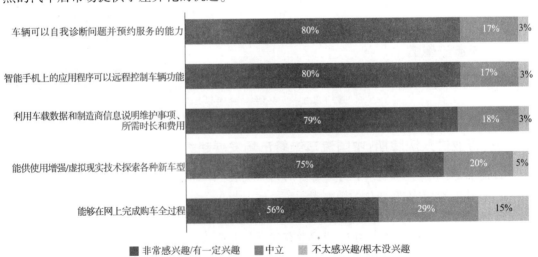

图3-8 中国消费者对未来汽车消费场景的兴趣

由于对便利性的极致追求,中国消费者形成了生活服务外包化的趋势,据互联网信息中心统计,线上金融服务、外卖、移动支付等在中国渗透率远超海外市场。截至2018年6月,中国网购渗透率为71%,相较2017年末增长6.7%;网络外卖渗透率为49%,相较2017年末增长6.0%;网约车用户数量较2017年末增加5970万,增长率约为20%。

(3)更感性的渠道选择,更理性的养车态度。

随着汽车后市场信息的透明和服务的完善,中国消费者的年度车辆维护费用显著下降,特别是中低端车型的年度维护费用下滑较为明显(图3-9)。一方面消费者可选择的交通工具越来越多,以及维护独立后市场渠道的市场份额占比越来越高,使汽车维护单位成本降低,另一方面也说明了消费者对车辆的维护成本态度及预期越来越理性。

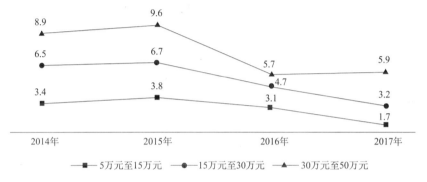

图3-9 不同车价维修费用(千元)

因汽车维护件和易损件存在技术要求低、通用性高和价格敏感的特点,越来越多的消费者开始尝试通过电商平台以及O2O服务进行维护件和易损件的更换,中国消费者更愿意拥抱互联网,通过更感性的渠道享受更便捷的服务。图3-10所示为近年来中国汽车保有量与汽车维护频次的变化分布。

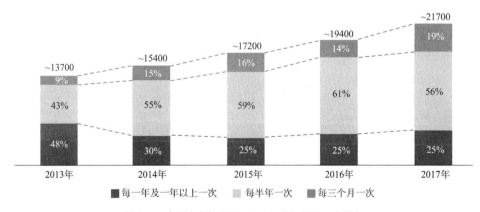

图3-10 中国汽车保有量(万辆)和常规维护频次分布

2)驱动因素二:互联网时代与数字技术

(1)互联网渗透率增加为线上线下融合提供基础。

中国互联网呈现规模大、增速快的发展趋势,2018年互联网使用者超过8亿人,互联网普及率近60%,互联网使用者数量全球第一,城镇互联网普及率约75%,农村地区互联网普及率较5年前增长约10%。互联网覆盖范围的扩大、渗透率的提升为汽车后市场在互联网时代线上线下深度融合提供基础,为创造新的生态发展提供可能。互联网使用者规模和互联网普及率的变化如图 3-11 所示。《2015 年政府工作报告》中提出制定"互联网+"行动计划,推动移动互联网与现代制造业结合。截至 2018 年末,中国互联网使用者使用手机上网比例高达 98.6%,已全面进入移动互联网时代,移动终端的普及给模式创新带来了终端交互形式统一化的基础,海量移动数据为汽车后市场提供了价值深挖机遇。

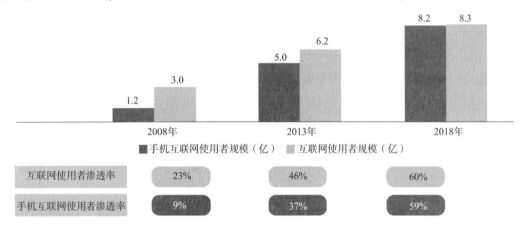

图 3-11　互联网使用者规模和互联网普及率

(2)售后维保市场线上消费化趋势催生服务新模式。

中国消费者是全球领先的互联网消费市场,2017 年中国互联网零售额占全球互联网零售额接近 45%,其中超过 20% 的零售是通过电子商务完成的。从品类来看,中国互联网零售渗透率更高的是一些生活类快速消费品,高价值类(房产、汽车、珠宝等)、服务类商品互联网零售渗透率较低。但随着中国 O2O 商业模式的快速兴起,未来汽车后市场维修线上渗透率有望实现快速增长。2018 年汽车维修市场互联网渗透率仅 5%,预计 2025 年可达到 17%,线上消费化的趋势将驱动消费者对汽车维修 O2O 服务依赖程度加深,并提供模式创新的基础(图 3-12)。

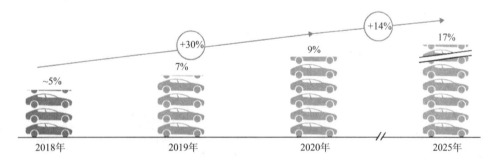

图 3-12　中国汽车维修市场线上渗透率

(3)中国互联网对模式创新的热情驱动行业模式转型。

在全球市值大于 10 亿美金的公司(独角兽)中,中美拥有公司数量排名全球前两位,总占比约 74%,具有绝对优势。重要的原因是两国互联网规模的扩大和创新的驱动,其中中国更加热衷模式创新,对独角兽公司进行分类,模式创新比例中国(57%)远高于美国(37%),美国更侧重技术的创新(图 3-13)。中国的独角兽公司主要集中在对市场模式创新更为看重的行业,如电子商务和汽车交通等,创造价值的来源在于内容和应用的创新,模式的创新倒逼互联网持续发展,也为汽车后市场服务模式的转型提供重要的驱动力。

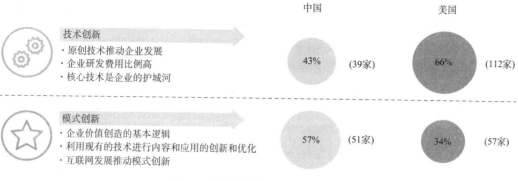

图 3-13 中美模式创新和技术创新对比

3）驱动因素三：汽车产业的发展

（1）产业政策：产业政策出台刺激汽车后市场市场化高速发展。

美国在汽车后市场制定了一系列法律法规保证公平竞争。《谢尔曼法案》《克莱顿法》和《联邦贸易委员会法》奠定了美国反垄断基本法律体系；《马格努森—莫斯保修法》和《汽车可维修法案》等促进了汽配件自由流通和维修技术信息公开，为第三方服务提供商提供保护。例如《马格努森—莫斯保修法》规定，汽车制造企业和经销商不得强制消费者使用原厂件，消费者如果在非汽车经销商渠道进行车辆维修并不会令其保修合同失效等。

自 2009 年起，中国也频繁出台与汽车产业相关的政策，为汽车市场及后市场提供有序的竞争环境。一方面，消费者购置新能源汽车免征车辆购置税，对购置 1.6L 及以下排量乘用车征税税率重新提升至 10%，刺激新能源汽车消费需求，为新能源汽车后市场提供充足市场容量；另一方面，汽车市场及后市场政策对第三方服务提供商及零配件供应商越来越开放，汽车生产商需向维修经营者无差别公开汽车维修技术信息，打破汽车维修领域垄断，给第三方服务提供商及零配件供应商带来了新机遇，保证汽车后市场信息的透明化、渠道的多元化。

（2）产业资本：资本注入为汽车后市场提供保障。

近年来，中国汽车后市场竞争激烈，2016 年融资次数达到高峰，其中维修和综合服务细分领域热度最高，也是最具有发展潜力的市场。图 3-14 为 2014—2018 年汽车后市场融资次数及融资结构示意图。

2016 年后融资次数减少势必带来行业内部竞争加剧，加速了行业内部的洗牌，促进商业模式的成熟，有利于落后企业的出清。

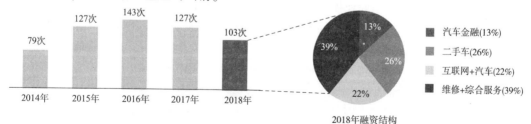

图 3-14 2014—2018 年我国汽车后市场融资次数及 2018 年融资结构

（3）产业技术。

①汽车新能源化会拓展后市场业务内容与范围，给后市场同时带来新机遇。对比传统燃油车和纯电动汽车的后市场细分领域规模，由于技术特性不同，在汽车维修和二手车销售

领域,纯电动汽车会使年度单车维护成本降低,二手车交易规模减小。新能源创新后服务(如出行服务、充电/换电服务、电池回收服务、车联网服务等)将成为弥补传统售后服务利润下滑的最重要利润提升空间。除电动汽车外,随着中国对氢燃料电池汽车相关的政策逐步落地,未来汽车后市场可向该细分领域进一步拓展。

②汽车智能化和网联化降低汽车事故,促进汽车全生命周期数据联动。

高级驾驶辅助系统(ADAS)与智能驾驶会使汽车碰撞事故率降低,C2X(车联万物)辅助下的智慧交通也会降低碰撞事故率,改善汽车效率,降低能耗,减少维护易损件更替和事故维修的频率。车联网会形成新的后市场与客户的数字化触点,营销模式可能因此发生变化。汽车出行数据、诊断数据和维修数据将紧密联动,汽车后市场企业对数据的掌握和应用能力至关重要。图 3-15 为城镇人口出行方式及次数变化情况。

图 3-15　城镇人口细分出行次数变化(单位:百万人次/天)

③汽车共享化促进消费者共享出行,后市场 B 端服务进一步打开。

2025 年以前私家车仍是消费者选择的重要出行方式,但随着低碳环保理念的深入人心并得到实践,城镇化发展日渐完善,政府对公共交通的引导以及移动共享出行模式的日益成熟,预计 2025 年开始,公共交通及共享汽车出行将逐渐替代私家车出行,受到更多消费者的青睐,并最终挤压私家车出行市场,使全社会出行效率更高,也意味着更多的汽车使用里程将被共享汽车等服务提供商所消耗,形成越来越大的企业端后市场,并有望在未来超过顾客端后市场规模。

2. 市场集中度走上快车道:大量互联网企业入局,行业纵向整合加速

消费群体需求变化倒逼商业模式转型,技术条件成熟使大量各类投资人特别是互联网企业纷纷入局,加剧竞争,不同来源的市场参与者有不同的目标以及不同的商业模式。中国汽车售后维修市场规模高速发展且集中度低,近几年大量的企业进入,并纷纷通过基于互联网技术的模式创新来尝试改善目前的消费者局面,以求占领市场。

(1)传统服务供应商坚守。

传统汽车经销商和第三方服务提供商分别以原厂服务和非原厂服务占据汽车后市场半壁江山,在新兴企业进入前垄断市场。传统汽车经销商提供高品质、可信赖的原厂配件,并提供从快修维护到综合维修的全方位服务;传统第三方服务提供商以连锁化和标准化为发展趋势。近年传统服务供应商特别是维护类门槛较低的业务受到互联网企业的冲击,虽然依托深厚的行业历史积淀仍然是目前后市场最主要的面向消费者的渠道,但为了坚守原有

阵地,传统服务供应商也纷纷开始建设线上渠道并跟随互联网时代进行数字化变革。

(2)传统车企入局拓展后市场服务形态。

一方面新车销量出现拐点,新车产能过剩且整体市场来自新车销售的利润贡献持续下滑,主机厂寻找新的盈利贡献点;另一方面为了满足不同价格敏感度的消费者的服务需求,大型汽车集团开始走多品牌战略,在汽车后市场打造不同形态的服务供应商来给消费者提供不同层次的汽车全生命周期价值体验。

(3)配件制造商向下拓宽渠道。

高端品牌维护用品及易损件技术壁垒越来越低,制造商想要维护高端品牌形象,需要持续通过零售渠道及市场营销培育客户,因此大品牌通过持续进行零售渠道投资,参与后市场当中;部分大体量的普通品牌配件制造商为了自身发展也开始整合产业链,希望从幕后走向台前,开拓下游市场。

(4)保险公司为解决自身痛点被动入局。

车险赔付率一直居高不下,主要因为定损核价不规范,中国的整车型号过多,整车件SKU(库存量单位)远多于成熟市场。保险公司想要准确定损核价难度极高,存在定损腐败等问题。通过整合供应链,保险公司能利用供应链的定损能力以及配件销售能力去加强定损价格风控以及终端维修质量风控,从而改善理赔服务体验、降低理赔成本、提升理赔效率。

(5)互联网新进入者通过新模式逐利掘金。

资本热潮过后,线上维修市场回归理性。除了互联网初创企业外,自带流量与供应链能力的生态巨头纷纷入场,在整合线上、线下服务体验以及提升供应链能力两个维度发力,利用资金优势、流量优势并结合互联网模式创新在汽车后市场逐利掘金。

以线上导流、线下服务端建设为支撑,上下游价值链整合是汽车维修市场大趋势。上下游价值链呈现整合趋势,各类企业纷纷着力打通商业闭环创造更大价值。不同背景的企业为服务好消费端客户,纷纷开始拓展自己的后市场供应链及线下服务能力,通过自身在产业链上的原有布局,或进一步向上整合供应链,或向下拓展零售端服务能力。

汽车维修核心痛点仍然是线下服务,后市场巨头均以不同形式布局线下维修服务能力。中国消费者与欧美发达市场消费者有显著的需求差别,中国消费者现阶段是一种极致的DIFM文化。DIFM模式的4大核心竞争力是配件品质、配件满足率(包含产品线广度及物流效率)、服务品质以及价格,因此后市场巨头均瞄准服务端网络覆盖和品质提升进行线下布局。

四、汽车后市场新零售:中国市场的落地与实践

1. 线上线下相融合的新零售

中国在新零售转型的实践以及执行力层面领先全球,大量的零售及服务业已经开展了深度的转型尝试,新零售模式是在商品价值链的生产、流通、销售以及客户关系管理等环节中,线上线下相融合。汽车后市场体量较大也是各企业与资本重点关注并进行新零售尝试的重要领域。

汽车后市场当中的新零售模式转型需要建立在对行业的深度理解并高度整合多方资源之上,才能实现相对可持续的模式,需要模式与运营同时深耕,才能有机会破局,重塑业态结构与生态圈,真正做到从"保留"到"引流"再到"保留",以消费者为中心打造线上线下一站

式、全生命周期汽车维修体验。

"保留"：传统汽车经销商拥有天然客户流量优势，但留存客户挖掘汽车全生命周期服务价值才是关键挑战。国内早期汽车后市场全部是线下市场，4S店的服务开启了客户生命周期的起点，拥有绝对的客流优势，每年有大量的新车销售客流，经销商的核心目标是保留传统的客户；线下第三方服务提供商早期作为后市场的补充，利用线下门店及价格优势吸引了一些放弃4S原厂服务的客户，且他们的核心目标也是保留传统的客户。

"引流"：全渠道体验在移动互联时代重要性日益凸显，线上线下多元化的触点能为汽车后市场企业提供更多的流量入口。随着客户需求的改变以及移动互联网技术的普及与发展，电商及O2O的兴起使客户拥有了更多的选择，接触客户的"触点"越来越多元，价格体系越来越透明，客户对线上服务体验的需求，从购车开始到完成再到后市场服务，贯穿整个汽车生命周期。线下客流开始逐渐越来越多地转化为线上客流，引流成了中国汽车后市场任何形式的参与方不可忽视的重要工作。

"保留"：线上线下融合体验和高质量的产品服务是客户留存的核心。随着线上流量争夺激烈且线上获客成本高企，客户保留再次成了后市场企业一个绕不开的核心任务，目前的流量电商平台更多只能引流维护及易损件需求，此类业务的客单价较低，产品价格透明化给线下网络带来的客单利润非常有限，而获客成本高昂，使无论是平台还是线下网络都需要客户的长期保留和持续消费，才能弥补获客的高昂成本以及线下运营成本，但模式的创新并未对客户保留产生本质的影响，客户保留仍需要线下服务品质、服务效率作为依托。虽然数字化可以提供更便捷的预约、更高的供应链效率及丰富的产品组合体验，但线下的最终服务质量仍旧是客户最关心的，也是客户是否选择保留最为核心的一步。

2. 新零售变革之下的终端服务零售落地与实践

概括来讲，服务提供商通过线下门店服务来惠及终端消费者，是提服务效率和保证服务质量的具体实现方式，其中关键指标如工位利用率、门店坪效和服务标准化程度等都深刻影响服务端企业的竞争力。零售服务端不同的所有权形态带来不同经营管理效率和服务品质，线下是汽车后市场服务闭环的主要阵地，各类企业开始进行"人"和"场"的布局，深耕线下服务。

各类企业从追求网络布局速度开始转向追求门店运营效率和终极线下商业模型形态。在最开始资本快速进入市场的阶段，各企业普遍更追求线下服务网络的扩张速度，较少关注服务网络质量以及运营效率，导致快速扩张的同时频频爆出客户满意度低下以及投资人撤资的负面事件。随着各企业对汽车后市场服务本质以及客户需求理解的加深，近年市场各参与企业纷纷开始投入相比以往更多的精力及资源去关注服务网络的质量，不少企业意识到门店服务质量才是最终商业模式落地的关键因素并最终将影响商业生态的可持续性，在快速完成从0到N的门店网络布局后，终于回归到从0到1的细节商业模式打磨。

3. 新零售变革之下的后市场供应链落地与实践

随着数字化时代的到来，"线上配件采购，线下维修服务"的模式将成为多数消费者采取的后市场服务途径，这会对库存的深度和周转率、物流效率、物流成本的可控性和服务提供商的盈利能力提出更高的要求和挑战，来自不同背景的企业赋能供应链端，试图将供应链扁平化，以"货"为中心，努力打造专属的供应链平台和体系。

如汽配供应链4.0时代——线下赋能型供应链时代。未来先进的供应链企业应能提供全方位一站式的综合供应链服务。在交易端,供应链平台应整合配件数据,通过精准的配件匹配和报价系统实现快捷的供应链交易服务;在物流端,利用自有及第三方物流仓储资源,建立智能高效的配件配送系统;在下游赋能端,供应链平台应能提供门店所需的全方位技术、管理及系统支持,同时基于智能风控的供应链金融支持将为下游企业发展提供更多可能。已有一定积累的供应链品牌可以为下游非连锁维修企业带来巨大的品牌势能,形成修配融合的产业链品牌力(图3-16)。

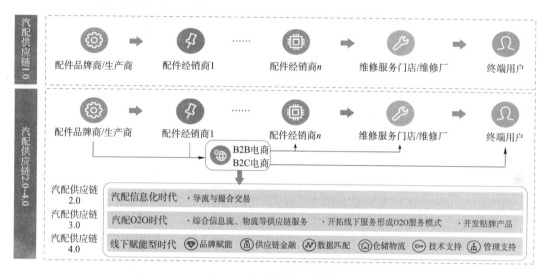

图3-16　汽车配件供应链发展

五、启示与未来展望

中国新车销量降速,整车厂和经销商利润下滑,但汽车保有量和平均车龄稳中有升,使得汽车后市场成为汽车产业下一个发展焦点,各类企业与资本密切关注并进行汽车后市场新零售的大胆尝试,但汽车后市场重服务的独特属性和高技术门槛令企业在获利前频频受挫,汽车后市场未来仍有很大程度的可塑性。后市场价值链各类企业都需要重新审视自身战略寻求破局,在未来竞争中获得优势地位,充分分享汽车后市场的高速增长。

第四章 典型汽车服务介绍

汽车服务按服务内容分为汽车营销服务、汽车保险与理赔服务、汽车鉴定与评估服务、汽车技术服务、汽车美容与装饰服务、汽车金融服务、中国新车电商服务等,本章对其进行简要介绍。

第一节 汽车营销服务

一、汽车营销

1.汽车营销的定义

汽车营销是指汽车相关企业或个人通过调查和预测顾客需求,把满足其需求的商品流和服务流从制造商引向顾客,从而实现其目标的过程。具体含义如下:

(1)汽车营销始于顾客的需要。汽车营销首先通过调查和预测顾客的需要,然后针对顾客的需要,决定采用何种产品和服务,来解决顾客需求。

(2)汽车营销的目的在于通过销售和服务与目标顾客建立关系。一次交易只是构建与顾客长久交易的一部分,企业或个人通过售前、售中、售后服务为顾客提供满意的服务,在完成销售的同时,建立较持久的顾客关系,获得顾客忠诚。

(3)汽车产品包括实质产品和服务产品两部分,服务伴随着产品的始终。

2.汽车营销服务的主要工作内容

根据汽车营销运作过程的不同,汽车营销服务通常包括:汽车市场调查、汽车市场分析、汽车营销技巧、汽车营销策划、汽车顾客服务五方面的工作内容。

1)汽车市场调查

在市场经济环境下,市场竞争无处不在,要发现市场、占有市场、开辟市场,制定有效的营销策略,使企业立于不败之地,源于企业对市场信息的准确了解和把握。因此,掌握汽车市场调查的方法,以获得准确的信息,是每一位汽车营销人员不可或缺的基本技能之一。

汽车市场调查通常涉及汽车市场环境调查、企业竞争者调查、汽车目标消费者情况调查、汽车营销企业营销组合调查和汽车售后服务水平调查五个方面。

汽车市场调查的资料来源主要有两种途径:通过实际市场调查,对企业及顾客进行询问调查得到的信息资料,即第一手资料;通过收集一些公开的出版物,如报纸、杂志、电视、网络等,或行业内部信息,而获得的资料,即第二手资料,这些资料有助于了解整个市场的宏观信息。

汽车市场调查的方法按照获取资料的方式可分为间接调查和直接调查两种方式。间接调查包括外部资料来源和内部资料来源。直接调查有访谈法、实验法、观察法等方式。

市场调查的进程,分为市场调查准备阶段、调查实施阶段、调查结果分析阶段共3个阶段,12个步骤。

市场调查准备阶段包括:确定目标与假设问题,确定组织结构,确定调查范围,选择调研方法,制订调研计划,进行调研预算。调查实施阶段包括:选择和安排工作进度日程,资料收集(文案资料、实地调查资料),监督与考察。调查结果分析阶段包括:处理资料、数据分析、完成市场调查报告。

2)汽车市场分析

营销不是单纯的商品交易,它受到市场环境中各个因素的影响。通过对市场环境要素的分析,可以发现市场机会,洞悉消费者的购买动机,扬长避短,从而实现营销目标。

汽车市场分析包括汽车市场环境分析、汽车消费者购买行为分析、汽车行业竞争者分析和汽车产品分析等工作内容。

(1)汽车市场环境分析。汽车是一种高技术性质的消费品,与经营环境的依存关系尤为紧密,各种因素都会对汽车产业的发展产生影响。作为汽车企业营销人员,对营销环境的认识主要从营销包含哪些内容和如何维护企业的经营生态环境两方面考虑。

汽车营销中对社会环境主要考虑宏观和微观两方面的因素,宏观方面主要考虑经济环境、政治环境和自然环境,微观方面主要考虑竞争对手、公众、渠道成员和消费者。

(2)汽车消费者购买行为分析。单凭个人天赋和经验来判断目标顾客的真实需求,会导致很多目标顾客流失。在竞争环境下,营销人员通过熟悉消费者的购买决策过程,了解顾客的欲望、喜好,分析顾客的购买动机,才能有效地与顾客沟通,满足顾客的需求。掌握对潜在顾客真实需求的准确判断能力,将大大提高成交率,从而使营销人员的业务能力得到有效增强。

消费者购买行为是指消费者为满足自身生活消费需要,在一定的购买动机驱使下,所进行的购买消费品或消费服务的活动过程。消费者的需求是所有营销活动的起点,要开展以顾客为中心的销售,就要分析顾客的购买动机,了解顾客的欲望、喜好与购买行为,以便有效地与顾客沟通,满足顾客的需求。

影响消费者购买行为的因素有很多,且错综复杂,涉及文化、社会、个人和心理等多个方面,共同作用、影响消费者的购买行为。

(3)汽车行业竞争者分析。任何企业要赢得发展,首先要清楚自己在本行业竞争环境中所处的位置,才能结合企业的发展目标、资源优势和生存环境,制定出适合企业发展的竞争战略。

汽车销售企业必须经常将自己的产品、价格、分销渠道、促销策略与竞争对手进行比较。这样,汽车销售企业才能确定竞争者的优势和劣势,从而使企业能够发动更为准确的进攻,以及在受到竞争者攻击时能及时作出较强的防卫。汽车行业竞争者分析具体内容主要有:识别企业的竞争者,识别竞争者的战略,判定竞争者的目标,评估竞争者的优势和劣势,评估竞争者的反应模式,选择竞争者以便进攻和回避。

(4)汽车产品分析。汽车产品的营销与其他产品最大的不同,就是消费者获得这个产品的交换成本高,甚至是巨额的投入。因此,除了提供消费者一个可视的实物外,还必须给消费者提供一个无形的保障,即汽车产品使用期间的良好服务。此时,汽车营销过程中交易行为的目的物已经不再是单纯的汽车产品,而是构成消费者汽车消费行为的一系列有形与无形的价值再现。汽车营销人员只有对汽车产品、品牌、服务、价格之间的关系有一个正确的理解,才能较好地将汽车产品的利益传达给消费者,实现汽车营销的目标。

汽车产品分析的要点是:汽车产品的特征、汽车产品的生命周期、汽车品牌、汽车价格构成、汽车定价方法和汽车定价策略等内容。

3) 汽车营销策划

在汽车营销活动中,为达到预定的市场营销目标,运用系统的、科学的、理论联系实际的方法,对企业生存和发展的宏观经济环境和微观市场环境进行分析,寻找企业与目标市场顾客群的利益共性,以消费者满意为目标,重新组合和优化配置企业所拥有的和可开发利用的各种人、财、物资源和市场资源,对整体汽车营销活动或某一局部的汽车营销活动进行分析、判断、推理、预测、构思、设计和制订汽车市场营销方案的行为,称为汽车市场营销策划。

汽车营销策划的方法通常采用寻求第一、概念先行、借势造势、宁简勿繁、集中力量、正合奇胜、软硬兼施和策略整合等多种方法。

汽车营销策划的基本内容包括汽车企业形象策划、汽车产品策划、汽车价格策划、汽车促销策划和汽车分销渠道策划等。

汽车营销策划是一项艰巨的工作,策划成功的前提条件是对自身能力与竞争对手能力的客观认识,任何认识上的偏差和缺失,均会造成竞争能力的不足甚至失去成长的机会。此时常会运用 SWOT 分析法。

SWOT 分析法是评价和分析汽车企业各产品竞争能力和内外营销环境的重要方法,其中 S 表示优势(Strengths),W 表示劣势(Weaknesses),O 表示机会(Opportunities),T 则表示威胁(Threats)。SWOT 分析法的作用可以概括为"扬长避短、趋利避害",具体表现在:

(1) 能够揭示汽车企业的优势与劣势,在汽车营销活动中做到"扬长避短",有助于汽车企业做到"以己之长,攻敌之短",充分发挥企业的优势与长处。

(2) 能够明确面临的机会与威胁,使汽车企业在营销活动中"趋利避害",及时抓住汽车市场营销环境中的机遇,避开对企业有威胁的因素。

(3) 能够让汽车企业把握住要重点推动的业务,充分认识到应放弃的业务,丢掉包袱开展好"黄金业务"。对于既处于劣势,又充满威胁的业务,企业应果断放弃,以免影响其长远发展,从而加速推动企业的发展。

4) 汽车顾客服务

市场营销已由传统的生产导向、产品导向、销售导向过渡到以服务为导向的营销模式。市场营销的核心理念是以顾客的需求为中心,对顾客进行全面的服务和关怀,使顾客完全满意,成为企业的忠诚顾客。这种经营理念就要求汽车营销人员把顾客忠诚度管理提升到一个新的高度,不仅要重视顾客的开发工作,而且要重视顾客的管理工作,彻底改变过去那种重开拓、轻管理的工作方式。

顾客导向的市场营销管理就是要提供良好的顾客服务,使顾客满意,维系顾客的忠诚度。在实际工作当中,顾客满意在很多情况下只代表顾客对产品和服务的一种认可态度,但不一定会转化为购买行为。顾客的忠诚度是指顾客经过长期沉淀而形成的情感诉求,它是顾客在历次交易活动中状态的积累。

二、汽车销售服务模式

汽车消费者希望在适当的时间和地点购买到其所需的汽车产品;汽车生产者希望其所

生产的产品能迅速、顺利地转移到消费者手中,实现汽车产品的价值和使用价值,促进生产的发展。因此,销售模式的多样化符合当前汽车市场发展阶段的特点,符合汽车消费群体的不同需求,适应不同区域市场差异的要求。主要汽车营销模式有4种,即多品牌的普通经销商、连锁品牌专卖、汽车交易市场、汽车电商销售等。

1. 普通经销商销售模式

(1) 不限定区域。普通经销商是指从事货物交易中,取得商品所有权的中间商。它属于"买断经营"性质,具体形式可能是批发商,也可能是零售商。经销商最明显的特征是将商品买进以后再卖出,由于拥有商品所有权,经销商往往制定自己的营销策略,自行确定销售区域,以期获得更大的效益。

(2) 经销商认定条件相对宽松。汽车经销商的一般条件有:属于合法注册的企业法人,注册资金不低于一定数额(具体要求与其经营的汽车品种有关),具有拟分销车型的经营资格,有固定的或属于自己的经营场所,有一定的自由流动资金,在当地有较好的银行资信和一定的融资能力。

(3) 多品牌经营。普通经销商通常是根据市场需求经营多个品牌的产品,汽车制造企业没有对其进行培训和规范的义务。因此,汽车制造商对普通经销商也没有额外的限制,其收益主要来自商品买卖之间的差价。

在普通经销商的销售模式中,经销商承担的主要义务是分销,即制造商通过经销商将产品销售给消费者。多品牌销售使人员素质难以控制,普通经销商的销售模式不是目前市场交易的主流模式。但随着多种资本进入汽车市场,一批私营或股份制销售商家正在迅速崛起,有的甚至被多个汽车厂家同时看好,成为专业化、多品牌的特许专营商。

2. 连锁品牌专卖销售模式(4S店)

连锁品牌专卖是汽车制造商与经销商签订合同,授权汽车经销商在一定区域内从事指定品牌的营销。多数品牌专卖是以汽车厂家的连锁式品牌专项经营为主体,以整车销售(Sale)、配件供应(Spare part)、维修服务(Service)和信息反馈(Survey)"四位一体"为特色的综合性汽车营销模式,称为"4S店"。目前它已成为我国汽车销售的主要模式,连锁品牌专卖区别于其他销售模式的特点如下。

1) 要求统一规范、统一标识、限定价格,限定区域

连锁品牌专卖店统一的店面形象和舒适的购车环境,给人强烈的视觉冲击,能有力地提升并树立汽车生产企业良好的品牌形象。如一汽丰田、北京现代、广州雅阁等品牌专卖店,均已实施从外观形象到内部布局、从硬件投入到软件管理,售前、售中和售后等一系列服务程序,都有统一规范、统一标识、统一管理,并对内部人员实施严格的统一培训。

为了减少流通环节,增加汽车市场的透明度,汽车生产企业对同一品牌汽车在不同地区销售实行统一限定的最低零售价,配件价格也由生产企业实行全国统一限价,其中主要部件自给。这既保证了配件质量,又降低了成本。

为了统一销售政策,生产企业还给经销商划定市场范围,实行区域内以直销为主的终极用户销售,限制跨地区经营。同时建立了完备的信息反馈系统和开户管理系统,使厂商及时跟踪用户使用情况,改进产品设计。

2) 具有排他性

连锁品牌专卖店的排他性主要体现在不得经销其他品牌的产品,而且一个汽车品牌在

某个城市的专卖店数量是有一定限制的。由于专卖制度具有排他性,使真正有实力的经销商可以借助品牌专卖的方式淘汰许多竞争对手,从中获得稳定的收益,并把主要精力放在发展自己区域内的客户上,用良好的服务稳定用户。这种经销队伍的优胜劣汰,对净化汽车流通市场可以起到积极作用。

3) 具有严格的认定条件

实行连锁品牌专卖后,生产企业在选择经销商的过程中,要对经销商的融资能力、资金周转、财务状况、售车经验、服务水平等多方面进行严格的综合评估和资格认证。同时还要有严格的信息管理运作程序,将每天各专营店的销量、库存、需求及品种等各方面的信息及时反馈、汇总和分析,为新车型的规划、研发和产品的完善提供必要的市场资料和操作依据。

4) 经销政策透明公正

生产企业给予经销商地区垄断的经营地位,保证经销商有合理的利润率,并对品牌专卖的企业确立了同一规模、相同标准的返利政策。合理的毛利率和公平有序的竞争环境避免了销售网络内经销商之间的无序竞争,并形成一致对抗其他品牌的竞争格局。这样既可以使经销商接受限价、限量的规定,又可吸引众多投资。

5) 投入高,利润各不同

一般连锁品牌专卖店投资规模较大,并有较为确定的投资回报期。投资包括土地和地上建筑两部分,按照经销品牌可分为高、中、低三个层次。高端品牌经营面积一般要求在 1 万 m^2 以上,地上建筑投资 3000 万元左右,中端品牌经营面积在 $7000 \sim 8000 m^2$、地上建筑投资 1500 万元左右,低端品牌经营面积一般要求在 $7000 \sim 8000 m^2$、地上建筑投资 1200 万元左右。高端品牌投资回报期基本在 5 年左右,中、低端品牌投资回报期基本在 $3 \sim 5$ 年,特殊热销品牌可在 $1.5 \sim 2$ 年收回投资。

连锁品牌专卖店利润来自三个方面:自身创造利润、投资返利和营销返利。

自身创造利润中整车销售占 20% 左右,维修(配件及精品零售)占 80% 左右。随着经营期的延续,整车销售利润贡献呈下降趋势,维修(配件及精品零售)利润贡献呈上升趋势,维修服务获利是汽车连锁品牌专卖店获利的主要部分。

投资返利是汽车生产厂家按照预先制定的标准,对经销商按照统一模式和标准建立汽车销售展厅等固定资产投资给予的资金返还。

营销返利是汽车生产厂家按照预先制定的标准与经销商签订购销合同,销售企业一个年度内必须完成一个规定的量才能享受利润返点。

品牌专卖模式的优势主要是在于汽车制造厂商与经销商的利益一致、策略互补,减少了中间环节和责任冲突,有利于营销的拓展,而且汽车制造厂实行经销商区域代理,统一服务规范,减少了经销商之间的无序竞争与抬价、压价。特别是连锁品牌专卖能够使各店共享品牌资源,降低宣传成本。由于采取"四位一体"模式,生产、销售、维修服务由汽车制造厂商负责到底,汽车制造厂商对连锁品牌专卖店的专业管理和技术支持,使消费者可在车辆购买、使用方面做到放心、称心。

目前,连锁品牌专卖店业务又向二手车、汽车金融、汽车保险等方向拓展,真正实现了业务的纵向一体化。

3. 汽车交易市场销售模式

汽车交易市场包括普通经销商和位于交易市场内的品牌专营店。在一些大城市,汽车交易市场的成交额占到总成交额的一半左右,汽车交易市场在中国目前销售渠道中的地位十分突出。

汽车交易市场是符合中国国情、民情、商情,具有市场生命力和经营活力的成功营销模式,是在中国传统的汽车流通模式基础上发展建立起来的,是适应我国市场经济初级阶段和中国发展现状的。大型汽车交易市场具有知名度高、综合性客流量大、商家品牌多、便于购车者选择比较、服务功能齐全、交易集中、经销商经营成本低等诸多优势,能满足不同层次消费者的需要,其特点如下。

1) 容量大、品牌齐全

汽车交易市场作为一种已经存在数年的汽车销售模式,因其营业面积大,销售的品牌齐全,市场内部竞争激烈,消费者可以在价格上得到实惠。同时,汽车交易市场在配套设施上相对完善,消费者办理各种手续比较简便,再加上配件等也可以在市场内一次购齐等优点,这种富有中国特色的汽车交易市场将会在一段时间内备受欢迎而存在。

2) 普通经销商和特许经销商同场竞争

汽车交易市场管理者与经营者职责分明,功能清晰,市场管理者主要为经营者服务,为购车者提供服务;另外汽车交易同意特许专卖店的进入,满足不同消费者需求。在市场内,独立经销商和分散的个性化销售也开始占有一定的份额,私人、私营、股份制的商家迅速崛起,还有部分有实力的企业集团,如果被多个汽车厂家看好并授予特许专营权,就可拥有多个品牌的经销权,而汽车交易市场即为普通经销商和特许经销商同场竞争提供了平台。

3) 实现价值增值链

汽车是一个最终消费品,它具有相当长的价值增值链,如销售、金融服务、上牌照、保险、维修服务、汽车美容养护、置换、培训等。消费者在享受汽车文明的同时,渴望在上述业务中能得到行业便捷、高质量、高水准的服务。在这一点上,有形汽车交易市场具有不可替代的优势。汽车交易市场人流、物流、信息流非常集中,能提供全方位的服务,消费者进入市场,与汽车有关的物品和服务应有尽有,不仅购车可以货比三家,按揭、置换、装潢、美容、保险、维修等服务也都可以比较,有的汽车城还设有上牌代理点。

目前越来越多的汽车有形市场如同雨后春笋般出现,已成为我国汽车销售的主流模式,如北京的亚运村汽车交易市场、北方汽车交易市场、天津空港汽车园、上海国际汽车城、厦门国际汽车城、山东匡山汽车大世界、临沂远通汽车大世界等一大批大型汽车市场纷纷成立。

4. 汽车电商销售模式

随着汽车购买群体的年轻化、移动互联网及5G技术的普遍运用,"互联网+"时代背景下,汽车行业营销模式也要及时转变,汽车电商应运而生。

汽车电商利用其在价格、信息获取、资源聚合及管理上的优势,带来更高效透明的售车模式,解决了传统经销商行业进入门槛高、信息不对称、缺乏灵活性、经营范围窄等问题。

新车电商参与者众多,不同属性平台切入市场展开激烈竞争。根据平台属性分类,新车电商主要类型有:资讯媒体型、厂商自建型、垂直型、经销商自建型、团购特卖型、综合型、车源型及线下门店型。中国新车电商根据平台交易属于导流类,仍处于"营销、导购、交易"的阶段,未达到常态化电商阶段。

三、汽车营销服务的未来

据某市场监测数据显示,汽车垂直网站作为发展较为成熟的汽车媒体,在汽车信息深度和广度方面深耕细作,积累了大量汽车用户,成为新车用户获取汽车信息的主要窗口,超过半数的新车用户通过汽车垂直网站获取信息;其次为近年来崛起的新车电商平台,近50%的新车用户通过此途径获取信息。因此,汽车营销已经跟随时代发生了根本变化,预示将来的发展趋势将是数字化、精准化、体验化、创新化、内容化、多样化。

1. 数字化转型

汽车销量增长与利润的瓶颈、持续颠覆的新技术、不断涌现的跨界竞争、不断提升的客户预期等,使商业环境急剧变化,车企面临着不同以往的挑战。加快企业数字化变革的步伐,是保持竞争力的根本,而丧失竞争力的最大威胁也是数字化转型失败,持续的"数字化变革"成为传统车企必然之路。

数字化转型势必是条难走的路,需要大胆实践、不断试错和改进。不成熟的企业往往只将数字化转型专注于单独的技术和运营战略上,将数字技术想象成数字化转型的关键。而较成熟的企业,以及全球主流数字化转型咨询专家与机构一致的认同是:"专注于客户的努力"才是数字化转型的关键,即充分发挥"客户势能"。

2. 精准化——大数据赋能汽车营销

随着数据分析能力的提高,预测分析正演化为一种有力的工具,可以大大提升预测效率以及运营效果。大数据在汽车行业的运用,集中体现在汽车生产制造、销售和售后服务三个领域,大数据营销的本质是影响目标消费者购买前的心理路径。

汽车制造商可以从大量的客户数据中发现,特定客户群对哪些产品或服务感兴趣,进而提供个性化和量身定制的方案,提高销量。但挑战在于,汽车制造商能否运用这些海量的知识和经验数据,同时做好数据监测、把控信息安全问题。

汽车营销人员的角色正在演变。大数据的落地应用,将继续从根本上推进汽车营销人员角色的演变,逐渐向零售、电信和银行业的营销人员靠拢。营销人员在考虑通过数据分析加强营销策略时,可以扮演四个主要角色:客户体验的拥护者、成长和创新管理员、营销设计师及高效营销运营与投资的推动者。

3. 体验化——搭建私域流量池

建立自身流量池,就像挖池塘,需要不断向池塘提供养料,甚至要不断加深池塘,实现自动聚水等功能,来让池塘的鱼实现自我成长的过程。而4S店要建的流量池,就是以客户为核心的流量池,让客户聚集到流量池,经过培养、裂变等方式,产生更多的客户。

4S店搭建自身流量池的优势主要体现在:稳定客流量,降低营销成本,有限资源精准服务,帮助企业明确定位。

4. 创新化——MarTech颠覆传统营销

MarTech是营销和技术的结合,简而言之,它是营销人员用于接触潜在或当前客户的任何技术。

新技术驱动传播生态发生改变。数字营销今天成了营销人员必须掌握的技能,数字技术融合更多元的传播界面,让原有的营销生态发生变革,数字化体验、数字化内容、智能化技术成为推动营销手段进步的重要动力。

MarTech可以帮助汽车品牌设计和打造个性化的客户体验,从而提升转化率。MarTech主要作用在于内容吸关注、媒体做连接、活动造场景、数据找客户、技术搭平台。

消费者的购车体验是由多个接触点链接的。车企的营销核心是围绕着销售线索展开的,从销售线索的获取到销售线索的管理,乃至最终形成销售转化,如果使用了 MarTech,那么对于销售线索的管理效率会更高,尤其在超过千个的销售线索时,同时使用 MarTech 通过系统化智能化的数据处理会更精准地提炼优质潜在客户,提升销售转化率。

同时,MarTech 可以帮助营销人员深入地洞察客户,从而做到精准营销,提升营销行动有效性。从大多数企业最容易做的微信平台来看,随着用户粉丝量的增加,车企需要 MarTech 去进行一些粉丝的身份认证和行为收集。从而了解企业的粉丝是谁,他们在哪里,他们对什么产品和服务感兴趣。然后有了基本的用户洞察,企业可以策划更好的内容和活动,从而服务用户转化用户。MarTech 的应用本质和实效就是帮助企业优化营销费用、创造销售收入、赢得更多利润。它可以让企业在市场竞争中更快、更准、更强。

从消费者的购车决策出发,汽车营销场景混杂包括产生兴趣、浏览、评估、筛选、试驾、购买等多种状态,而汽车新零售也要对汽车人群的整个决策链路随时掌握,把握每一个具体的营销时刻,数字化技术则成为汽车新零售场景重构的基础。在营销方面它可以帮助汽车品牌根据场景作出每次曝光和转化,同时还可以基于大数据对人群进行洞察,进而对于品牌定位和策略支持,通过数据打通并连接线上与线下每一个购车决策场景,为消费者提供更为极致的个性化服务体验。

可以说数字化技术提高了汽车新零售的连接效率和体验效率,通过强化场景的能力,实现更开放、更多元、品类更丰富的高效配置。

5. 内容化——短视频助力汽车营销

一方面,信息流、短视频等新广告形式的出现,让传播更加精准和细分;其次,自媒体力量的强大,让传播路径极大缩短,更多传播节点的出现,让传播去中心化。

发展最火的短视频平台当数抖音,它以更具互动性、更原生、更即时的内容形式,改变了人们获取信息的方式,在 AI(人工智能)技术分发的加持下,为营销创建了更具实效性的模式。

QuestMobile Growth 数据显示,2018 年购车人群短视频渗透率同比增长 85%,车主人群短视频渗透率同比增长 159%。由此可见,短视频对汽车人群的渗透比例不断扩张,是汽车人群偏好的重要媒介大类之一。而抖音汽车兴趣人群中,24~40 岁人群占比达到 71.28%,与汽车主力消费人群高度契合。

没有场景,营销就是无根之木。抖音从流量、口碑、数据、粉丝经营到效果转化全面升级,为汽车行业建立了一个开放共享的营销场景,即超级品牌馆。

这个品牌馆不是简单地落地网页或者官网,而是将抖音的全域流量与到品牌馆的每个路径都打通,口碑、数据和粉丝都会在品牌馆做个性化的组合,产品信息以及 UGC(用户原创内容)、PGC(专业生产内容)在这个平台上做聚合,包括询价、预约、试驾等功能,引导用户更好地向品牌转化。缩短消费路径的同时,还为汽车品牌实现流量精细化运营。

6. 多样化

1)情感营销

汽车作为出行工具,不同的消费者对其寄予的期待不同,使用场景不同。如今,中国人的汽车消费心理需求从曾经的身份象征、他人认同,逐渐变成了生活伙伴、自我个性的表达。因此,汽车品牌要建立人们的情感认同,需要从理性诉求的产品营销上升到感性诉求的情感营销。

从最初宝马、雷克萨斯等品牌,在豪华车市场开创的体验式情感营销,如今这种营销模式下沉到中级车市场。在产品竞争越来越激烈、产品同质化越来越强的今天,汽车企业都在积极寻找自己的差异化定位,培养自己的客户人群,寻找他们的共同点,去做跨界营销和体验活动,以维持客户的黏性并吸引具有相同属性的潜在客户。

2) 娱乐营销

近些年,与时尚结合、与娱乐"联姻"等新的营销模式,逐步被一些汽车企业所采用。无论是拍电影还是请明星代言,汽车行业的这种娱乐营销是符合时代发展潮流的。现在汽车行业竞争日趋激烈,这就要求汽车企业借力电影、明星的影响力来扩大品牌的影响力。

总之,在互联网+、智能化、大数据化的时代,在汽车受众大数据计算机辅助分析(CAA)的基础之上,大数据驱动的营销应用得以实现。在用户的认知沟通阶段,覆盖门户、垂直媒体等全渠道,实现流量导入品牌和区域经销商自有媒体渠道;在用户考虑转化阶段,实现线索管理和销售跟进;在用户购买阶段,实现购买行为的客户管理系统(CRM)记录,为再营销提供基础;在再营销阶段,依据用户需求,进行新车营销和服务营销。

第二节 汽车保险与理赔服务

据公安部统计,截至2020年6月,全国机动车保有量达3.6亿辆,其中汽车2.7亿辆;机动车驾驶员4.4亿人,其中汽车驾驶员4亿人。另外,中国2019年车祸发生次数为200114次,车祸死亡人数52388人。而汽车保险(简称车险)是对于机动车交通事故最大的保障。

对于保险公司来讲,车险占据了他们一半以上的保费份额。公开资料显示,商业车险占据车险近74%份额,而车险贡献产险公司60%以上保费份额。

汽车保险与理赔服务包括汽车保险服务和事故理赔服务。

一、汽车保险基础知识

1. 保险概念与术语

可从不同角度对保险概念进行阐述,见表4-1。

表4-1 保 险 的 概 念

角　　度	保险概念
经济学角度	保险是通过收取保险费建立保险基金,然后对个别客户出现的意外事故损失进行赔偿,所以保险是分摊意外事故损失的财务安排,这体现了保险"一人为众,众人为一"的保险互助精神
法律角度	保险是保险人同意补偿被保险人损失的一种合同安排,也就是说,被保险人的经济损失无论多少,保险人都必须按保险合同规定给予赔偿,这体现了保险合同的严肃性和其所具有法律效力的不容忽视性
社会角度	保险是稳定社会生产和社会生活的一种事物,具有积极的作用
风险管理角度	保险是一种分散风险、消化损失的非常有效的风险管理方法。每个企业所面临的风险种类众多,同时可采用的风险管理方法也非常丰富,而保险能够把企业不确定的巨额灾害损失化为固定的少量保险费支出,并摊入企业的生产成本或流通成本,因此,保险是众多风险管理方法中非常有效的风险管理方法之一

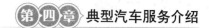

续上表

角　度	保险概念
保险法规定	《中华人民共和国保险法》(简称《保险法》)第二条规定:保险是指投保人根据合同约定,向保险人支付保险费,保险人对于合同约定的可能发生的事故因其发生所造成的财产损失承担赔偿保险金责任,或者当被保险人死亡、伤残、疾病或者达到合同约定的年龄、期限时承担给付保险金责任的商业保险行为。 《保险法》将保险分为财产保险和人身保险两类。同时,《保险法》规定同一保险公司不得同时经营财产保险业务和人身保险业务

保险的术语见表4-2。

保险的术语　　　表4-2

名词术语	含　义
保险人	保险人是指与投保人订立保险合同,并按照合同约定承担赔偿或者给付保险金责任的保险公司。 保险人与投保人订立保险合同时,享有收取保险费的权利,在保险合同约定的事故或事件发生后,必须承担赔偿保险金的义务和责任。各国法律通常规定保险人必须是法人,在我国它必须是依照《保险法》设立的保险公司以及法律、行政法规规定的其他保险组织,其他单位和个人不得经营保险业务
投保人	投保人是指与保险人订立保险合同,并按照合同约定负有支付保险费义务的人。 投保人不管是自然人还是法人,都必须具备民事权利能力和民事行为能力。民事权利能力是指民事主体依法享有民事权利和承担民事义务的资格;民事行为能力是指民事主体能够通过自己的行为依法行使权利和承担义务的资格。同时,投保人对保险标的必须具有保险利益,否则,保险合同无效
被保险人	被保险人是指其财产或者人身受保险合同保障,享有保险金请求权的人。投保人可以为被保险人。可见,被保险人是在保险事件发生时,实际受损的人。 被保险人与投保人的关系有两种情况:一是投保人为自己的利益而签订的保险合同,此时投保人即为被保险人;另一种是投保人为他人的利益而签订的保险合同,此时投保人和被保险人为两个不同的人
受益人	受益人是指人身保险合同中由被保险人或者投保人指定的享有保险金请求权的人。 人身保险的受益人由被保险人或者投保人指定。投保人指定受益人时须经被保险人同意。被保险人或者投保人可以指定一人或者数人为受益人。受益人为数人的,被保险人或者投保人可以确定受益顺序和受益份额;未确定受益份额的,受益人按照相等份额享有受益权。 被保险人或者投保人可以变更受益人并书面通知保险人。投保人变更受益人时须经被保险人同意
保险合同	保险合同是投保人与保险人约定保险权利义务关系的协议。汽车保险的保险合同由保险条款、投保单、保险单、批单和特别约定共同组成
保险标的	保险标的是保险保障的目标和实体,是保险合同双方当事人权利和义务所指向的对象
保险金额	保险金额是指保险人承担赔偿或者给付保险金责任的最高限额。 保险金额对被保险人来说有三项意义:它是交费的依据,它是获得保险赔偿的最高额,它是获取预支的合理费用补偿的最高额
保险费	保险费是投保人为转嫁风险支付给保险人的与保险责任相对应的价金
保险密度	保险密度是指人均保费收入,这是衡量一个国家保险业发达程度的重要指标。人均保险费收入越高,说明一国保险业相对越发达

续上表

名词术语	含义
保险深度	保险深度是指保费收入占国内生产总值(GDP)的百分比,这是衡量一国保险业发达程度的又一重要指标。保险费收入占国内生产总值的比例越大,说明一国保险业相对越发达
保险中介	保险中介是指专门从事保险销售或保险理赔、业务咨询、风险管理活动安排、价值评估、损失鉴定等经营活动,并依法收取佣金或手续费的组织或个人。 保险中介的主体形式多样,主要包括保险代理人、保险经纪人和保险公估人。这三类保险中介由于具有专业化、职业化、技术强、服务好的特点,适应了保险业结构调整和保险市场化发展的需要,所以近几年发展速度非常快
保险代理人	保险代理人是根据保险人的委托,向保险人收取代理手续费,并在保险人授权的范围内代为办理保险业务的单位或者个人。 保险代理人可以分为三类:专业代理人,兼业代理人和个人代理人。 专业代理人是指从事保险代理业务的保险代理公司。在保险代理人中,它是唯一具有独立法人资格的保险代理人。 兼业代理人是指受保险人委托,在从事自身业务的同时,指定专人为保险人代办保险业务的单位。 个人代理人是指根据保险人委托,向保险人收取代理手续费,并在保险人授权范围办理保险业务的个人
保险经纪人	保险经纪人是基于投保人的利益,为投保人与保险人订立保险合同提供中介服务,并依法收取佣金的单位
保险公估人	保险公估人是指为保险合同中的保险人或被保险人办理保险标的的查勘、鉴定、估损、赔款理算并予以证明的受委托人。被保险人和保险人都有权委托保险公估人办理相关事宜。 由于保险公估人通常是由具有专业知识和技术的专家担任的,且处于第三者的地位,与保险合同当事人双方以及保险标的的均无经济利害关系,因此,保险公估人能保持公平独立、公正的立场,出具客观公正的公估报告,有利于解决保险争议

2. 汽车保险含义与发展

汽车保险以汽车为保险标的,其保障范围包括汽车本身因自然灾害或意外事故导致的损失,以及汽车所有人或其允许的合格驾驶员因使用汽车发生意外事故所负的赔偿责任。

汽车保险既属于财产损失保险范畴又属于责任保险范畴,是综合性保险。

汽车保险是伴随着汽车的出现而产生的,在财产保险领域中属于一个相对年轻的险种。汽车保险的发展过程是先出现汽车责任保险,后出现车辆损失保险。汽车责任保险是先实行自愿方式,后实行强制方式。车辆损失保险一般是先负责保障碰撞危险,后扩大到非碰撞危险,如盗窃、火灾等。

2004年5月1日实施的《中华人民共和国道路交通安全法》在法律上明确了我国实施强制汽车责任保险,该法第十七条规定,国家实行机动车第三者责任强制保险制度,设立道路交通事故社会救助基金。

2006年7月1日起施行的《机动车交通事故责任强制保险条例》标志着我国正式施行了机动车交通事故责任强制保险。

2020年9月2日,中国银行保险监督委员会研究制定了《关于实施车险综合改革的指导意见》,2020年9月19日起开始施行。

二、汽车保险产品

当前我国汽车保险险种分为：机动车交通事故责任强制保险（简称交强险）和商业汽车保险（简称商业险）两类。交强险是中国首个由国家法律规定实行的强制保险制度，车辆上路前必须缴纳；商业险则又可细分为主险、附加险，其中主险包含第三者责任险（以下简称"三者险"）、车损险等主要几项。保险公司主要依靠商业险获得利润。

交强险必须投保。《中华人民共和国道路交通安全法》《机动车交通事故责任强制保险条例》等法律法规规定机动车所有人、管理人必须投保交强险，否则公安机关交通管理部门将扣留在道路上行驶的机动车，并通知机动车所有人、管理人依照规定投保，同时处依照规定投保最低责任限额应缴纳保费的2倍罚款。因此交强险作为车辆在道路行驶的必备条件，是必须购买的险种，这也是客户遵守法律法规的良好表现。

交强险只是对第三者损害的基本保障，对车辆损失、车上人员受伤等不予保障，即使对第三者的赔偿，许多情况下交强险也不能完全补偿。

商业汽车保险应量力而行。商业险险种很多，不同的险种对应不同的保险范围，投保险种越多，保障越全面，但需交纳保费越多，所以客户为获得保险的充足保障，对商业险应根据自身风险状况和经济实力综合考虑后选择购买。

当前我国汽车保险险种框架见表4-3。

当前我国汽车保险险种框架　　　　　　　　　　　　　　表4-3

序号	险种名称	险种分类	特　点
1	交强险	—	强制购买，险种单一，无选择余地
2	商业险种	第三者责任险	自愿选择
		车辆损失险（包括车辆损失险、盗抢损失险、自燃损失险、发动机涉水损失险、玻璃破碎险、无法找到第三方险、不计免赔险、指定修理厂险）	捆绑销售

我国的交强险和商业汽车保险采用分离实施方式，即交强险必须购买，商业险自愿。

1. 交强险

在中华人民共和国境内（不含香港、澳门特别行政区和台湾地区），被保险人在使用被保险机动车过程中发生交通事故，致使受害人遭受人身伤亡或者财产损失，依法应当由被保险人承担损害赔偿责任，保险人按照交强险合同的约定对每次事故在相应赔偿限额内负责赔偿。

目前我国交强险总赔偿限额为20万元，又分为若干分项限额，具体见表4-4。

交强险赔偿限额　　　　　　　表4-4

赔偿限额名称		额度（元）
总赔偿限额		200000
有责任时	死亡伤残赔偿限额	180000
	医疗费用赔偿限额	18000
	财产损失赔偿限额	2000
无责任时	死亡伤残赔偿限额	18000
	医疗费用赔偿限额	1800
	财产损失赔偿限额	100

死亡伤残赔偿限额和无责任死亡伤残赔偿限额项下,交强险负责赔偿丧葬费、死亡补偿费、受害人亲属办理丧葬事宜支出的交通费用、残疾赔偿金、残疾辅助器具费、护理费、康复费、交通费、被扶养人生活费、住宿费、误工费,被保险人依照法院判决或者调解承担的精神损害抚慰金。

医疗费用赔偿限额和无责任医疗费用赔偿限额项下,交强险负责赔偿医药费、诊疗费、住院费、住院伙食补助费、必要的、合理的后续治疗费、整容费、营养费。

依据商业车险改革的标准来看,针对 A 区、B 区、C 区、D 区和 E 区等地,以最近一年、二年、三年,发生 0 起交通事故的话,交强险的保费优惠分别是 -10% ~ -50% 不等,见表 4-5。

不同地区交强险的保费优惠　　表 4-5

有责道路交通事故	适用地区	最近一年0 起交通事故	最近两年0 起交通事故	最近三年0 起交通事故
A 区	青海、海南、西藏、内蒙古	-30%	-40%	-50%
B 区	山西、云南、广西	-25%	-35%	-45%
C 区	甘肃、吉林、山西、黑龙江、新疆	-20%	-30%	-40%
D 区	北京、天津、河北、宁夏	-15%	-25%	-35%
E 区	江苏、浙江、安徽、上海、湖南、湖北、江西、辽宁、河南、福建、重庆、山东、广东、深圳、厦门、四川、贵州、大连、青岛、宁波	-10%	-20%	-30%

交强险基础费率表中将所有机动车共分为 8 大类 42 小类,每类费率各不相同,如家庭自用汽车 6 座以下保费为 950 元等。

2. 商业险

1) 机动车第三者责任保险

(1) 保险责任。

第三者责任保险责任为:保险期间内,被保险人或其允许的合法驾驶员在使用被保险机动车过程中发生意外事故,致使第三者遭受人身伤亡或财产直接损毁,依法应当由被保险人承担的损害赔偿责任,保险人依照保险合同的约定,对于超过机动车交通事故责任强制保险各分项赔偿限额以上的部分负责赔偿。

(2) 责任限额。

①赔付对方人、财产、车辆损失、住院社保内外用药,每次事故的责任限额,由投保人和保险人在签订本保险合同时按保险监管部门批准的限额档次协商确定。常见的限额档次有:5 万元、10 万元、15 万元、20 万元、30 万元、50 万元、100 万元等,最高赔付 1000 万元。

②主车和挂车连接使用时视为一体,发生保险事故时,由主车保险人和挂车保险人按照保险单上载明的机动车第三者责任保险责任限额的比例,在各自的责任限额内承担赔偿责任。

2) 车辆损失保险(以家庭自用汽车为例)

(1) 保险责任。

保险期间内,被保险人或其允许的合法驾驶员在使用被保险机动车过程中,因自然灾害、意外事故造成被保险机动车直接损失,且不属于免除保险人责任的范围,保险人依照保险合同的约定负责赔偿。

发生保险事故时,被保险人为防止或者减少被保险机动车的损失所支付的必要的、合理的施救费用,由保险人承担,施救费用数额在被保险机动车损失赔偿金额以外另行计算(增加),最高不超过保险金额的数额。

(2)保险金额确定。

保险金额按投保时被保险机动车的实际价值确定。投保时被保险机动车的实际价值由投保人与保险人根据投保时的新车购置价减去折旧金额后的价格协商确定,或其他市场公允价值协商确定。折旧金额可根据本保险合同列明的参考折旧系数表确定。

三、汽车保险购买

汽车保险购买的八个步骤为:选择保险公司,选择保障方案,选择购买渠道,填写投保单,交纳保险费,等待保险公司的审核,领取保险单证,退保、批改与续保。

1. 保险公司的选择

购买车险主要看重车险公司的实力与信用,根据车险的价格、公司的信誉、服务的质量、超值的车险套餐、高效的理赔程序等去选择。国内车险公司有:中国平安车险公司、中国人保车险公司、太平洋车险公司、中华联合车险公司、大地车险公司、天安车险公司、永安车险公司、阳光车险公司、安邦车险公司、安诚车险公司、太平车险公司、都邦车险公司、永诚车险公司、华泰车险公司、渤海车险公司、大众车险公司、天平车险公司、民安车险公司、华安车险公司等。

2. 保障方案的选择

汽车保险包括多个险种,除交强险是强制性险种外,其他的险种都以自愿为原则。车主可以根据自己的经济实力与实际需求,进行投保。以下为5个汽车保险方案可供车主投保选择:

①最低保障方案(交强险);

②基本保障方案(交强险+车辆损失险+第三者责任险);

③经济保障方案(交强险+车辆损失险+第三者责任险+车上人员责任险);

④最佳保障方案(交强险+车辆损失险+第三者责任险+车上人员责任险+车身划痕险);

⑤完全保障方案(交强险+车辆损失险+第三者责任险+车上人员责任险+车身划痕险+新增加设备损失险)

3. 购买渠道的选择

(1)常见投保方式。上门投保,到保险公司营业部门投保,电话投保,网上投保,通过保险代理人投保,通过保险经纪人投保。

(2)电话车险。车险直销方式,车主可直接拨打此电话购买车险,如中国平安车险公司的车险专属产品投保电话为4008000000。该方法省去了中间环节,把保险公司支付给中间人或中间机构的佣金直接让利给车主,使车主在体验便捷投保的同时更享受到比其他渠道更低的价格。

(3)车主App。保险公司自己开发的综合性车主服务App,在上面可以在线报价、一键续保、自助理赔,还可以查询违章情况等,总之将线下转为线上,快捷准确方便。

4. 填写投保单,签订车险合同。投保单是车险合同的组成部分之一,要求投保人必须如实填写。

5. 交纳保险费

保险费的交纳数额应根据保险公司按标准保费进行风险修正和无赔款折扣后计算得出的数额确定。

保险费的交纳方式可以是现金,也可以刷卡交纳,网络转账等。

6. 等待保险公司的审核(核保)

保险人对每笔业务的风险进行辨认、评估、定价,并确认保单条件,以选择优质业务进行承保。

7. 领取保险单证

车辆投保后可领取9项保险单证,分别如下。

交强险:保险单正本、保险单公安交管留存联、条款、发票、保险标志;

商业险:保险单正本、条款、发票、保险证。

目前广泛采用车险电子保单,将传统纸质保险合同以数据电文的形式予以体现,具备同等法律效力的电子合同,具有便捷、高效、加密防伪防篡改、低碳环保等优势。车险电子保单包括:交强险、商业险电子保单、电子交强险标志。投保人可以在保险公司的任意渠道购买,购买后,可随时、随地完成保单信息的查询及下载,瞬间拥有保险保障。

四、在线车险企业

"互联网+保险"助推了在线车险市场的快速发展,目前市场基本形成三大阵营体系:传统保险企业、互联网保险企、第三方保险企业等,其情况见表4-6。

车险三大阵营体系分析　　　　　表4-6

阵营体系	代表企业	发展方向
传统保险企业	平安好车主、太平洋车险等	不断在汽车后市场中进行业务延伸和布局。一方面能够有效提高车险企业的用户黏性和活跃度;另一方面能够有效获取车主用户在汽车生活中的多项数据资源,完善企业内部的汽车大数据资源,提高企业数据服务能力,推出更加定制化的服务项目
互联网保险企业	众安保险、安心保险	通过布局车险进一步扩展业务场景,创新保险产品形态,完善产品矩阵,在探索场景保险的过程中,搭建开放、灵活、可扩展的核心系统,适应互联网海量、高速的业务需求,与此同时,不断开拓、沉淀人工智能、大数据等前沿技术,并深度应用于产品研发,提升用户体验,改善经营效率
第三方保险企业	车车车险、OK车险、典典车险	打破企业壁垒,跨行业合作,打造了更广阔的市场空间。面向合作平台用户一次提供多家保险公司报价,品牌车险一站式服务,双方合作进行用户运营,为代理人提供线上报价、出单、发放佣金服务,支持代理人多级管理,实现佣金T+1结算

第三方车险企业依托传统车险企业的保险产品,而传统车险企业利用第三方车险企业的渠道发展业务,两者之间形成了紧密的联系,互联网车险企业同样与传统保险企业存在着合作关系,所以抱团谋发展是当下车险企业发展的态势。

五、汽车保险理赔

1. 汽车保险理赔含义

汽车保险理赔，是指保险汽车在发生事故后，保险人依据保险合同约定，对被保险人提出的索赔请求进行合理处理的行为。

保险汽车发生事故后，被保险人发生的经济损失有的属于保险风险引起的，而有的则属于非保险风险引起的。即使被保险人的损失是由保险风险引起的，因多种因素和条件的制约，被保险人的实际损失金额也不一定等于保险人的赔偿金额。所以，汽车保险理赔涉及保险合同双方权利与义务的实现，是保险经营中的一项重要内容。

2. 汽车保险理赔流程

根据车险理赔的操作流程，可将理赔工作分为六个步骤，即：受理案件、现场查勘、损失确定、赔款理算、核赔、赔付结案。

1）受理案件

是指保险人接受被保险人的报案，并对相关事项作出安排。受理案件是汽车保险理赔工作的第一步，各保险公司均非常重视，为此，各保险公司均公布了报案受理部门、开通了多种报案方式，并对报案的内容进行详细记录等。

2）现场查勘

是指运用科学的方法和现代技术手段，对保险事故现场进行实地勘察和查验，将事故现场、事故原因等内容完整而准确地记录下来的工作过程。

目前，保险公司采用"车险移动视频查勘系统"和定制的合成式手持设备作为查勘员的手持终端，通过移动3G（4G）网络技术实现事故现场查勘、事故损失核定或事故维修等工作的实时数据传输，帮助保险公司实现对查勘、定损过程的实时管理，有效降低车险经营成本和理赔风险。

3）损失确定

是根据保险合同的规定和现场查勘的实际损失记录，在尊重客观事实的基础上，确定保险责任，然后开展事故定损和赔款计算工作。损失确定包括车辆损失、人身伤亡费用、其他财产损失等。车辆损失主要是确定维修项目的工时费和换件项目的价格，人身伤亡费用按道路交通事故的相关规定进行计算即可，其他财产损失一般按实际损失通过与被害人协商确定。

4）赔款理算

是保险公司按照法律和保险合同的有关规定，根据保险事故的实际情况，核定和计算应向被保险人赔付金额的过程。理算工作决定保险人向被保险人赔偿数额的多少与准确性，因此，保险公司理赔人员应本着认真、负责的态度做好理算工作，确保既维护被保险人的利益，又维护保险公司的利益。业务负责人审核无误后，在赔款计算书上签署意见和日期，然后送交核赔人员。在完成各种核赔和审批手续后，转入赔付结案程序。

5）核赔

是在保险公司授权范围内独立负责理赔质量的人员，按照保险条款及公司内部有关规章制度对赔案进行审核的工作。核赔工作的主要内容包括：核定保险标的出险原因、损失情况，核定保险责任的确定，核定损失，核定赔款计算。

6)赔付结案

是指业务人员根据核赔的审批金额,向被保险人支付赔款、对理赔的单据进行清分并对理赔案卷进行整理的工作,是理赔案件处理的最后一个环节。

六、汽车保险与理赔服务发展方向

1. 丰富商业车险产品

加快保险行业制定新能源车险、驾乘人员意外险、机动车延长保修险示范条款,探索在新能源汽车和具备条件的传统汽车中开发机动车里程保险(UBI)等创新产品。规范增值服务,制定包括代送检、道路救援、代驾服务、安全检测等增值服务的示范条款,为消费者提供更加规范和丰富的车险保障服务。

2. 逐步放开自主定价系数浮动范围

保险行业将"自主渠道系数"和"自主核保系数"整合为"自主定价系数"。第一步将自主定价系数范围确定为[0.65~1.35],第二步适时完全放开自主定价系数的范围。为更好地保护消费者权益,在综合改革实施初期,对新车的"自主定价系数"上限暂时实行更加严格的约束。

3. 优先开发差异化的创新产品

出台支持政策,鼓励中小财险公司优先开发差异化、专业化、特色化的商业车险产品,优先开发网销、电销等渠道的商业车险产品,促进中小财险公司健康发展,健全多层次财险市场体系。

4. 全面推行车险实名缴费制度

保险公司要加强投保人身份验证,做好保单签名、条款解释、免责说明等工作,推进实名缴费,促进信息透明,防止销售误导、垫付保费、代签名等行为,维护消费者合法权益。

5. 积极推广电子保单制度

在保障消费者知情权和选择权的基础上,鼓励财险公司通过电子保单方式,为消费者提供更加便捷的车险承保、理赔等服务。

6. 加强新技术研究应用

支持行业运用生物科技、图像识别、人工智能、大数据等科技手段,提升车险产品、保障、服务等的信息化、数字化、线上化水平。加强对车联网、新能源、自动驾驶等新技术新应用的研究,提升车险运行效率,夯实车险服务基础,优化车险发展环境,促进车险创新发展。

7. 强化中介监管

建立健全车险领域保险机构和中介机构同查同处制度,严厉打击虚构中介业务套取手续费、虚开发票、捆绑销售等违法违规行为。推动保险机构与中介机构完善信息系统对接等建设,规范手续费结算支付,禁止销售人员垫付行为。禁止中介机构违规开展异地车险业务。

8. 防范垄断行为和不正当竞争

鼓励和保护公平竞争,保护车险消费者和经营者的合法权益。禁止为谋取交易机会或者竞争优势进行贿赂、虚假宣传、误导消费者、编造误导性信息等扰乱车险市场秩序的行为。对车辆销售渠道、网络信息平台等滥用市场支配地位破坏公平竞争、损害车险消费者权益的行为,要会同有关部门依法严肃查处。

9. 加快汽车保险方面人才的培养

随着汽车保险业的发展、保险公司及保险中介机构的增多、保险服务内容和质量的提高、汽车保险产业链的形成等,汽车保险业大量需求懂汽车、懂人工智能、懂大数据、懂网络又懂保险的复合型人才,尤其是车险理赔工作,它对复合型人才的需求更是迫切。所以,全国多所高校,尤其是设有交通运输、汽车运用技术、汽车服务工程、汽车检测与维修等专业的院校,都纷纷开设了《汽车保险与理赔》课程,培养汽车保险业需求的专业人才,为从事汽车保险的查勘、定损、核赔、理算等工作打下扎实基础。同时,这对缓解学生就业的压力也是一条有效途径。

第三节　二手车服务

据中国汽车流通协会统计,受疫情的影响,2020年全国二手车累计交易1434.14万辆,同比下降3.90%;交易金额为8888.37亿元,较2019年下降5.0%。但在2020年下半年,二手车交易市场稍显活跃,预计今后,二手车市场交易份额将有不小的回升。从需求端可以感受到我国二手车市场成熟度逐步提升,从过去不敢买到有人愿意买,消费者越来越乐于接受二手车。从供给端看,新车保有量保持大幅增长,不仅给二手车提供了车源,而且购买新车人群中40%以上是通过置换购买。因此二手车供给和需求都比较旺盛。

二手车服务包括二手车鉴定与评估、二手车经销、二手车经纪等。

一、二手车鉴定与评估

1. 二手车定义

二手车是指从办理完注册登记手续至达到国家强制报废标准之前进行交易并转移所有权的汽车(包括三轮汽车、低速载货车)、挂车和摩托车。

2. 二手车鉴定与评估

1)定义

二手车鉴定与评估是指依法设立、具有执业资质的二手车鉴定评估机构和二手车鉴定评估人员,接受国家机关和各类市场主体的委托,按照特定的目的,遵循法定或公允的标准和程序,运用科学的方法,对经济和社会活动中涉及的二手车所进行的技术鉴定,并根据鉴定结果对二手车在鉴定评估基准日的价值进行评定估算的过程。

二手车作为一类资产,既是生产资料,也是消费资料。二手车鉴定评估应以技术鉴定为基础,以单台车为评估对象,要考虑其手续构成的价值。

2)二手车鉴定评估要素

在二手车鉴定评估过程中,涉及了八个基本要素,即鉴定评估主体、鉴定评估客体、鉴定评估依据、鉴定评估目的、鉴定评估原则、鉴定评估程序、鉴定评估价值和鉴定评估方法。

3)二手车鉴定评估的目的

一类为变动二手车产权,是指车辆所有权发生转移的经济行为,它包括二手车的交易、置换、转让、并购、拍卖、投资、抵债和捐赠等。

另一类为不变动二手车产权,是指车辆所有权未发生转移的经济行为,它包括二手车的纳税、保险、抵押、典当、事故车损、司法鉴定(海关罚没、盗抢、财产纠纷等)

4) 二手车鉴定评估的程序

二手车鉴定评估作为一个重要的专业领域,情况复杂、作业量大。在进行二手车鉴定评估时,应分步骤、分阶段地实施相应的工作。从专业评估角度而言,二手车鉴定评估的工作流程如图4-1所示。

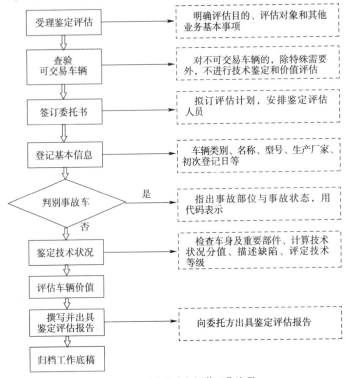

图4-1 二手车鉴定与评估工作流程

5) 二手车技术状况鉴定

二手车技术状况鉴定是二手车鉴定评估的基础与关键。其鉴定方法主要有静态检查、动态检查和仪器检查三种。

(1) 静态检查。二手车静态检查是指在静态情况下,根据评估人员的经验和技能,辅助以简单的量具,对二手车的技术状况进行静态直观检查。

二手车的静态检查主要包括识伪检查和外观检查两大部分。其中识伪检查主要包括鉴别走私车辆、拼装车辆和盗抢车辆等工作;外观检查包括鉴别事故车辆、检查发动机舱、检查车舱、检查行李舱和检查车身底部等内容。二手车静态检查的主要内容如图4-2所示。

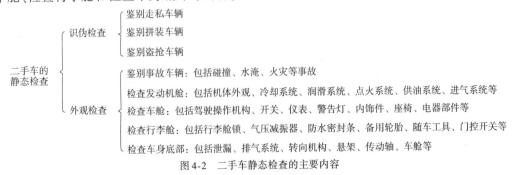

图4-2 二手车静态检查的主要内容

(2)动态检查。在对二手车进行静态检查之后,再进行动态检查,其目的是进一步检查发动机、底盘、电器电子设备的工作状况,以及汽车的使用性能。

在进行路试之前,检查机油油位、冷却液液位、制动液液位、转向油液位、踏板自由行程、转向盘自由行程、轮胎胎压、警告灯等项目,各个项目正常后方可起动发动机,进行路试检查。二手车动态检查的主要内容如图4-3所示。

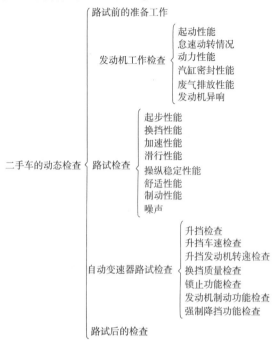

图4-3 二手车动态检查的主要内容

(3)仪器检查。对二手车用仪器进行综合检测,需要检测车辆的动力性、燃料经济性、转向操作性、排放污染、噪声等整车性能指标,以及发动机、底盘、电器电子等各部件的技术状况。

检测汽车性能指标需要的设备有很多,其中主要的有底盘测功机、制动检验台、油耗仪、侧滑试验台、前照灯检测仪、车速表试验台、发动机综合测试仪、示波器、四轮定位仪和车胎平衡仪等设备。

6)二手车评估

我国对于二手车评估还没有一个统一的标准,二手车估价方法主要参照资产评估的方法,按照以下五种方法进行:重置成本法、收益现值法、现行市价法、清算价格法、快速折旧法。

(1)重置成本法。指在现时条件下重新购置一辆全新状态的被评估车辆所需的全部成本,减去该被评估车辆的各种陈旧贬值后的差额作为被评估车辆现时价格的一种评估方法。

(2)收益现值法。是将被评估的车辆在剩余寿命期内预期收益,折现为评估基准日的现值,借此来确定车辆价值的一种评估方法。现值即为车辆的评估值,现值的确定依赖于未来预期收益。

(3)现行市价法。现行市价法是最直接、最简单的一种评估方法,是通过市场价格比较,从而确定被评估车辆价值的一种评估方法。

(4)清算价格法。清算价格一般通过市场售价比较法来估算。

(5)快速折旧法。折旧法是计算固定资产折旧的方法。

二、二手车置换

二手车置换有狭义和广义之分。狭义就是以旧换新业务,经销商通过二手车的收购与新商品的对等销售获取利益。狭义的二手车置换业务在世界各国都已成为流行的销售方式。广义的二手车置换是指在以旧换新业务基础上,同时兼容二手商品整新、跟踪服务、二手车再销售乃至折抵分期付款等项目的一系列业务组合,是一种有机而独立的营销方式。

二手车置换的目的是:通过"以旧换新"来开展二手车贸易,简化更新程序,并使二手车市场和新车市场互相带动,共同发展。客户既可通过支付新车、二手车之间的差价来一次性完成车辆的更新,也可选择通过其原有二手车的再销售来抵扣购买新车的分期付款。

发挥二手车贸易置换功能的关键在于对物流、资金流进行控制与协调,与汽车维修、车辆流通等相关领域以及车辆管理所、客运管理处、工商、税务等政府机关进行横向沟通和纵向疏导。

三、二手车拍卖

二手车拍卖是指二手车拍卖企业以公开拍卖的形式将二手车转让给最高竞价者的经销活动。二手车拍卖是二手车销售的一种有益补充,也是二手车交易体系中一个不可或缺的环节。

二手车拍卖有两种拍卖方式,即现场拍卖和网上拍卖。

二手车拍卖流程为:

客户到店→预订开始检测→检查车辆手续→签订商讨价格→录入系统→公平透明竞价→高价成交→办理过户手续→领取车款。

四、二手车交易

二手车交易是指以二手车为交易对象,在国家规定的二手车交易市场中进行的二手车商品交易和产权变更,同时还包含了客户的寻找、客户的接近、客户的了解、二手车的展示、异议处理、与客户达成交易、售后服务等活动的全过程。随着互联网与大数据应用发展,二手车电商平台二手车交易中发挥着综合作用。

传统的二手车交易主要是通过线下二手车交易市场完成的,其为买卖双方提供二手车鉴定、收购、销售、过户、保险等一系列综合服务,是消费者需买二手车的主要途径。在电商平台出现后,打破了传统线下交易的地域限制,加上二手车限迁政策的松绑,极大地丰富了消费者的选择范围。一方面因为年轻群体习惯于网上购物,另一方面,因为二手车电商一定程度解决了传统线下信息不对称的特点,使交易更加透明,消费者更加放心。二手车电商经过多年摸索,主要有 B2B、B2C、C2B 和 C2C 四种模式,而不同模式面向的客群也不同。

(1)B2B 模式:该模式是发展最早的模式,如优信拍和车易拍。主要为二手车经销商提供交易平台,使其可以通过拍卖方式,让车源在二手车商之间快速流转,中小经销商可以更合理的价格批量获取二手车,解决车源不足的问题。

(2) B2C 模式：是目前二手车零售主要模式，该模式是指二手车商（B 端）向消费者（C 端）进行销售的平台。B2C 主要有两种形式：一种是平台聚合了众多二手车经销商，平台负责对经销商发布的二手车进行评估、定价和担保交易，消费者购买车辆后，平台通过物流或线下门店实现车辆交付，平台主要是提供交易的支持环节；另一种是平台自营模式，通过各种渠道批发来二手车辆，检测评估后通过网络平台销售，并通过线下门店交付，平台是各方的实际交易对手。

(3) C2B 模式：这种模式主要连接的是个人车主和全国二手车经销商，车主通过平台发布卖车信息，平台提供检测服务后向全国经销商推送车源信息，通过拍卖形式完成交易。对于卖方而言，拍卖的方式可以获得较高的成交价格，而对于经销商而言，则可以实现市场零散车源的聚拢。

(4) C2C 模式：这种模式是纯粹的个人和个人之间的交易，个人卖家通过 58 同城或者赶集网这类信息分类平台，发布卖车信息，买家通过检索和筛选后与卖家联系，私下完成车辆的交易，平台只是起到了信息中介的作用。

(5) C+B+C 模式：平台连接卖车人和买车人，通过提供对称信息、减少中间环节，使卖方客户获得理想的卖车价格，买方以更低的价格买到合适的车辆，同时平台提供检测、带看、担保交易和售后等服务。

五、二手车市场发展方向

我国的二手车市场与发达国家相比起步较晚，国家已出台多项政策逐步引导和规范行业发展，促进二手车市场发展。

1. 加强全国二手车流通

东部、西部地区二手车市场发展不均衡，全国二手车流通不畅。东部地区经济发展较快，汽车保有量高，车源充足，同时东部地区交通网络发达，物流运输较为便捷，因此促进了东部地区二手车市场的发展。据中国汽车流通协会统计，2018 年全国二手车交易量前十的省份占全国总交易量的 68.02%。相比而言，西部地区汽车保有量低，加之早些年限迁政策的存在，收车和买车只能局限在本地，因此二手车市场发展缓慢。在限迁政策破除后，东部地区车源开始向西部地区流入，但由于西部地区地域广阔，二手车向西部地区流通的物流成本高、时间长，挤压了二手车利润，影响了经销商的活跃度。

在取消限迁政策的利好环境下，加之二手车电商平台的推动下，全国范围的二手车物流体系正在逐渐成形，这将推动二手车大批量、规模化、全国范围内流通，东西部差距将逐渐缩小，二手车的全国流通正在加速。

2. 落实全面取消限迁

由于汽车保有量迅速增多，为了解决日益严峻的环保问题，一些环保重点区域如北京、河北等以《中华人民共和国大气污染防治法》第五十条为依据，陆续出台二手车限迁政策，设置严格的环保标准，限制二手车的迁入。2016 年 3 月，国务院办公厅印发《关于促进二手车便利交易的若干意见》，要求除京津冀、长三角、珠三角重点环保地区以外的省份，在 2016 年 5 月底前全面取消限制二手车迁入政策。但目前政策落实并不理想，有些省份虽然出台了取消二手车限迁的通知，但具体到车辆过户等环节，执行部门常以未接到通知等理由拒绝迁入；而另外一些省份则持观望态度，全国取消二手车限迁政策进展缓慢。

3. 加强信息交换，提高二手车交易信誉度

早期二手车交易是以车贩倒卖形成的自由市场交易模式，秩序混乱、诚信度差。即使后来二手车交易市场的出现，也仅是将原先的散户集中到二手车交易市场集中管理，车源仍主要掌握在个体经销户、经销商、4S店手中，由于二手车流通信息不透明，消费者缺乏了解汽车的生产、销售、登记检验、维修、保险、报废等信息的途径，而车商为提高售价、促成交易，往往会隐瞒车辆问题，或者通过造假的方式欺骗消费者。久而久之，消费者对卖方或二手车经销商信任感持续降低，信任问题成了制约二手车行业发展的重要因素。随着二手车电商平台的出现，以第三方身份对车辆进行检测评估，提供交易担保和售后保障，在一定程度上解决了信息不对称的问题。但同时，如果电商平台的检测不够细致，一些问题不能及时发现，也会给消费者带来损失。因此要真正解决二手车交易中的信息不对称问题，提升交易信任度，一方面需要建立起全国统一的二手车信息查询平台，可追溯车辆完整生命周期的信息；另一方面也要建立起二手车交易信用体系，对二手车行业参与机构进行信用记录，定期清退失信企业，加强行业交易信任度。

4. 加速经销商数字化转型

2020年的疫情间接推动了二手车行业的线上数字化发展。线上导流、VR（虚拟现实）看车、远程检测、在线拍卖、电话邀约等一系列手段，将以往购车面对面交涉的情景全部转移至线上完成。伴随线上数字化的推进，传统粗放型二手车经营模式已显出弊端，企业需引入数字化经营管理，推动基于数据的实时、深度分析，赋能精细化运营，针对车源、库存、物流、跨区域溢价、客户定位等企业经营中的各环节，运用数据力量，提升经营策略规划科学性，掌握行业主动权。短期看，二手车企业所面临的车源不足问题可借助数字化得到缓解；长期看，数字化是企业推进精准获客、精益运营的关键手段，是打造新一轮二手车企业核心竞争力的利器。

5. 健全估价体系

二手车作为非标品，存在"一车一况"，检测和评估结果对车辆价格影响很大。虽然2013年12月，国家质量监督检验检疫总局、国家标准化委员会正式发布了《二手车鉴定评估技术规范》（以下简称"规范"），但是二手车检测和评估相关培养体系并没有跟上，经过培训并取得资格的二手车鉴定评估师很少，很多参与检测和评估的技师都是由汽车维修技师转岗而来，不仅专业水平达不到要求，而且也缺乏细致的态度。一些经销商和二手车平台既做检测方，又做销售方，不仅车辆评价标准不统一，而且检测技术运用精度上也都有欠缺，无法很好地落实规范，难以确保交易的可信度。

为推动规范落地，中国汽车流通协会推出了二手车流通业诚信品牌——"行"认证，第三方二手车检测机构加入"行"认证体系后，按照统一标准对车辆实施检测，符合技术要求的即确定为"认证车"，在车辆显要位置也会明示检测报告与认证标志。类似的，各大汽车品牌也在推行自身的"认证二手车"，如大众"阳光易手车"，即通过大众133项原厂认证检测，所有车辆都将享有上汽大众原厂品质保证。因此无论是通过行业协会背书的检测认证体系，还是主机厂的检测认证体系，都将有力推动二手车标准化评价体系的建立，提升消费者购车信心。但是相对美国市场而言，目前中国二手车认证体系刚起步，还没有一个相对权威、统一的行业标准，同时由于各家检测认证水平参差不齐，消费者很难判断真伪，所以当前消费者会更加青睐有质量保证和较好售后服务支持的主机厂认证二手车。

6. 制定政策，保证售后服务

售后服务是二手车销售的重要环节，根据2013年国家质量监督检验检疫总局颁布的《家用汽车产品修理、更换、退货责任规定》，家用汽车产品包修期限不低于3年或者行驶里程6万km，以先到者为准；家用汽车产品三包有效期限不低于2年或者行驶里程5万km，以先到者为准；符合年份或里程的二手车也可以享受三包政策。一般情况下，多数二手车车龄均高于3年，且按照普通家庭用车1年约1万~2万km的里程计算，大多数二手车都无法符合现有的三包政策。

第四节　汽车技术服务

我国汽车后市场服务萌芽于20世纪90年代，当时中国的私家车消费刚刚起步，汽车技术服务仍以服务公务用车的综合维修厂为主导。随着我国汽车市场的不断发展，我国汽车技术服务市场也进入快速增长期，尤其是2009年开始在资本与新技术推动下，新商业模式不断涌现。

近年来，经过大量的模式创新尝试，资方开始回归理性，使模式创新项目逐渐回归商业本质，更加重视线下服务能力与线上互联网技术的深度结合，同时实力雄厚的巨型电商平台随着生态的日趋成熟也纷纷开始发力汽车后市场，促使汽车技术服务市场不断成熟，其发展历程为四个阶段，如图4-4所示。

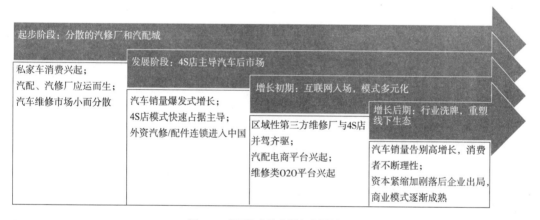

图4-4　我国汽车技术服务发展历程

汽车技术服务主要包括：汽车维修、汽车维护、汽车故障诊断、汽车检测、汽车钣金、汽车涂装等服务。

一、汽车维修

1. 汽车维修的定义与分类

汽车维修是指为确保汽车在使用过程中保持良好的技术状态和延长车辆使用寿命所采取的各种技术措施的总称，包括汽车维护和汽车修理。从事汽车维修活动的经济实体构成了汽车维修业。

汽车修理按其作业范围可分成汽车大修、总成大修、汽车小修和零件修理等。

根据我国国家标准《汽车维修业开业条件》(GB/T 16739.1—2014)规定，汽车维修企业和个体维修户分成三类,即一、二、三类维修企业。

一类维修企业是指从事汽车大修和总成修理生产的企业。此类企业还可以从事汽车维护、汽车小修和汽车专项修理生产。

二类维修企业是指从事汽车一级、二级维护和汽车小修生产的企业。

一类、二类汽车维修经营业务或者其他机动车维修经营业务,可以从事相应车型的整车修理、总成修理、整车维护、小修、维修救援、专项修理和维修竣工检验工作。

三类维修企业是指专门从事汽车专项修理(或维护,含汽车综合小修)生产的企业和个体户。可以分别从事汽车综合小修或者发动机维修、车身维修、电气系统维修、自动变速器维修、轮胎动平衡及修补、四轮定位检测调整、汽车润滑与养护、喷油泵和喷油器维修、曲轴修磨、汽缸镗磨、散热器维修、空调维修、汽车美容装潢、汽车玻璃安装及修复等汽车专项维修工作。

2. 汽车的维修方式

目前,大家公认的汽车维修方式有三种:定期维修、视情维修、事后维修。

1)定期维修

定期维修又称时间预防维修,它是以使用时间(小时、千米、次数、周期等)作为维修期限。定期维修的依据是机件的磨损规律,对磨损以外的其他故障模式,如疲劳、锈蚀、机件材质以及使用维修条件等方面影响而造成的故障未能考虑在内,不能针对总成或装置的实际情况进行维修。这是一种带强制性的预防维修方式。

2)视情维修

视情维修又称按需维修。这种维修方式是根据汽车各装置的实际情况,在检查、测试其技术状况的基础上确定最佳维修时机。可以充分发挥汽车零部件或机件的应有作用和潜力,提高其定期维修的有效性,减少维修工作量和人为差错。不过,这种维修方式费用较高,并要求修理单位具有一定的诊断条件。

3)事后维修

事后维修又称故障维修。它是在汽车零部件或机件发生故障而造成停机后才进行的一种维修方式。这样做既可以充分发挥机件的应有作用,又可减小预防维修的范围和项目,避免那些不必要的拆装、检查、维护和修理,以利于减少维修人员的工作量、降低费用。

二、汽车的维护

汽车维护是保持车容整洁,及时发现和消除故障及其隐患,防止汽车早期损坏的技术作业。

汽车维护作业包括清洁、检查、补给、润滑、紧固、调整等,除主要总成发生故障必须拆解外,不得对车辆进行拆解。

汽车维护分为日常维护、一级维护、二级维护3个级别,见表4-7。

汽车维护分类及要求 表4-7

维护	要求
日常维护	由驾驶员负责执行,其作业中心内容是清洁、补给和安全检视,是驾驶员保持汽车正常工作状况的经常性工作

续上表

维 护	要 求
一级维护	由专业维修工负责执行。其作业中心内容除日常维护作业外,以清洁、润滑、紧固为主,并检查制动、操纵等安全部件。汽车经过较长里程的运行后,特别要注意对汽车的安全部件进行检视维护
二级维护	由专业维修工负责执行。其作业中心内容除一级维护作业外,以检查、调整为主,包括拆检轮胎,进行轮胎换位。这是因为汽车在经过更长里程的运行后,必须对车况进行较全面的检查、调整,维持其使用性能,以保证汽车的安全性、动力性和经济性达到使用要求。汽车二级维护前,应进行检测诊断和技术评定,了解和掌握汽车技术状况以及磨损情况,据此确定附加作业或小修项目,一般结合一级维护一并进行。 每年4月至5月和10月至11月,汽车进入夏、冬季运行时,应进行季节性维护,并更换润滑油(脂),一般结合二级维护一起进行

三、汽车故障诊断

汽车故障诊断是现代汽车维修最核心、难度最大的工作。汽车故障诊断之所以困难主要体现在两个方面:一是现代汽车为了提高动力性、经济性、舒适性、安全性和环境保护性能,采用了许多新技术、新结构,特别是电子技术、计算机、网络技术、智能技术等在汽车上的广泛应用,使汽车构造相对复杂;二是导致汽车故障的因素繁多,有的甚至达几十种(如发动机怠速不良的产生原因有二三十种),可能涉及点火系统、供给系统、发动机的电子控制和机械部分,这些因素有时是单一的,有时是综合交替地起作用,因而要做到准确而迅速地诊断故障比较困难。这就要求诊断人员不仅要熟悉汽车构造及其工作原理,而且要掌握一定的诊断方法,方法越多,解决问题的能力越强。

1. 汽车故障诊断方法

汽车故障诊断方法有很多,主要有:人工经验法、故障树法、故障症状关联表、普通仪器设备诊断、汽车电脑专用诊断设备、汽车电脑通用诊断设备、汽车电脑自诊断系统、计算机专家系统、远距离故障诊断系统等。

2. 汽车故障排除

当汽车故障原因被诊断出来后,排除汽车故障的方法通常有换件和修复两大方式。

(1)换件法:对于汽车电器和电子部件的故障,通常采用换件法来排除故障。因为这些部件大多是集成电路、微机械,维修非常困难,另外,对一些部件的修复费用要高于新件费用,故一般均采用换件法。

(2)修复法:对于一些机械部件,如缸体、曲轴、齿轮箱、车架、驱动桥等部件的故障一般采用零件修复法来排除故障。

零件修复法通常有机械加工修复法、镶套修复法、焊接修复法、电镀修复法、胶粘修复法等。

汽车零件修复方法的选择直接影响到汽车的修复成本和修复质量,选择时应根据零件的结构、材料、损坏情况、使用要求、工艺设备等,通过对零件的实用性指标、耐用性指标和技术经济性等进行全面的统筹分析而定。但由于零件修复法成本高质量难以保证,逐渐被换件法取代。

四、汽车检测

1. 汽车检测的主要内容

汽车检测是对汽车技术状况用定量或定性的标准进行评价,是确定汽车技术状况或工作能力的检查。汽车检测的对象是无故障汽车,对其进行性能测试。

汽车检测目的是确定汽车整体技术状况或工作能力,检验汽车技术状态与标准值的相差程度,保障汽车行驶安全及防止公害。

汽车检测作用主要是汽车年度审验、汽车维修质量评定、营运车辆等级评定、新车或改装车性能检验、进口汽车商品检验、汽车安全与防治公害诸方面的性能检查。

汽车检测结果一是提出汽车维护、修理和使用的建议,二是预测使用寿命,三是监督和评定维护和修理质量,四是评定营运车辆等级、划分营运客车类型,五是交通运输、公安交管等主管部门发放有关证件。

汽车检测是汽车故障诊断的基础,只有认真地检测和分析才能准确地查明故障原因。

2. 汽车检测的基本方法

汽车检测的基本方法根据其检测目的不同而不同。目前检测的方法主要有:检测线检测(图4-5)、维修过程检测和例行检测。

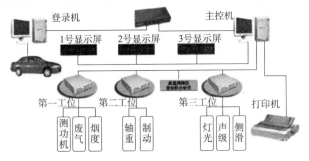

图4-5 汽车检测线布置

五、汽车钣金

汽车钣金主要是对汽车车身及其附件的维护和修理。我国交通事故每年不断上升,尤其是碰撞事故频发,大量的事故车需要整形修复,而汽车钣金修复是一种手工技能操作,很难掌握,为此,汽车钣金人员相对紧缺。

1. 汽车钣金的主要内容

汽车整形修复包含钣金修复和涂装修复两项主要工作,日常习惯称之为"钣喷"。目前,这两个工种仍然相互独立,并没有像汽车"机电"那样真正融为一体。

汽车钣金在国内已经历了一个漫长的发展历程,按其发展过程可划分为两个阶段,即车身焊补阶段和事故车修复阶段。

1) 车身焊补阶段

由于汽车制造技术及钢板的防腐能力不佳等原因,车身的轮弧、车门槛、底板等部位非常容易出现锈穿现象。汽车钣金的工作是对这些锈穿的部位进行焊补,即"铁裁缝、修补工"。

2) 事故车修复阶段

随着汽车保有量的增加、道路状况的改善、车身结构设计日趋合理及驾驶员职业化率降低,导致交通事故增加,事故汽车随之增多,车身钢板的腐蚀现象越来越少,汽车钣金的工作相应由焊补阶段过渡到了事故车修复阶段。事故车修复是指通过一定的方法或手段,将汽车损伤部位恢复到原来形状和性能的一种技术和工艺,主要工作包括面板整形、车身测量、结构件校正与更换、焊接、零部件装配与调整等。

2. 汽车钣金修复常用工具

从事汽车钣金修复所使用的机具与设备,大致分为手工工具、动力工具以及动力设备三大类,只有了解和掌握钣金修复机具与设备性能、用途和作业技巧,才能顺利地完成相应的钣金修复工作。常用手工工具有清洁工具、除锈工具、刮涂工具、打磨工具、刷涂工具、喷涂工具等,动力工具有红外线烘漆机、高压清洗机、手电钻、废油收集器等,动力设备有空气压缩机等。

六、汽车涂装

汽车涂装俗称汽车喷涂,是汽车维修中的一个独立工种。汽车涂装主要涉及涂装材料、涂装工艺和涂装设备等知识。

七、汽车维修行业的发展

目前,我国汽车维修行业的发展趋势归纳起来有如下几个方面。

1. 汽车维修业朝着规模化方向发展

改革开放以来,汽车维修业基本呈粗放型发展。随着社会的发展和技术的进步,汽车维修业的发展必须由粗放型向集约型转变。目前,汽车维修业已成为我国经济发展的新增长点,正在吸引社会各方面资金、上规模、上档次,并将通过企业兼并、资产重组等形式扩大经营规模,建立企业集团,以不断提高汽车维修业的规模化程度和整体素质,提高市场占有率。

2. 汽车维修业依靠科技创新提高和增强竞争能力

汽车维修行业伴随着汽车制造技术的发展而发展,新工艺、新结构、新材料、新技术的采用对现代汽车维修业提出了许多更新、更高的要求。跟踪高新技术、掌握高新技术、提供高质量的维修服务,才能在市场竞争中占据有利的地位,这已成为汽车维修企业的共识和追求的目标。

3. 汽车维修业朝着专业化及工业化方向发展

随着汽车维修市场逐步完善,激烈竞争使得汽车维修市场的分工越来越细化,并朝着专业化、工业化的方向发展。这主要表现在:一是汽车维修企业承担单一车型或同类车型的汽车维修,或者建立汽车连锁经营店,为汽车制造企业做售后维修服务等;二是汽车维修业主只承担专项维修,如专门维修汽车电子控制装置、专门维修自动变速器、专门维修助力转向系统、专门维修 ABS、专门从事钣金、专门从事喷漆、专门从事车轮动平衡和汽车美容等;三是汽车维修已开始朝着工业化流水作业发展,如发动机翻新、自动变速器翻新等。随着专业化、工业化程度的提高,汽车维修质量也得到了提高。

4. 采用先进的管理手段实现效益

汽车维修企业通过采用现代化管理手段,在企业管理上逐步实现规模化、科学化。汽维修企业管理主要是在车辆进厂维修过程、客户群管理、出厂记录、材料管理、财务管理、劳动人事管理等方面逐步实现计算机管理,并在生产现场逐步采用电视监控技术,不断提高企业管理水平。同时,汽车维修企业不断改善服务质量,通过实行四公开(即公开维修项目、公开收费标准、公开修理过程、公开服务承诺),积极创建文明行业等,不断实现以客户需求为导向的企业创新。

5. 发展汽车维修救援

汽车维修救援是为汽车提供紧急救援服务的新事业,是对汽车维修业服务功能的延伸。通过该业务,能够减小运输损失、提高运输效率、保障运输安全。汽车维修救援将成为汽车维修业发展的一个新的经济增长点,并且是一项利国利民的事业。

6. 二手车市场进入汽车维修企业

国外二手车交易大部分在汽车维修企业进行,同新车一样有展厅,并且这种形式得到了客户的认可。因为汽车维修企业在进行二手车交易时,一是要经过政府批准,二是要具有国家承认的持证经纪人与评估师,三是依托企业中的综合性能检测线对二手车进行科学的检测、评估与适当的翻新,这样翻新的二手车在交易后同新车一样具有保修期。因此,汽车维修企业引进这项业务是符合市场需求的。

7. 汽车维修业向连锁经营方向发展

连锁经营"BOSS"理论认为,Brand(品牌)、Operation/Supply(运营和支持)、System(体系)将是连锁经营的三大核心竞争力。独立中小企业在加入连锁体系后,便可与总部共享品牌、广告等营销资源,使群体知名度和信誉度迅速提升;而没有经营经验的加盟店可以获得总部在管理技巧、业务知识方面的培训;特许经营最大的优势体现在物流配送方面,总部通过信息网络统一进行采购配送,不但可通过规模效应降低采购成本,也可以提高配送效率。

8. 互联网将改变汽车维护的经营模式

1) 4S店——向高端化、纵向一体化发展

随着互联网在维护行业的逐渐渗透,4S店在中低端品牌的维护领域或将失去一些份额,而高端化与纵向一体化将是经销商未来的主要发展方向。4S店在豪华品牌车维护领域的支配地位还将持续。由于豪华品牌车车主的时间成本和对服务的要求都明显高于普通品牌车车主,豪华品牌车到4S店维护的比例明显高于普通品牌车。有整车厂背书的配件和服务为豪华品牌4S店构筑了"护城河"。

2) 养车平台——服务内容不断升级

互联网养车平台以创新的形式解决了市场信息不对称的问题,近年随着互联网尤其是移动互联网的兴起获得了巨大成功。未来车联网、汽车文化等新服务内容的出现将为养车平台带来更多机会。随着消费者、后市场服务人员的时间成本越来越高,养车平台在产业链中的地位将进一步提升。

从汽车发达国家近年来汽车维修行业的发展趋势来看,汽车生产厂家特约维修(4S)店的市场份额出现下降;车辆维护、更换轮胎等专项连锁经营服务网络市场份额严重下滑;仅有提供零部件供应及全系车型专业维修服务的连锁汽车维修网络市场份额稳步提升。目前汽车制造业电子元件的成本约占整车成本的35%,拥有精密诊断设备的专业维修网络有望成为汽车维修业的新锐力量。

第五节 汽车美容与装饰服务

一、汽车美容服务

1. 汽车美容的概念

汽车美容从字面上解释就是使汽车的"容貌"更美丽的行为。它起源于西方发达国家，英文名称为："Car Beauty"或"Car Care"。由于西方发达国家汽车工业的发展，社会消费时尚的流行，以及人们对事物猎奇、追求新异的心理，促使汽车的款式不断更新换代，车主们在满足求新的心理需求的同时，又不愿使自己的旧车贬值，这样就需要对旧车进行一番特殊处理，处理后能够使旧车焕然一新，并长久保持艳丽的光彩。随着旧车翻新技术的不断提高，以及人们对车辆维护意识的增强，以汽车维护和翻新为主要内容的汽车美容行业也就应运而生。

汽车美容的功能分为三层。最基本的一层是自理性维护；第二层是浅性服务，诸如太阳膜、犀牛皮等的张贴，大包围、防盗装置等的安装，内饰品（包括真皮座椅、桃木内饰等）的改装、使用和漆面划痕处理、抛光翻新维护等，它不涉及发动机等车辆中心结构的护理工作；第三层是专业服务，这是技术含量较高的服务种类，属于美容施工深度处理，也是整个汽车美容业最深入的层次。

专业汽车美容实质是汽车的维护，它不仅维护汽车表面，而且深入汽车内部。其优越之处在于专业自身的系统性、规范性和专业性，即根据汽车自身特点，由表及里地进行全面细致的养护，每一道工序都有标准而规范的技术要求，并采用专业工具、专业产品和专业手段进行操作。

专业汽车美容使用的是专门的养护产品，针对汽车各部位材质进行有针对性的养护、美容和翻新，使经过专业美容后的汽车不仅外部焕然一新，而且内部机械运转更加顺畅，使汽车的使用寿命得到有效延长。

综上所述，现代汽车美容，是指针对汽车各部位不同材质所需的养护条件，采用不同性质的汽车护理产品及施工工艺，以达到"旧车变新，新车保值，延寿增益"功效的汽车养护过程。

2. 汽车美容的目的

1）保持车体表面的清洁、亮丽

汽车美容是集清洗、打蜡、除尘、翻新、漆面处理于一身的汽车养护过程。它不仅可以清除车身表面的尘土、酸雨、鸟粪、沥青等污染物，防止漆面受到腐蚀损害，而且还可以通过漆面研磨去除表面氧化层，抛光后使车体表面清洁、亮丽。同时，通过打蜡更能使车身光彩亮丽的视觉效果保持长久。和外表肮脏、漆色暗淡的车辆相比，经过汽车美容的车辆价值优势不言而喻。

2）使车表病害得以及时修复

汽车因焦油、飞漆、剐蹭、碰撞等原因，致使车体表面出现斑点、划痕，特别是局部出现破损或严重老化时，如不进行修复处理，不仅影响车体表面的美观，也必将造成车表病害的扩大与深化。通过漆面斑点、划痕处理及汽车涂层的局部修补、整体翻新，会有效防止车表病害的扩大与深化,并可使车辆整旧如新。

3)给汽车以全面的养护

汽车美容除了可使车体表面的清洁、亮丽,车表病害得以及时修复以外,还可以通过对汽车室内各部位及主要配置、行李舱、汽车空调等的清洁护理,消除异味,大大延长内饰件在使用周期内的使用舒适性。特别是对底盘及发动机的内、外部护理,可极大地改善其散热效果,减少各运动副之间的磨损,使汽车内部机械运转更加顺畅,有效延长汽车的使用寿命。

3.汽车美容的分类

1)根据汽车的服务部位分类

根据汽车的服务部位,汽车美容可分为车身美容、内饰美容和漆面美容。

(1)车身美容:车身美容即对汽车外表进行去污翻新处理。主要的服务项目有高压洗车,去除沥青、焦油等污物,上蜡增艳与镜面处理,新车开蜡,钢圈、轮胎、保险杠翻新与底盘防腐涂胶处理等。

(2)内饰美容:内饰美容服务是针对驾驶室、发动机及行李舱等进行的清洁及美化。例如,驾驶室中的仪表板、顶棚、地毯、脚垫、座椅、座套、车门内饰的吸尘清洁保护以及蒸汽杀菌,冷暖风口除臭,室内空气净化等项目。

(3)漆面美容:漆面美容服务即对车身外表的漆面进行的养护及美化处理。目前主要开发的服务项目有氧化膜、飞漆、酸雨处理,漆面深浅划痕处理,漆面部分板面破损处理及整车喷漆等。

2)根据汽车美容的性质分类

根据汽车美容的性质,其可分为护理性美容和修复性美容。

(1)护理性美容:护理性美容是对汽车内外部的老化、损坏进行预防性清洁美化及养护。其主要服务项目有汽车清洗,漆面研磨、抛光与还原、开蜡与打蜡,内饰护理(包括仪表板、顶棚、地毯、脚垫、座椅、座套、车门内饰的吸尘清洁保护,以及蒸汽杀菌、冷暖风口除臭、室内空气净化等项目),发动机及底盘清洁与护理等。

(2)修复性美容:修复性美容是对车身漆膜有损伤的部位,先进行漆膜修复,然后再进行美容。这种美容主要是对车身及漆膜部分进行的处理和护理。其主要服务项目有漆面斑点及划痕处理,漆膜病态处理,车身变形的修复,汽车涂层的局部修补及整体翻新等。

3)根据汽车的实际美容程度分类

根据汽车的实际美容程度,汽车美容可分为一般美容和专业美容。

(1)一般美容:它主要是通过洗车、打蜡的方法,去掉汽车表面的尘土、污物,并使其表面光亮艳丽。一般美容可对汽车表面起到粗浅美容的作用,它作为自理性美容,不需要专门的工作场地,一般车主可自行做到。

(2)专业美容:它包括对汽车护理用品的正确选择与使用,汽车漆膜的护理,各部位的美化处理及养护等内容。专业汽车美容是通过专业的设备和用品,经过几十道工序,对车身、内室、发动机、钢圈、轮胎、底盘、保险杠、油路、电路、空调系统、冷却系统、进排气系统等各部位进行彻底的清洗和维护,使旧车变新并保持长久,使整车焕然一新。

专业汽车美容应有专门的美容操作工作室,工作室应与外界隔离,设有漆膜维修处理工作室、干燥室、清洗室、美容护理室,是独立互不干扰,但又有一定的联系;各工作室应有相应的设备、工具及能源,可供施工所用;所有的施工人员,必须经过专业技术培训,取得上岗证书,才可进行施工操作;汽车美容用品及有关材料必须是正规厂家生产的合格品。

二、汽车装饰服务

1. 汽车装饰的概念

随着人们对个性化和时尚感的追求加剧,汽车装饰业便应运而生。汽车装饰正像房屋装修那样,已成为汽车使用的一个必然选择。车主对批量生产的同一款车在美学、舒适性、方便性等方面提出了更多的不同要求,通过对车身内外的装饰,可使消费者得到最大限度的满足。可以说汽车装饰美容业已经成为汽车售后服务中非常重要的环节,并逐步向普及化和专业化方向发展。

汽车装饰就是通过增加一些附属的物品,使原车变得更加豪华、亮丽、温馨、舒适、方便、安全,这种行为叫作汽车装饰,所增加的附属物品叫作汽车装饰品。

2. 汽车装饰的目的

1)改进车辆外观

根据车主的个性化追求,改进车辆外观。例如车主选择加装全车大包围和升级轮圈轮胎。加装大包围从性能上来说,可以减少汽车行驶中的空气阻力,提高高速平衡性,车的外观也更加协调、与众不同;而将轮圈升级,可以更好地保持行驶中的平稳性和安全性,更主要的是使车辆外观看上去更有跑车风范。

2)使室内更加舒适、方便

现代人在享受汽车高效、快捷的同时,也注重对车辆舒适性和方便性的追求。车辆加装太阳膜,可有效抵御紫外线的直接侵害;而室内真皮座椅的装饰,更能够让车内人员在视觉上、触觉上,甚至在嗅觉上都有一个好的心理感受,且能最大限度提升轿车的档次;汽车音响及车载电话、电视的选装,更能使人尽享驾乘的快乐。

3)对车辆的性能进行合理的提升

通过对车辆性能的合理提升,以提高车辆的使用价值,如:车身刚性不佳及底盘结构不良的车辆,车主有时会加装平衡杆(亦称为扭杆),以补强车身刚性的不足,并且有时会改装防倾杆与更换减振器,用以加强底盘结构。而给汽车加装尾翼,不仅可改变视觉效果,而且可使空气对汽车产生第四种作用力,即对地面的附着力。地面附着力能抵消一部分升力,控制汽车上浮,减小风阻影响,使汽车能紧贴着道路行驶,从而提高行驶的稳定性。另外,加装电子整流器可以省油、提升转矩和操控反应,使车的电器负荷减少,延长电池寿命。特别是对初学驾驶员,在车后加装可以显示车距的倒车雷达,对日常的倒车入库能起到很重要的帮助作用。除此以外,加装大视野后视镜,能让驾驶员在驾驶时减小盲区,增加安全性。这些汽车装饰内容都会对车辆的性能有一定的提升。

3. 汽车装饰的分类

1)按汽车装饰的部位分类

按汽车装饰的部位,可分为汽车外部装饰、汽车内室装饰及精品装饰。

(1)外部装饰:在不改动汽车主结构的情况下,通过加装保险杠、尾翼、排气管,改变汽车的外观,使汽车外形更加炫酷,从而满足人们的个性化需求。外部装饰包括:车身贴膜,加装车身大包围,流板和扰流板装饰,天窗装饰,车灯装饰,车底装饰,其他外饰件(车轮饰盖、轮弧饰片装饰、眼线装饰、加装旗杆灯、汽车货架、备胎罩、防撞条、装饰条)。例如用在汽车上的车身护条饰条,就增加了车身侧面的美感,与车身弧度高度吻合,持久耐用不变形,同时对车门开关时易磕碰的车身漆面提供了有效保护。

(2)内部装饰:汽车内部装饰是对车内地板、控制台等外表面,通过加装、更换面料及放置饰品等方法改变其外观,以营造舒适的车内环境。内部装饰主要包括:真皮转向盘,汽车顶衬装饰,车门衬板、侧围衬板装饰,地板装饰,座椅装饰,车内木质装饰,仪表板装饰,车内饰品装饰,遮阳板化妆镜。

(3)精品装饰:是一些汽车附属装备,是高科技产品,使人们体验到科技的汽车生活,对提高汽车的功能起着显著的作用。精品装饰包括:车载 GPS、车载电话、车载对讲机、行驶记录仪、汽车防盗器、倒车雷达、汽车安全预警装置、汽车多媒体精品,其他车载电器精品(车载冰箱、车载饮水机、车载净湿器、车载微波炉、汽车氧吧)。

2)按汽车装饰的作用分类

按汽车装饰的作用,可将其分为美观类、舒适类、防护类、便利类、安全类等,见表4-8。

汽车装饰的作用与分类　　　　表4-8

分 类	作 用
美观类装饰	使外表更加豪华、亮丽,如加装车身大包围、各种贴饰、扰流板等
舒适类装饰	使内部更加温馨、舒适,如加装多媒体设备、智能触摸屏等
防护类装饰	可给汽车以防护作用,如加装防盗装置、保险杠、防撞胶等
便利类装饰	使车辆更加方便、实用,如加装电动门窗、车载电话、电子导航装置、车载冰箱等
安全类装饰	使车辆更加安全可靠,如加装大视野后视镜、安全气囊、安全带等

三、汽车美容与装饰行业的现状与发展前景

1. 行业队伍不断壮大

随着我国机动车保有量的直线上升,汽车美容装饰市场也随之兴旺,同时,大多数私家车主对爱车的日常维护已经从"以修为主"逐渐转变成"以养为主",这也极大地刺激了汽车美容装饰服务市场,汽车美容店、汽车装饰店如雨后春笋般涌现。除了专业的汽车美容装饰企业,就连一些汽车养护产品的生产企业,甚至汽车销售商也把他们的业务延伸到了这一领域,汽车美容与装饰行业的队伍在不断壮大。

2. 行业服务亟待规范

由于缺乏统一的服务标准,不同的商家之间汽车美容装饰服务报价相差悬殊。市场上汽车装饰的利润率一般会在40%～50%,个别商家的利润率可以达到120%～200%。汽车美容装饰行业缺乏统一的服务标准,才导致服务报价悬殊。由于消费者很难衡量服务的质量,长此下去,容易对美容装饰市场失去信心。

出台相应的管理办法和行业标准来规范汽车美容装饰市场已成为必要,这样既能在一定程度上杜绝假冒伪劣产品混入市场,规范生产商和经销商的行为,又可以让市场向专业化、规范化方向发展,从而保证广大汽车消费者的合法权益。

3. 专业技术人才短缺

汽车美容与装饰行业需要专门的技术人才,一般刚入行的技工只能进行洗车、打蜡等技术要求不高的初级汽车美容作业。而汽车封釉、贴防爆膜等技术要求比较高的作业,则需要

经验丰富的技术工人来操作。

以汽车装饰为例,现实的情况是缺少专业的汽车装饰技师,并且这一行业在考核标准上现在还是空白。例如普遍认为技术、服务标准相对高的各汽车品牌的4S店,虽然它们都有自己的装饰部门,相关的工作人员都经过生产厂家严格的培训,但基本上也只进行抛光、打蜡、清理内饰、安装倒车雷达等作业。对于技术含量相对高的贴防爆膜、封釉等,还是只能找专业技师来处理。

由于专业技术人才短缺,一些技术过硬的汽车装饰技师甚至是在不同的装饰店来回赶工。而严格意义上的汽车装饰师或汽车美容师的工作范畴,应该包括分析客户的要求,制订相应的汽车美容装饰方案,然后进行车表美容、车饰美容、漆面美容、汽车防护等方面的不同处理,但目前国内大多数的汽车美容装饰服务远远达不到这种水准。

4. 市场前景不可限量

据市场调查表明:目前我国60%以上的私人高档汽车车主有给汽车做外部美容养护的习惯;30%以上的私人低档汽车车主开始形成给汽车做美容养护的观念,30%以上的公用高档汽车也定时进行外部美容养护。据不完全统计,每辆车用在装饰品的投资少则几百元,多则几千元甚至上万元。汽车美容业巨大的市场潜力可见一斑,其市场前景不可限量。

第六节 汽车金融服务

汽车金融服务经过百年的发展,在国外已经成为房地产金融之后的第二大个人金融服务项目,是一个规模大、发展成熟的产业,每年的平均增长率为3%左右。目前,在全世界每年的汽车销售总额中,现金销售额为30%左右,汽车金融服务融资占70%左右。

汽车金融行业是为汽车流通和消费提供金融服务的行业。21世纪初,汽车金融服务在国内开始出现。2004年,第一家中国汽车金融企业——上汽通用汽车金融有限责任公司获中国银行业监督管理委员会(现为中国银行保险监督管理委员会)批准建立。截至2020年末,全国已有25家汽车金融企业,总资产规模达9774亿元。

一、汽车金融服务

1. 汽车金融服务的概念

汽车金融有狭义与广义之分。

狭义汽车金融是指消费者在购买汽车需要贷款时,可以直接向汽车金融公司申请优惠的支付方式,可以按照自身的个性化需求,来选择不同的车型和不同的支付方法。

广义汽车金融是以汽车主机厂为核心,向产业的上游和下游,直至终端消费者,所衍生出来的针对公司、个人、政府、汽车经营者等主体的各类相关金融产品,汽车金融产品的主要提供者包括商业银行、专业汽车金融公司、保险公司、租赁公司等金融机构或相关机构。典型的汽车金融产品包括经销商库存融资、汽车消费贷款、汽车租赁和汽车保险。

汽车金融服务涵盖了汽车生产、流通、消费、维护、回收等环节,包括资金筹集、信贷运用、抵押贴现、证券发行和交易、相关保险、投资等金融服务。汽车金融服务现已在世界发达国家成为重要的金融业务,并且成为各大汽车厂商争夺消费者的一个新的竞争手段,汽车金融产业链如图4-6所示。

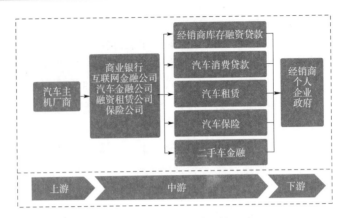

图4-6 汽车金融产业链

2. 汽车金融服务的作用

对制造商而言,汽车金融服务是实现生产和销售资金分离的主要途径;对经销商而言,汽车金融服务则是现代汽车销售体系中一个不可缺少的基本手段;对汽车营运机构而言,汽车金融服务是其扩大经营的有力依托;对消费者而言,汽车金融服务是汽车消费的理想方式。

(1) 汽车金融在宏观经济中的具体作用,主要在以下几方面:
① 调节国民经济运行与消费不平衡的矛盾。
② 充分发挥金融体系调节资金融通的功能,提高资金的使用效率。
③ 汽车金融服务的发展有利于推动汽车产业结构的优化与升级。
④ 汽车金融服务通过乘数效应以及与其他产业的高度关联,促进国民经济的发展。
⑤ 汽车金融服务的发展有助于熨平经济周期性波动对汽车产业的影响。

(2) 汽车金融服务的微观作用。
① 汽车金融对汽车生产厂商可以起到维护销售体系、整合销售策略、提供市场信息的作用。
② 汽车金融对汽车经销商可以起到提供存贷融资、营运资金融资、设备融资等作用。
③ 汽车金融对汽车用户可以起到提供消费信贷、租赁融资、维修融资、保险等业务。
④ 汽车金融业的发展能够完善汽车金融服务体系。
⑤ 汽车金融对汽车生产商起到促进销售、加快资金流转的作用。
⑥ 汽车金融可帮助汽车销售商实现批发和零售环节资金相互分离。
⑦ 汽车金融的发展能够完善金融服务体系,拓展个人消费信贷方式。

3. 汽车金融服务的内容

汽车金融服务的内容有如下几种。

1) 汽车消费信贷服务

汽车消费贷款是对申请购买汽车的借款人发放的人民币担保贷款,是银行或汽车财务公司向购买者一次性支付车款所需的资金提供担保贷款,并联合保险、公证机构为购车者提供保险和公证服务。

2) 汽车保险服务

汽车保险是由保险公司对机动车辆由于自然灾害或意外事故所造成的人员伤亡或财产

损失负赔偿责任的一种商业保险。

3）汽车租赁服务

汽车租赁是指汽车消费者通过与汽车销售者之间签订各种形式的付费合同,以在约定时间内获得汽车使用权为目的,经营者通过提供车辆功能、税费、保险、维修、配件等服务实现投资增值的一种实物租赁形式。

4）汽车置换服务

汽车置换狭义上是指以旧换新,经销商通过二手车的收购与新车的对等销售获取利益。广义的汽车置换,则是在以旧换新的基础之上,同时还兼容二手车整新、跟踪服务、二手车再销售乃至折抵分期付款等项目的一系列业务组合,从而使之成为一种有机独立的营销方式。

4. 常见的金融服务企业类型

1）商业银行

早在 2004 年,上海通用汽车金融公司成立前,各大银行就大力开拓了汽车消费金融业务,由于当时车价不断降低,个人信用体系不健全,汽车消费金融坏账率一度高达 30%,银行的汽车金融业务规模急剧萎缩。

随着车价逐步稳定,信用体系逐步健全,商业银行重新强势进入汽车金融领域,并且创新性地使用信用卡分期模式开展业务。以平安银行为例,2016 年一季度新发放个人汽车贷款 174.2 亿元,较 2015 年同期增长 36%,截至 2016 年一季度末,平安银行汽车贷款余额达 823 亿。

商业银行具有传统资金优势和更完善的授信体系,但在产品灵活性和交易便利性上有劣势,且远离购车场景,汽车行业专业性较低。

2）汽车金融公司、厂商财务公司

自 2004 年来,中国已经成立了十几家汽车金融公司和厂商财务公司。汽车金融公司统一由中国银保监会批准设立,作为非银行金融机构,其业务模式受银保监会监管,但是可以接入央行征信系统,风险可控,其产品利率和同期银行利率相近,加上汽车厂商经常有贴息,所以产品很有竞争力。

汽车金融公司在信贷审批上较银行更宽松,产品更灵活,但自身资金成本相对较高,消费者贷款利息取决于主机厂贴息力度;经销商系汽车金融公司比商业银行更贴近消费者购车场景,有渠道优势;专业性强,具有专业的二手车认证服务和品牌背书。

3）融资租赁公司

融资租赁在现阶段可以理解为,一些公司拿不到汽车金融公司牌照,但是又想开展汽车消费金融业务,就先取得融资租赁的资质来开展业务。

融资租赁公司归商务部监管,其金融产品设计灵活,可以提供更低的购车首付(汽车金融公司最低 30% 首付)和更长的贷款周期,而且购置税、维修、保险等均可以贷款,但是其业务暂时难以接入央行征信系统,只能借助其他金融公司或其他渠道调查征信情况。

4）消费金融公司

消费金融公司是指经银保监会批准,不吸收公众存款,为个人提供以消费为目的贷款的非银行金融机构,其贷款特点是短期、小额、无担保、无抵押,由于汽车金融领域的风控要求,消费金融公司的贷款申请大多需要进行抵押登记,所以不是市场主流业务。

5）互联网汽车金融公司

这里指从事汽车消费金融的非P2P（个人对个人）互联网公司，主要是与互联网汽车业务相关的公司，使用融资租赁牌照开展业务。其特点是审批程序宽松，流程迅速，但贷款利息和交易安全性暂不具优势；囿于车源、资金来源限制，互联网平台目前多仍以引流为主；平台可凭借日益完善的消费者信用与企业经营大数据体系提高运营效率。

市场上知名的互联网汽车金融公司有：由易车汽车金融事业部拆出成立的易鑫金融旗下的易鑫融资租赁公司，汽车之家作为股东方的上海有车有家融资租赁公司，北京滴滴科技有限公司成立的众富融资租赁公司，优信金融公司（二手车融资租赁业务）等。这些公司是互联网汽车金融模式的探索者。

6）金融服务提供商（SP）

SP和上述几种企业不一样，本身并不提供资金，而是作为一个渠道方来帮资金方将金融服务带给4S店等终端客户，并收取佣金。金融公司也经常借助SP去下沉和拓展线下销售渠道。

除了以上各类市场参与者以外，市场上还有一些小额贷款公司、P2P借贷平台、担保公司，这些公司的贷款利率较高，其主要业务来源是那些通过一般渠道很难获得贷款的客户。

二、汽车消费信贷

消费贷款也称消费者贷款，是商业银行和金融机构以消费者信用为基础，对消费者个人发放的，用于购置耐用消费品或支付其他费用的贷款。消费贷款有居民住宅抵押贷款、非住宅贷款、信用卡贷款。其中非住宅贷款包括汽车贷款、耐用消费品贷款、教育贷款和旅游贷款。因此，汽车贷款是消费贷款中的一种。

汽车消费信贷是银行对在其特约经销商处购买汽车的购车者发放人民币担保贷款的一种新的贷款方式。

汽车消费信贷，一般采用分期付款。在分期付款的具体业务中，汽车零售商一般与消费者签订汽车分期付款零售合同。汽车分期付款零售合同是指汽车零售商和消费者之间签订的，零售商保留所售汽车的所有权以作为买方担保的一种买卖合同。

我国汽车消费信贷参与的金融公司大体可以分为银行、厂商金融公司、融资租赁公司、P2P及典当行等金融机构，其特点见表4-9。

汽车消费信贷产品介绍　　　　　　　　表4-9

产品	银行	厂商金融公司	融资租赁公司	P2P、典当行等金融机构
分类	银行按揭贷款或信用卡分期购车	购车贷款	汽车融租—直租、汽车融租—回租	购车贷款、二手车抵押、二手车质押
借款期限	12~60期	12/24/36期，以36期为主	12/24/36/48期，以36期为主	购车贷款以36期为主，二手车抵质押多为12期以内
优点	1. 利率较低，年化利率4%~12%； 2. 市场认可度高	1. 利率低，年化利率5%~12%； 2. 利用产业优势，可以快速获客	1. 汽车品类丰富，产品多样化； 2. 服务客群广泛； 3. 产品方案更灵活	1. 可以为信用状况较差的人员提供购车贷款； 2. 产品多样化

续上表

缺点	1. 产品单一,无法满足个性化需要; 2. 贷款资料繁多; 3. 审批流程较长,效率偏低	1 产品多为自家商品,产品相对比较单一; 2. 审批时间较长	1. 利率高,直租年化利率12%～18%,回租年化利率18%～24%; 2. 行业渗透度低,市场认可度不高	1. 次级用户比例高,逾期风险相对较高; 2. 利率高,年化利率18%～36%

未来,新能源汽车市场增长、出行服务市场规模扩大、二手车交易量快速增长等将成为汽车金融服务新兴细分市场增长的驱动因素。同时,年轻消费者占比提升,复购比例提升,渠道向多元化发展并持续下沉,产品更趋灵活化和定制化,行业竞争进入综合能力比拼与合作阶段;政策逐步完善,推动行业规范化发展,汽车金融科技化,通过大数据平台获得更多维度的客户数据(如借贷、地理、社交、消费等),都将为数字化风控提供保证,因此汽车金融服务将渗入汽车各个领域,得到快速发展。

第七节 新车电商服务

电商是电子商务的简称,是指在互联网(Internet)、内部网(Intranet)和增值网(Value Added Network,VAN)上以电子交易方式进行的交易活动和相关服务活动,使传统商业活动各环节电子化、网络化。电子商务包括电子货币交换、供应链管理、电子交易市场、网络营销、在线事务处理、电子数据交换(EDI)、存货管理和自动数据收集系统。

互联网不可逆转地进入变现时代,中国汽车电商也由传统零售向新零售形式转型升级。中国新车电商呈现出发展蓝海,但目前其发展仍处于起步阶段。

自2014年开始,汽车垂直媒体迎来黄金发展时期,网站用户数量保持快速增长,经销商黄页服务在企业营收中的占比开始超越广告收入并逐年拉开差距,反映出汽车行业重心从"广告—品牌"逐步转移到"线索—销售"。用户更多地选择在汽车垂直媒体上关注车辆价格与配置的信息。

一、新车电商的优点

1. 为主机厂、经销商与消费者提供交流平台

汽车电商平台的出现,为主机厂与C端消费者、经销商与C端消费者以及B端商户之间提供了高效、及时、透明的信息交流平台,保证了车辆在商户端按需合理流通,提升消费者购车便捷性,节约了金钱与时间成本。

2. 为消费者提供更多信息

新车电商利用其在价格、信息获取、资源聚合及管理上的优势,带来更高效透明的售车模式,解决了传统经销商行业进入门槛高、信息不对称、缺乏灵活性、经营范围窄等问题。

3. 提高交易成功率

新车电商为汽车厂商及经销商提供了新的营销渠道、销售渠道,且电商平台导流用户购车成功转化率高,提供汽车销量增长的新模式与突破口。

4. 提高汽车后服务价值

新车电商为汽车后市场服务商提供新的消费入口,行业长尾效应带动用户对汽车后市场服务消费惯性。另外,汽车电商大大提升了金融机构业务的宣传速度及人群受众广度,提高了汽车金融渗透率。

在中国,汽车销量在不断增长的同时,为汽车电商也提供了不少商机,随着年轻一代的消费群体渐渐有了独立经济能力,也迅速成了购车的主要力量。因此,国内也兴起了一大批新兴汽车电商平台,最具代表性的有弹个车、毛豆新车网等,都取得了不错的成绩。

二、新车电商的分类

新车电商参与者众多,不同属性平台切入市场展开激烈竞争。

1. 根据平台属性分类

新车电商主要类型有:资讯媒体型、垂直型、团购特卖型、厂商自建型、经销商自建型、综合型、车源型及线下门店型。

(1)资讯媒体型电商。汽车资讯媒体建立的新车线上交易平台,代表平台:车商城、易车惠。

(2)垂直型汽车电商。专注车辆交易的新车线上交易平台,代表平台:优购车、海淘车。

(3)团购特卖型汽车电商。以团购活动为主的撮合交易新车线上平台,代表平台:要买车团车网。

(4)厂商自建型电商。厂商主导设立的自有品牌专卖新车线,代表平台:车享长安商城。

(5)主机厂商自建电商众多,例如上汽集团的"车享平台",比亚迪集团的"比亚迪 e 购"等。主机产商选择"直销",可以利用品牌的知名度,守住自己的流量入口,对线下经销商更好地进行管控,同时还能实现对品牌生命周期服务的全覆盖,包括二手车、维修、保险金融、汽车租赁等多条业务线。

(6)经销商自建型电商。经销商设立服务旗下4S店的新车线上交易平台,代表平台:庞大集团。汽车经销商(4S店)具有强大的线下能力,但本身地位却比较尴尬,没有自身的汽车品牌,管理权大多也在厂商手中,更多时候扮演的是中间商的角色。通过自建电商平台,经销商可以更深入地介入市场。

(7)综合型汽车电商。大型综合性电商网站汽车线上销售板块,代表平台:阿里汽车、京东。

(8)车源平台型汽车电商。为经销商提供车源获取、交易服务及车商管理系统服务的电商平台,代表平台:卖好车、牛牛汽车

(9)线下门店型新车电商。线下门店开始开展线上平台结合线下门店售车业务,代表平台:神州买买车。

2. 按最终的价值在参与交易中的程度

按最终的价值在参与交易中的程度,新车电商分为两类:导流类和自建线下门店类。

(1)导流类。无论开展何种汽车电商交易模式,其最终并未能落地完成整个交易流程,主要作用仍是为线下经销商导流。典型平台如:汽车之家。

媒体资讯型、垂直型、综合型、团购特卖型,包括厂商经销商自建型电商平台都属于导流类新车电商,不能完全掌控汽车销售流程,主要业务模式仍是为线下经销商及4S店导流,未

能深度参与交易;多数电商平台与金融机构合作,开展面向消费端用户的金融、保险等服务,探索新的盈利模式。

(2)自建线下门店类。电商平台开设线下门店,打通线上线下交易,参与用户购车整个流程并提供交付车辆手续办理、售后服务等完整服务,典型平台如:一猫汽车网。

新车电商平台自建线下门店的资产模式较重,需要强大的资金及人力投入,且早期发展阶段无法彻底独立于4S店存在,信息、服务需求以及早期主要业务模式仍以导流为主,车辆交付环节主要由4S店完成,本身线下门店承担一部分。

随着平台的发展,平台交易量及用户量的增长以及用户对于新车电商平台接受程度逐步提升,新车电商平台车源获取及议价能力提升,电商平台希望能够自身提供完全的汽车交易服务,不再依赖于经销商及4S店。

三、新车电商发展方向

新车电商自汽车团购开始发展至今,行业发展路径仍处于"营销、导购、交易"的阶段,各电商平台根据自身优势服务于行业各个环节,提升行业效率,但未达到常态化电商阶段,未来线上线下协作服务的常态化电商交易是行业发展最终形态。

1. 电商平台更精准更垂直

当前电商平台属性及业务种类多样,但业务线的延伸拓展未能提升平台的竞争力及盈利能力,未来更多的网站将专注于新车交易的某个环节,如:专注车源、专注进口车、专注精准导流线索等。

2. 电商平台为汽车行业提供新的营销渠道

相较于传统汽车营销渠道,电商平台为行业提供了一种新的渠道,为消费者购车行为提供了一种新选择,利用其快速、高效的传播、交易能力提升汽车行业的交易效率,实现销售增长。

3. 汽车金融是电商平台的盈利点

汽车金融产品的存在毫无疑问将促进汽车销售,但汽车金融并不能对汽车电商的发展起到决定性作用,在当前电商平台新车交易业务缓慢增长时期,汽车金融将是电商平台新的盈利探索方向。

4. 营造购物场景,构建常业务增长点

汽车购买属于低频、大额交易,消费者在购买汽车过程中的决策流程相当复杂,购买周期长,因此电商平台在以人为本的前提下,通过建设线下门店,提供全面的咨询、看车、售后服务等,为用户营造汽车交易场景,构建常态化新车电商服务。

5. 处理厂商、经销商、新车电商三者关系

主机厂负责定价,而经销商则承担着库存和资金风险,电商需要配合好厂商供给侧结构性改革,能为经销商去库存,并衍生到后服务市场。三者之间应该是"铁三角"关系。促成汽车电商的长远发展,离不开厂商、经销商和新车电商三者的融合。

6. 科技发展电商模式不断创新

过去汽车电商更多是以信息的展现去引流,但在移动化互联网、"大数据+人工智能"下,基于网站、App、微博、微信将产生海量的用户行为数据,对用户全景画像,针对这些数据做归类,进行实时精准的消息推送和服务,不仅可以增大潜在客户的到店率,同时也能帮助销售人员为消费者提供更好的体验,以提高订单的转化率,带动整个行业效率的提升。

第五章　汽车服务工程专业人才培养体系

第一节　高等教育

高等教育是在完成中等教育的基础上进行的专业教育和职业教育,是培养高级专门人才和职业人员的主要社会活动。高等教育是教育系统中互相关联的各个重要组成部分之一,通常包括以高层次的学习与培养、教学、研究和社会服务为主要任务和活动的各类教育机构。

2020年5月,教育部官网公布的2019年全国教育事业发展统计公报显示,全国各类高等教育在学总规模4002万人,高等教育毛入学率51.6%,高等教育从精英教育走向大众化教育。截至2020年6月30日,全国高等学校共计3005所,其中:普通高等学校2740所,含本科院校1258所、高职(专科)院校1482所;成人高等学校265所。

一、高等教育的结构

高等教育结构是指高等教育内部各要素之间的构成状态和比例关系,它是一个多维度多层次的复杂的综合结构。

高等教育结构主要包括:体制结构、形式结构、层次结构、科类结构、能级结构、地区结构(即布局)等。

1. 高等教育的体制结构

高等教育的体制结构,是指宏观上高等学校的办学主体和行政管理的隶属关系。目前高等院校(简称高校)主要可以分为公立高校、民办高校和公立民办二元制的高校。按行政管理隶属关系,高校又可以分为教育部直属高校、中央其他部委直属高校、省级政府部门所属高校、中心城市所属高校。

2. 高等教育的形式结构

高等教育的形式结构,是指不同的办学方式及其比例关系,即一般高等教育与其他各种类型高等教育之间的比例,又称类型结构。前者如全日制高等学校,后者如国家开放大学等。

3. 高等教育的层次结构

高等教育的层次结构,指高等教育各层次之间的构成状态和比例关系,属于一种纵向结构。因不同层次代表了不同的办学水平或学术层次,所以又称水平结构,一般为专科、本科、研究生三个层次。

4. 高等教育的科类结构

高等教育的科类结构,即不同学科领域的高等教育构成状态,一般以高等教育机构所授学位、文凭与证书的科类划分为准。

高等教育学科分为理、工、农、医、林、财经、文、师、艺术、体育等。如果以授予学位的名称来区分,我国高等教育授予哲学、经济学、法学、教育学、文学、历史学、理学、工学、农学、医学、管理学、军事学、艺术学和交叉学科14个学科门类的学位。

5. 高等教育的能级结构

高等教育的能级结构,主要指具有不同办学条件、不同办学要求和培养目标的各类高等学校间的比例关系。

从学术角度看,重点大学博士点和硕士点众多,学术层次较高;一般院校以授予学士学位为主;高等专科学校不授学位,主要提供专科文凭层次的教育和训练。

6. 高等教育的地区结构

高等教育的地区结构,指高等学校的地区分布情况,即它们的数量、类型在不同地区分布的比例,或称区域结构。一类面向本省、市、自治区,一类面向大协作区,一类面向全国。

二、高等教育的功能

1. 高等教育的个体功能

高等教育的个体功能是指高等教育对个人所起的作用,也就是高等教育要促进个人的身心发展。具体表现为以下方面:

(1)促进个人掌握知识和发展能力,包括学习能力、研究能力和实践能力。

(2)促进个人提高文明素养。

(3)促进个人改变社会地位。

2. 高等教育的社会功能

高等教育的社会功能又可分为政治功能、经济功能和文化功能。

(1)高等教育的政治功能,具体表现为:

①使受教育者政治化,政治化是人的社会化的重要内容,通过人的政治化,使个人理解社会的政治观念,树立社会所向往的政治理想,形成维护现行政治制度的政治行为。

②培养政治领袖及专门的政治、法律人才。

③促进政治的民主化。

(2)高等教育的经济功能,主要指高等教育促进社会生产发展的功能,具体表现为:

①高等教育担负着劳动力再生产的任务,为生产发展提供专门人才的支持。

②高等教育是科学技术再生产的手段和途径。

③高等教育促进经济结构的调整和完善。

(3)高等教育的文化功能,具体表现为:

①高等教育具有选择、传递、保存文化的功能。

②高等教育具有创新和发展文化的功能。

③高等教育具有吸收、融合各种文化的功能。

④高等教育注重学生课程文化素养的教育,以及学生文化批判能力和文化创新能力的培养。

三、高等工程教育

1. 工程学科的概念

工程是以某组设想的目标为依据,应用有关的科学知识和技术手段,通过有组织的一群人将某个(或某些)现有实体(自然的或人造的)转化为具有预期使用价值的人造产品的过程。工程是自然科学或基础科学的某种应用,是综合运用已有科学研究成果解决生产实际具体问题的艺术,因而具有鲜明的实践性、应用性特征。从科学的角度来看,工程学科是将自然科学原理应用到工农业生产部门中而形成的各学科。工程学科是高等工程教育的重要载体和基本单元,它主要涉及工程绘图、机械、金工、电力、电子、电信、能源、化工、汽车服务等领域。

2. 高等工程教育的特点

高等工程教育是以工程科学为主要学科基础,以培养高级工程技术人才为目标的教育,它具有高等教育的一般特点,同时它以应用和实践为主,强调实学、集成和创新的原则,其人才培养的方向是实践性、综合性和创造性人才。

1) 实践性

高等工程教育直接面向经济社会发展的前沿,教学计划具有很强的实践性,教学实施注重理论知识的应用,强调学生用科学理论解决实际问题的能力。

工科专业的培养目标,要求毕业生不仅要掌握相关工程领域所必需的科学理论和专业知识,同时要具有较强的分析和解决实际问题的能力,具备相关工程岗位的综合实践能力。在高等工程教育的全过程中,在教学内容安排及体系设计过程中,突出实践能力培养,突出应用型人才培养,专业主干课等课程均有一定量的综合性、设计性实验,实验内容全面、科学,包含本专业面向工作岗位所必需的实践内容。

2) 综合性

高等工程教育意味着科学和技术的深度综合,同时,任何工程系统都集成众多技术,技术的综合运用是科学原理的具体化,也是工程系统运行的必要条件。同时,新时代下,高等工程教育着眼于互联网革命、新技术发展、制造业升级等时代特征,学生需要在更广泛的专业交叉和融合中学习,强调整合能力的培养。

3) 创造性

当今世界正处在知识经济时代,各行业在激烈的竞争中,越来越依赖于人才的创新能力,创新已成为国家和民族兴旺发达的动力之源。科教兴国、人才强国、建设创新型国家等一系列重大战略的实施,要求高校培养大批创新型人才。

由于工程教育是面向工业、面向工程、面向工程师的教育,工科专业毕业生的创新意识和创新能力,成为衡量工程教育质量的重要标准。高等工程教育将创新创业教育纳入学生学习的全过程,促使学生掌握从事技术创新所需要的科学技术知识,培养学生开展实验研究、设计和制造的能力。

第二节 工程教育认证

高等教育认证(Accreditation)最早起源于美国,是一种资格认证。该认证可对达到或超过既定教育质量标准的高校或专业给予认可,协助院校和专业进一步提高教育质量。专业认证(专门职业性专业认证,Professional Programatic Accreditation)是由专业性认证机构实施的专门性认证。它由专门职业协会、该专业领域的教育工作者一同进行,为进入专门职业界工作的预备教育提供质量保证。专业认证已在国际上运行多年,是得到广泛采纳的保证和提高高等学校专业教育质量的重要方法和途径。

一、我国专业认证工作的进展

近年来,教育部采取了多项重大举措,促进不同专业认证协调有序发展。现在,专业认证已然成为高等教育质量监测评估保障"四大体系"中不可或缺的一环。

1. 工程教育专业认证

我国专业认证是从工程教育起步的。

2006年5月,教育部成立了全国工程教育专业认证专家委员会,开始了工程教育领域的专业认证试点工作。

2016年6月,在马来西亚吉隆坡举行的国际工程联盟会议上,与会各成员国一致同意我国成为《华盛顿协议》(Washington Accord)组织的正式成员,它表明我国的工程教育得到了国际同行的广泛认可,开启了我国工程教育专业认证的国际化道路,进一步促进了我国工程教育的变革。

2. 医学类专业认证

教育部于2008年成立了教育部医学教育认证专家委员会,开始医学类专业认证建设。截至2017年,教育部研究制定了医学类专业教学质量国家标准,与国家卫计委(现国家卫健委)、中医药管理局联合颁布实施临床医学、中医学专业认证标准,开展90个专业点的认证,其中有12所高校开展国际认证。这标志我国初步建立了具有中国特色、国际实质等效的医学教育认证制度,对提高医学人才培养质量起到了积极推动作用。

3. 经管类专业认证

2015年12月,首批经管类专业认证试点启动。44名教育界、行业企业专家对西南财经大学、浙江大学、厦门大学、对外经济贸易大学的国际经济与贸易、财务管理、工商管理、会计学等7个专业点开展了现场考查。

2016年12月,对外经济贸易大学财务管理专业、工商管理专业接受教育部普通高等学校本科专业认证(第三级)暨全国首家中俄联合国际专业认证,并在第二年顺利通过。这标志着中国高校经管类专业建设获得了国际上的认可。

4. 师范类专业认证

2017年,教育部印发《普通高等学校师范类专业认证实施办法(暂行)》,在全国启动实施师范类专业认证。这是我国政府颁布的首个分级分类专业认证办法,构建了横向三类、纵向三级的认证标准体系,包括认证办法和中学、小学、学前教育3个相互衔接的认证标准。

5. 积极筹备其他专业认证

例如,武汉大学率先接受理学专业认证,中国农业大学率先接受农学专业认证,中国传媒大学率先接受新闻学专业认证等。这表明,我国的很多专业认证是从最好的专业点开始试点的,进而带动其他高校也积极达到"国标"。

二、《华盛顿协议》组织及其内涵特征

世界进入全球化时代,但是由于各个国家在政治、经济、文化领域存在普遍差异,使得各个国家在工程技术人才培养的质量标准上存在很大差异。为了有效解决这一问题带来的弊端,1989年,美国、英国、爱尔兰、加拿大、澳大利亚和新西兰6个英语国家的专业组织团体签

订了《华盛顿协议》，它是一项国际互认协议，承认签约国家或地区所认证的工程专业（主要是4年制本科）培养方案具有实质等效性，认为经任何缔约方认证的工程专业毕业生均达到了从事工程师职业的基本质量标准。

《华盛顿协议》的核心是实现各国工程教育领域认证专业的国际互认，认证过程中通过遵循实质、等效原则的措施，来解决工程专业质量的国际互认问题，我国工程教育专业认证工作在开展过程中深入把握了其发展的内在逻辑和基本要求。

《华盛顿协议》有以下几点要求：

（1）所有缔约方的工程教育认证标准、认证政策和认证程序具有可比性。

（2）所有缔约方的工程教育认证结论被其他缔约方认可。

（3）从各缔约方认证的合格专业毕业的学生，被认为已经达到了从事工程师职业的基本质量标准，满足了缔约方注册工程师的教育要求。

（4）认证专业要贯彻它的核心理念——"以学生为中心""成果导向"和"持续改进"。

依据《华盛顿协议》进行的工程教育领域专业认证有如下特征：

（1）在体系上，校外权威组织专业认证与校内专业质量保障相结合。

（2）在认证准则上，侧重于毕业生的学习成果产出水平和质量。

（3）在认证程序上，需要经历学校自评、学校提交自评报告、校外专家组织现场考查、认证机构理事会投票表决和认证协会发布认证结论的流程。

三、工程教育专业认证

工程教育专业认证是指专业认证机构对高等教育机构开设的工程类专业教育实施的专门性认证，由专门职业或行业协会（联合会）、专业学会同该领域的教育专家和相关行业企业专家一起进行，旨在为相关工程技术人才进入工业界提供预备教育质量保证。

国内的专业认证结果可为政策制定、资源配置、经费投入、用人单位招聘、高考志愿填报等提供服务和决策参考。

专业认证包括"以学生为中心""以成果为导向"和"持续改进"这三大基本理念，尤以工程教育专业认证最为繁荣。

工程教育专业认证的核心理念包括以下方面：

（1）以学生为中心的认证理念。教育目标围绕学生的培养，教学内容设计聚焦学生能力培养，师资与教育资源满足学生学习效果达成，评价的焦点是对学生学习效果的评价。

（2）成果/产出/结果导向的教学设计。从最终成果（顶峰成果）反向设计，以确定所有迈向顶峰成果的教学的适切性。教学的出发点不是教师想教什么，而是要达成顶峰成果需要什么。

（3）持续改进的质量保障机制。建立常态性评价机制并不断改进，培养目标、毕业要求、教学环节都要进行评价。每个教师在持续改进中均承担责任。持续改进的效果通过学生表现来体现。

四、工程教育专业认证流程

1. 认证机构

中国工程教育专业认证协会是经教育部授权的，在中国开展工程教育认证工作的唯一合法组织。

开展工程教育认证的目标是:构建中国工程教育的质量监控体系,推进中国工程教育改革,进一步提高工程教育质量;建立与工程师制度相衔接的工程教育认证体系,促进工程教育与企业界的联系,增强工程教育人才培养对产业发展的适应性;促进中国工程教育的国际互认,提升国际竞争力。

2.认证标准

工程教育认证标准由通用标准和专业补充标准两部分构成。

3.认证程序

工程教育认证工作的基本程序包括6个阶段:申请和受理、学校自评与提交自评报告、自评报告的审阅、现场考查、审议和作出认证结论、认证状态保持。

4.认证结论

(1)通过认证,有效期6年:达到标准要求,无标准相关的任何问题。

(2)通过认证,有效期6年(有条件):达到标准要求,但有问题或需关注事项,不足以保持6年有效期,需要在第3年提交改进情况报告,根据问题改进情况决定"继续保持有效期"或是"中止有效期"。

(3)不通过认证:存在未达到标准要求的不足项。

五、工程教育认证通用标准(2020版,试行)

通用标准规定了专业在学生、培养目标、毕业要求、持续改进、课程体系、师资队伍和支持条件7个方面的要求。

补充标准对按照教育部有关规定设立的专业毕业生,授予工学学士学位,专业名称中包含机械、材料成型、过程装备、车辆等机械类专业的,还应包括课程体系和师资队伍。

1.通用标准

1)学生

(1)具有吸引优秀生源的制度和措施。

(2)具有完善的学生学习指导、职业规划、就业指导、心理辅导等方面的措施并能够很好地执行落实。

(3)对学生在整个学习过程中的表现进行跟踪与评估,并通过形成性评价保证学生毕业时达到毕业要求。

(4)有明确的规定和相应认定过程,认可转专业、转学学生的原有学分。

2)培养目标

(1)有公开的、符合学校定位的、适应社会经济发展需要的培养目标。

(2)定期评价培养目标的合理性并根据评价结果对培养目标进行修订,评价与修订过程有行业或企业专家参与。

3)毕业要求

专业必须有明确、公开、可衡量的毕业要求,毕业要求应能支撑培养目标的达成。专业制定的毕业要求应完全覆盖以下内容:

(1)工程知识:能够将数学、自然科学、工程基础和专业知识用于解决复杂工程问题。

(2)问题分析:能够应用数学、自然科学和工程科学的基本原理,识别、表达并通过文献研究分析复杂工程问题,以获得有效结论。

(3)设计/开发解决方案:能够设计针对复杂工程问题的解决方案,设计满足特定需求的系统、单元(部件)或工艺流程,并能够在设计环节中体现创新意识,考虑社会、健康、安全、法律、文化以及环境等因素。

(4)研究:能够基于科学原理并采用科学方法对复杂工程问题进行研究,包括设计实验、分析与解释数据,并通过信息综合得到合理有效的结论。

(5)使用现代工具:能够针对复杂工程问题,开发、选择与使用恰当的技术、资源、现代工程工具和信息技术工具,包括对复杂工程问题的预测与模拟,并能够理解其局限性。

(6)工程与社会:能够基于工程相关背景知识进行合理分析,评价专业工程实践和复杂工程问题解决方案对社会、健康、安全、法律以及文化的影响,并理解应承担的责任。

(7)环境和可持续发展:能够理解和评价针对复杂工程问题的工程实践对环境、社会可持续发展的影响。

(8)职业规范:具有人文社会科学素养、社会责任感,能够在工程实践中理解并遵守工程职业道德和规范,履行责任。

(9)个人和团队:能够在多学科背景下的团队中承担个体、团队成员以及负责人的角色。

(10)沟通:能够就复杂工程问题与业界同行及社会公众进行有效沟通和交流,包括撰写报告和设计文稿、陈述发言、清晰表达或回应指令,并具备一定的国际视野,能够在跨文化背景下进行沟通和交流。

(11)项目管理:理解并掌握工程管理原理与经济决策方法,并能在多学科环境中应用。

(12)终身学习:具有自主学习和终身学习的意识,有不断学习和适应发展的能力。

4)持续改进

(1)建立教学过程质量监控机制,各主要教学环节有明确的质量要求,定期开展课程体系设置和课程质量评价。建立毕业要求达成情况评价机制,定期开展毕业要求达成情况评价。

(2)建立毕业生跟踪反馈机制以及有高等教育系统以外有关各方参与的社会评价机制,对培养目标的达成情况进行定期分析。

(3)能证明评价结果被用于持续改进。

5)课程体系

课程设置能支持毕业要求的达成,课程体系设计有企业或行业专家参与。课程体系必须包括:

(1)与本专业毕业要求相适应的数学与自然科学类课程(至少占总学分的15%)。

(2)符合本专业毕业要求的工程基础类课程、专业基础类课程与专业类课程(至少占总学分的30%)。工程基础类课程和专业基础类课程能体现数学和自然科学在本专业的应用能力培养,专业类课程能体现系统设计和实现能力的培养。

(3)工程实践与毕业设计(论文)(至少占总学分的20%)。设置完善的实践教学体系,并与企业合作,开展实习、实训,培养学生的实践能力和创新能力。毕业设计(论文)选题要结合本专业的工程实际问题,培养学生的工程意识、协作精神以及综合应用所学知识解决实际问题的能力。对毕业设计(论文)的指导和考核有企业或行业专家参与。

（4）人文社会科学类通识教育课程（至少占总学分的15%），使学生在从事工程设计时能够考虑经济、环境、法律、伦理等各种制约因素。

6）师资队伍

（1）教师数量能满足教学需要，结构合理，并有企业或行业专家作为兼职教师。

（2）教师具有足够的教学能力、专业水平、工程经验、沟通能力、职业发展能力，并且能够开展工程实践问题研究，参与学术交流。教师的工程背景应能满足专业教学的需要。

（3）教师有足够时间和精力投入本科教学和学生指导中，并积极参与教学研究与改革。

（4）教师为学生提供指导、咨询、服务，并对学生职业生涯规划、职业从业教育有足够的指导。

（5）教师明确他们在教学质量提升过程中的责任，不断改进工作。

7）支撑条件

（1）教室、实验室及设备在数量和功能上满足教学需要。有良好的管理、维护和更新机制，使得学生能够方便地使用。与企业合作共建实习和实训基地，在教学过程中为学生提供参与工程实践的平台。

（2）计算机、网络以及图书资料资源能够满足学生的学习以及教师的日常教学和科研所需。资源管理规范、共享程度高。

（3）教学经费有保证，总量能满足教学需要。

2. 补充标准（机械类）

1）课程体系

自然科学类课程应包含物理、化学（或生命科学）等知识领域。

工程基础类课程应包含工程图学、理论力学、材料力学、热流体、电工电子、工程材料等知识领域。实践环节包括工程训练、课程实验、课程设计、企业实习、科技创新等。毕业设计（论文）以工程设计为主。

2）师资队伍

从事专业主干课程教学的教师，应具有企业工作经验或从事过工程设计和研究的工程背景，了解本专业领域科学和技术的最新发展。

六、汽车服务工程专业教育认证中"毕业要求'复杂工程问题'"的理解

工程教育专业认证的核心就是要确认工科专业毕业生达到行业认可的既定质量标准要求，是以培养目标和毕业要求为导向的合格性评价。因此，应高度重视工程教育专业认证提出的解决"复杂工程问题"的新要求。

1. "复杂工程问题"的要求

在中国工程教育专业认证协会《工程教育认证标准（2020版）》中，对"毕业要求"的12项条款中涉及"复杂工程问题"的有8项条款。而且"复杂工程问题"必须具备下述特征（1），同时具备下述特征（2）~（7）的部分或全部：

（1）必须运用深入的工程原理，经过系统的分析才可能得到解决。

（2）涉及多方面的技术、管理和其他因素，并可能相互之间有一定冲突。

（3）需要通过建立合适的抽象模型才能解决，在建模过程中需要体现出创造性。

（4）不能仅靠常用方法就可以完全解决。

(5) 问题中涉及的因素可能没有完全包含在专业工程实践的标准和规范中。

(6) 问题相关各方利益不完全一致。

(7) 具有较高的综合性,包含多个相互关联的子问题。

结合汽车服务工程专业人才的培养过程,针对"复杂工程问题"的解决、识别、表达、文献分析、设计解决方案、基于科学原理并采用科学方法、预测与模拟、评价及其沟通和交流等要求,课程体系应能支撑培养目标的达成并能通过评价证明毕业要求的达成。

2. 制定适合本校汽车服务工程专业的毕业要求

毕业要求是对学生毕业时所应该掌握的知识和能力的具体描述,包括学生通过本专业学习所掌握的知识、应具备的能力以及培养的素质,是学生完成学业时应该取得的学习成果。虽然毕业要求包含知识、能力、素质三个层面,但是掌握知识的目的是应用知识和创新创业。因此,本书提出的山东交通学院汽车服务工程专业的毕业要求是:

(1) 热爱祖国,拥护中国共产党,树立正确的世界观、人生观和价值观,富有社会责任感。

(2) 掌握解决汽车服务工程中复杂工程问题所需的基础知识,包括数学、自然科学、工程基础知识以及人文与社会科学知识。

(3) 能够应用数学、自然科学、工程科学基本原理,识别、表达汽车的技术状况、试验检测结果、产品性能评价、损伤程度判定及事故原因分析等复杂工程问题。

(4) 能够设计满足汽车的检测与维修工艺、产品开发策略、理赔定损及事故鉴定技术规程等汽车服务工程领域中复杂工程问题的解决方案,并能够在设计环节中体现创新意识,考虑社会、健康、安全、法律、文化以及环境等因素。

(5) 能够基于科学原理并采用科学方法对汽车的运用保障、试验检测、产品营销、理赔定损以及事故鉴定等过程中的复杂工程问题进行研究,包括实验设计、数据处理与分析,并通过信息综合得到合理有效的结论。

(6) 能够利用汽车技术相关的图书资料、数据库及网络信息等资源,选择与使用合理的汽车试验检测仪器和维修设备,使用数据分析、性能仿真、事故再现等应用软件对复杂工程问题进行预测与模拟,并能够理解其局限性。

(7) 能够运用相关的基础理论、技术方法,对汽车服务工程实践和复杂工程问题的解决方案进行合理分析,理解、识别、评价其对社会、健康、安全、法规、文化、环境以及社会可持续发展的影响,并理解应承担的责任。

(8) 有人文社会科学素养、社会责任感,能够在汽车的运用保障、试验检测、产品营销、理赔定损、事故鉴定等工程实践中理解并遵守工程职业道德和规范,履行岗位责任;能够在多学科背景下的团队中理解个人、团队和负责人的角色内涵,承担个体、团队成员以及负责人的工作;具备一定的国际视野,能够在跨文化背景下进行沟通和交流。

(9) 能够就汽车的运用保障、试验检测、产品营销、理赔定损、事故鉴定等复杂工程问题与业界同行及社会公众进行有效沟通和交流,撰写出分析报告、解决方案规范文件等,陈述发言应清晰表达或回应问题;理解并掌握与汽车服务工程相关的管理原理与技术经济决策方法,并能在多学科环境中应用。

(10) 具有自主学习和终身学习的意识,能够掌握新理论、新技术、新方法,适应汽车服务工程的不断发展。

在上述毕业要求中,第(2)条是对应掌握知识的要求,第(3)、第(4)、第(5)、第(6)及第(7)

条是对运用所学知识解决汽车服务工程领域中复杂工程问题的能力要求,第(1)、第(8)、第(9)和第(10)条是对综合素质的要求。根据毕业生在5年后能够达成的职业能力和专业成就确定培养目标,由此明确学生毕业时应该掌握的知识、达到的能力及具备的素质,并将其细化为知识、能力和素质指标点;用矩阵图的方式说明课程体系与毕业要求指标点的对应支撑关系,设计课程教学目标、课程内容、教学方法及考核方式等,进行课程教学大纲的编写。

七、专业认证的作用与优势

(1)可以指导高考学生和家长选报已通过认证的专业。

(2)通过认证的专业可提高在国内同行业中的竞争力,以招收更多优秀学生入学。

(3)可以帮助高校专业点建立健全达成高效的学生培养目标的教学管理体系。

(4)开展专业认证工作,有助于促进我国工程教育的改革,加强工程实践教育,进一步提高工程教育的质量。

(5)吸引企业界的广泛参与,进一步密切工程教育与产业界的联系,提高工程教育人才培养对产业的适应性。

(6)促进我国工程教育参与国际交流,实现国际本科工程教育的学位互认,将来通过工程教育专业认证的学生可在相关的国家或地区按照职业工程师的要求,取得工程师执业资格,从而为工程类学生走向世界提供具有国际互认质量标准的"通行证",保证毕业生在国际范围内得到平等、便捷、无歧视的对待。

专业认证在我国已经从个别试点发展到全面启动的阶段,未来将进一步推广。高校可以对标"国际一流",根据专业认证标准改进课程体系,改造相关教学环节和设施;对于社会而言,各界则可以借助专业认证结果来衡量大学专业的人才培养质量,乃至将专业认证与职业准入、职业注册制度相关联。

截至2019年底,全国共有241所普通高等学校1353个专业通过了工程教育认证,涉及机械、仪器等21个工科专业类,标志着这些专业的质量实现了国际实质等效认证,进入全球工程教育的第一方阵。

第三节 汽车服务工程专业的属性

一、本科教育学科属性

我国本科教育学科属性划分为学科门类、专业类和专业三个层次。

1. 学科门类

学科门类是对具有一定关联学科的归类,是指授予学位和培养学生的学科类别。

目前,我国普通高等学校本科共设12个学科门类,分别是:哲学、经济学、法学、教育学、文学、历史学、理学、工学、农学、医学、管理学和艺术学。在我国普通高等学校中,未设军事学学科门类。

汽车服务工程专业类属于工学门类,工学是指工程学科的总称,招收高中理科毕业生。

2. 专业类

专业类是指根据科学研究对象在各学科门类下划分的学科分类体系,我国共设92个专业类。

工学门类下设专业类最多，共设 31 个，占了总专业类的 1/3，分别是：工程力学类、机械类、仪器仪表类、材料类、能源动力类、电气类、电子信息类、自动化类、计算机类、土木类、水利类、测绘类、化工与制药类、地质类、矿业类、纺织类、轻工类、交通运输类、海洋工程类、航空航天类、武器类、核工程类、农业工程类、林业工程类、环境科学与工程类、生物医学工程类、食品工程类、建筑类、安全科学与工程类、生物工程类和公安技术类。

汽车服务工程专业类属于工学门类下的机械类专业。

3. 专业

专业是指高等学校根据社会专业分工的需要设立的学业类别。各专业都有独立的教学计划，以实现专业的培养目标和要求。

专业分为基本专业和特设专业。基本专业是指学科基础比较成熟、社会需求相对稳定、布点数量相对较多、继承性较好的专业；特设专业是针对不同高校办学特色，或适应近年来人才培养特殊需求设置的专业。基本专业每五年调整一次，相对稳定；特设专业处于动态调整中，每年向社会公布，这有利于学校专业设置的动态调整，为高校根据办学需要适时调整专业提供了机制保障。

我国目前共有 506 种本科专业，其中，基本专业 352 种，特设专业 154 种。在这 506 种本科专业中，有 62 种专业为国家控制布点专业。

机械专业类是工科中一个大的专业类，是理科生选报的热门专业之一。机械类专业除了需要学生有很好的理科知识外，还需要比较强的绘图能力。社会对机械类技术人员的需求量是很大的，就业率也一直很高的，约为 95%。

机械专业类设有机械工程、机械设计制造及其自动化、材料成型及控制工程、机械电子工程、工业设计、过程装备与控制工程、车辆工程、汽车服务工程、机械工艺技术、微机电系统工程、机电技术教育和汽车维修工程教育 12 个专业，其中前 8 个专业为基本专业，后 4 个专业为特设专业。

专业是随社会的发展而发展的，由于社会科学技术的高度迅猛发展，人类在享受科学技术飞速发展的同时，出现了传统的专业发展变化，伴随高科技化的逐步加深，不断地分化出新的专业，如机电一体化专业，并且转化为大量的社会和企业职业需求。

二、汽车服务工程专业授予工学学士学位

学位是标志被授予者的受教育程度和学术水平达到规定标准的学术称号。

1. 学位级别

我国学位分学士、硕士和博士三级。"博士后"不是学位，而是指获准进入博士后科研流动站从事科学研究工作的博士学位获得者。

学士学位，由国务院授权的高等学校授予。硕士学位、博士学位由国务院授予的高等学校和科研机构授予。

高等学校本科毕业生，成绩优良、达到规定的学术水平者，授予学士学位；高等学校和科研机构的研究生，或具有研究生毕业同等学力的人员，通过硕士（博士）学位的课程考试和论文答辩，成绩合格，达到规定的学术水平者，授予硕士（博士）学位。授予学位的高等学校和科研机构，在学位评定委员会作出授予学位的决议后，发给学位获得者相应的学位证书。

学士是初级学位。通常由高等学校授予大学本科毕业生。《中华人民共和国学位条例》

规定，申请学士学位的条件是高等学校本科学生完成教学计划的各项要求，经审核准予毕业，其课程学习和毕业论文（毕业设计或其他毕业实践环节）的成绩合格，表明确已较好地掌握了本门学科的基础理论、专门知识和基本技能，并具有从事科学研究工作或担负专门技术工作的初步能力者。

硕士是第二级学位。通常在获得最初一级学士学位后，再修读1～3年方可获得。一些国家把硕士学位作为获得博士学位的一种过渡学位。中国学位条例把硕士列为独立的一级学位，既要求读课程，又要求做论文。《中华人民共和国学位条例》规定，申请硕士学位的条件是高等学校和科研机构的研究生，或具有研究生同等学力的人员，通过硕士学位的课程考试和论文答辩，成绩合格，达到下述学术水平，即在本门学科上掌握了坚实的基础理论和系统专门知识，具有从事科学研究工作或独立担负专门技术工作能力者。

博士是最高一级学位。《中华人民共和国学位条例》规定，博士学位的授予条件是高等学校和科研机构的博士学位研究生，或具有博士学位研究生毕业同等学力者，通过博士学位的课程考试和论文答辩，成绩合格，达到下述学术水平，即在本门学科上掌握了坚实、宽广的基础理论和系统、深入的专门知识，具有独立从事科学研究工作的能力，在科学或专门技术上作出创造性的成果者。

2. 学位与学历

学历是指求学的经历，即曾在哪些学校肄业或毕业。

国家承认的学历在初等教育方面有小学，在中等教育方面有初中、高中（包括中职、职高、技校），在高等教育方面有专科、本科、硕士研究生、博士研究生四个层次，另外还有第二学士学位班、研究生班（研究生班近年已停招）。经国家主管教育部门批准具有举办学历教育资格的普通高等学校（含培养研究生的科研单位）、成人高等学校所颁发的学历证书，国家予以承认。另外，通过自学考试，由国务院自学考试委员会授权各省（自治区、直辖市）自学考试委员会颁发的自学考试毕业证书，国家同样予以承认。

学位不等同于学历，获得学位证书而未取得学历证书者仍为原学历。取得大学本科、硕士研究生或博士研究生毕业证书的，不一定能够取得相应的学位证书；取得学士学位证书的，必须首先获得大学本科毕业证书，而取得硕士学位或博士学位证书的，却不一定能够获得硕士研究生或博士研究生毕业证书。

现在经常出现将学位与学历相混淆的现象，如有的人学历为本科毕业，以后通过在职人员学位申请取得了博士学位，这时，其学历仍为本科，而不能称之为取得"博士学历"。

3. 学位证书

学位证书是为证明学生专业知识和技术水平而授予的证书，在我国学位证授予资格单位为通过教育部认可的高等院校或科研机构。

获得学位意味着被授予者的受教育程度和学术水平达到规定标准的学术称号，经在高等学校或科研部门学习和研究，成绩达到有关规定，由有关部门授予并得到国家社会承认的专业知识学习资历。

在一个大学修完该修的学分，所有成绩及格，就可以拿到该学校的毕业证。但是学位证是在所有成绩及格的基础上，有更高的要求。目前我国大部分学校都会要求学分绩点达到3.0（通常即加权平均分为70分）以上才能被授予学士学位，否则只能拿到毕业证。

有些学校有特别要求，例如若出现考试作弊的行为，毕业时只能拿到毕业证，不能授予学士学位。目前我国大学的学位证书已不与大学英语四级考试挂钩。若干年前很多学校要求学生在校期间必须通过大学英语四级考试，否则毕业时拿不到学位证书，但该限制已经在最近几年中陆续废除。

学士学位证书与本科学历证书的式样如图5-1所示，可在http://ww.chsi.com.cn(中国高等教育学生信息网)上查询学历证书。

a)学士学位证书　　　　　　　　　　　　　b)本科学历证书

图5-1　学士学位证书与本科学历证书的式样

4. 学士学位的类别

学士学位的类别与我国学科门类是对应的，12个学科门类分别授予相应的学位，即学士学位的类别分为：理学、工学、农学、管理学、经济学、医学、教育学、军事学、哲学、历史学、文学和法学12种学士学位。少数交叉性专业可以授予2种学位，可由学生自主选定某一种学位。

汽车服务工程专业类属于工学学科门类下的一个专业，所以应授予工学学士学位。

三、汽车服务工程专业的发展

汽车服务工程专业培养掌握机械、电子、计算机等全面工程技术基础理论和必要专业知识与技能，了解并重视与汽车技术发展有关的人文社会知识，能在企业、科研院(所)等部门，从事汽车设计开发、生产制造、试验检测、应用研究、技术服务、经营销售、管理等方面工作，具有较强实践能力和创新精神的高级专门人才。

该专业要求学生系统学习和掌握机械设计与制造的基础理论，学习微电子技术、计算机应用技术和信息处理技术的基本知识，接受现代机械工程的基本训练，具有进行机械和车辆产品设计、制造及设备控制、生产组织管理的基本能力。

注重服务是现代消费的趋势，汽车产品作为机电一体化的技术密集型产品，无论是在购车环节还是在使用环节，其消费者更需要切实完善的服务。因此，随着我国汽车行业进入高速增长期，社会对面向汽车后市场的汽车人才需求也越来越多。

为了满足汽车服务市场蓬勃发展的需要，2003年经教育部批准设置汽车服务工程本科专业，列入工学学科门类中的机械类。2012年，教育部颁布《普通高等学校本科专业目录(2012)》，汽车服务工程专业仍被列入工学机械类(专业代码080208)，成为普通高校352种基本专业之一，是机械工程一级学科下最为年轻的本科专业。截至目前，我国已有196所高校开设汽车服务工程专业。每年新增开设该专业的高校也呈增长趋势。其中包括吉林大学、同济大学、长安大学、武汉理工大学、东北林业大学等原"985"或"211"工程大学以及山东交通学院、重庆交通大学等多所行业特色型大学。

汽车服务工程专业在国内开办时间较短,相近专业是交通运输专业(原汽车运用工程专业),但汽车服务工程专业延伸和扩展专业方向,是随着我国汽车产业从规模生产逐步向精品服务转型的过程中发展起来的新兴专业,更加适应逐渐兴起和发展的汽车服务市场人才需求。汽车服务工程专业每年毕业生超过万人,就业率维持在98%以上。

武汉理工大学作为首个开设该专业的高校,在专业建设与研究方面起步较早,也获得了较丰富的成果,如:首次界定了汽车服务工程的专业内涵;首次分析了汽车服务人才的专业素质构成,据此提出了汽车服务工程专业本科培养目标;开创性地运用现代信息技术,首次建设了汽车商务模拟实验室,模拟汽车生产商市场研究、整车销售、资源分配、财务管理、物流配送等全部商务过程;还牵头成立了"高等学校汽车服务工程专业教学指导分委员会"等。但作为一个开办时间较短的新型专业,汽车服务工程专业建设任务是非常艰巨的,专业建设过程中涉及多个方面需要不断改革调整,这就需要多个高校积极研究探索,丰富专业的发展内涵。

从专业覆盖面看,汽车服务工程作为工学和管理学、经济学的一个交叉学科,关注的是从汽车下线进入用户开始,到整车报废为止的全过程,因此汽车后市场对汽车服务工程人才的知识结构和能力素质的需求是非常复杂的。既涉及分销服务、金融服务、运输服务等贸易层面上的要求,还涉及如保险理赔的责任鉴定、贸易摩擦争端的调查、技术服务、二手车鉴定评估、服务网络的规划和建设等工程技术层面上的要求。因此,汽车服务工程专业既不同于一般的商业贸易专业,也不同于一般的工程技术专业,它培养的学生必须是集工程知识、服务知识、贸易知识于一体,具有"懂技术、会经营、擅服务"能力素质,能够胜任服务领域工作的高级复合型人才。

当前,我国为应对新一轮科技革命和产业变革,支撑创新驱动发展、"中国制造2025"等一系列国家战略,提出了"新工科"建设目标,同时结合"工程教育专业认证",全力探索中国高等教育中国模式、中国经验改革研究与实践。

基于新理念的汽车服务工程专业工程教育改革。"新工科"的建设要贯彻工程教育专业认证"以学生为中心""成果导向"和"持续改进"的三大理念,要分析以"新技术、新产业、新业态、新模式"为特征的新经济对工程专业培养的要求,总结我国工程教育发展历史、发达国家工程教育改革的经验和教训,构建交叉融合的专业人才培养体系,"以学生为中心"将"成果导向"融入"新工科"人才培养全过程,逐步凝练并形成"新工科"建设的思路。

基于新结构的汽车服务工程专业改造。"新工科"是相对于传统工科提出的概念,针对的新兴专业包括人工智能、智能制造、机器人、云计算、网络空间安全、数据科学与大数据技术等,也包括对传统工科专业的升级改造,随着我国成为《华盛顿协议》组织的正式成员,标志着我国的专业认证工作进入了新的历史时期,它不仅意味着我国的高等工程教育质量得到了国际同行的认可,也为地方工科院校"新工科"下的汽车服务工程专业建设指明了方向,工程教育认证着眼于专业,"新工科"建设专业是抓手,这样两者很好地衔接在一起,"新工科"建设的重点需下沉到专业层面。

基于新质量的汽车服务工程专业保障体系建设。《华盛顿协议》倡导"持续改进"质量保障机制建设,要求所有缔约成员培养的工程技术人才达到质量的最低标准,但要有持续改进、不断提升的机制。专业认证要求申请专业建立校院两级教学管理和质量监控体系,形成较完备的质量管理制度文件,并建立毕业生、行业企业与用人单位广泛参与的社会评价机制,要按标准、按规范评判毕业要求、培养目标的达成度。"新工科"建设要打造我国高等工程教育的新质量,实现与工程教育专业认证质量标准的对接,专业认证的开展有利于"新工科"新质量的建设,为"新工科"的汽车服务工程专业质量建设指明了方向。

汽车服务工程专业在汽车新技术、信息及互联网技术发展的大背景下,找准定位,以"新工科"建设为契机,以工程教育专业认证为标准,深入开展专业建设与改革是人才培养质量保障的关键。通过分析新技术对汽车服务业的深度影响,以行业需求为导向重构人才培养目标,进而搭建以信息技术、"互联网＋"以及汽车新技术为核心的"新工科"核心课程体系,以产教融合平台为抓手,积极引入校外优势资源,着力提升本专业人才解决复杂技术服务领域问题的能力开展联合培养。通过以上探索,逐步构成汽车服务工程专业新工科建设体系,为汽车后市场的健康稳步发展提供强有力的人力支撑。

第四节　汽车服务工程专业人才培养方案

人才培养方案是高等学校实现人才培养目标和基本规格要求的总体设计蓝图,是学校组织教学、安排教学任务的主要依据,是学校办学指导思想、办学定位、办学水平、办学特色的具体体现,是学校对教育教学质量进行监控和评价的基础性文件。人才培养方案应该包括:专业定位、培养目标、毕业要求、学制与学分、主干学科、核心课程、课程结构、集中实践教学环节、第二课堂安排等。

各学校在当前"新工科""工程教育工程认证"的背景下,以培养应用型高级工程人才为宗旨,以服务地方经济为导向,以培养和提高学生的非技术服务能力和技术服务能力为核心点;专业知识和实践技能两线并行,贯通人才培养的各个环节,实现学历和应用型高级工程技能的相互融通;从理论教学,实践教学和素质培养三个方面,构建三维立体培养架构,提升学生素质和综合能力;将学校培养和企业实践相结合,实现校企一体;将学习内容和工作技能相结合,实现工学一体;将教师的理论素养和实践能力相结合,实现教练一体;将理论教材和实践教材相结合,实现理实一体,制订合理人才培养方案。下面结合某高校汽车服务工程专业人才培养方案与实施计划进行说明。

一、专业定位

汽车服务工程专业是适应汽车营销、汽车保险、汽车技术服务等汽车后市场人才需求设置的本科专业。以机械工程、管理科学等理论为基础,以汽车服务项目的组织策划、技术研发、经营管理、技术支持为专业发展方向,培养适应汽车制造厂营销部门、交通运输管理部门、财产保险企业、二手车交易市场生产和管理第一线需要的应用型高级人才。

二、培养目标

汽车服务工程专业培养德、智、体、美全面发展,掌握扎实的机械工程、管理科学的基础科学理论、专业基础理论、专业知识与技能,具备"懂技术、善经营、会管理"的能力和素质,注重汽车服务与大数据和人工智能等技术的交叉与融合,具备国际化视野与创新能力,能在汽车服务领域从事营销策划、技术研发、经营管理和技术支持等工作的复合型高级应用人才。

学生毕业后经过5年左右的工作,预期达成如下目标:

(1)具有良好的人文社会科学素养、职业道德、社会责任感和服务社会的能力。

(2)能够有效运用专业知识,在汽车服务领域从事营销策划、技术研发、经营管理和技术支持等工作。

(3)具备国际化视野和创新能力,具有符合岗位要求的协调能力、组织管理能力、沟通与交流能力,能在团队中作为领导或成员有效地发挥作用。

(4)在汽车服务领域具有较强的职业竞争力,能够胜任项目经理、营销主管和技术主管等工作。

(5)能够通过多种渠道完善自我知识体系,提高专业能力。

三、毕业要求

本专业学生毕业时,应达到以下几方面要求。

1. 工程知识

能够运用数学、自然科学、工程基础和专业知识,将复杂工程问题用数学模型、力学模型等加以描述并对其进行分析,解决汽车服务领域的复杂工程问题。

(1)能用数学、自然科学、工程科学的语言工具恰当表述汽车服务领域的工程问题。

(2)能分析汽车服务领域的复杂工程问题,并建立恰当的数学、力学模型等并求解。

(3)能够将数理、机械电子等理论知识和相关的模型方法用于推演、分析汽车服务领域工程问题,对汽车服务领域复杂工程问题的解决方案进行设计、分析和改进。

2. 问题分析

能够应用数学、自然科学和工程科学的基本原理,对汽车服务领域的复杂工程问题进行识别,并运用图纸、图表和文字等准确表述;能够综合运用文献、规范、标准或软件工具等进行技术分析并获得有效的结论。

(1)能运用数学、自然科学和工程科学的基本原理,识别和判断汽车服务领域复杂工程问题的关键环节。

(2)能够运用数学、自然科学及工程科学原理和数学模型方法,正确表达汽车服务领域中营销策划、经营管理和技术支持等相关的复杂工程问题。

(3)能运用基本原理,借助文献研究等方式,对复杂汽车服务工程问题进行影响因素分析,以获得有效结论。

3. 设计/开发解决方案

能够针对汽车服务领域的复杂工程问题,设计与开发恰当的汽车服务体系、业务流程或活动方案,并能够体现创新意识和考虑社会、健康、安全、法律、文化及环境因素的影响。

(1)掌握汽车服务工程项目或服务产品全周期、全流程的基本设计/开发方法和技术,了解影响设计目标和技术方案的各种因素。

(2)能够针对特定需求,设计可行的汽车服务活动策划或服务优化方案,并体现创新意识。

(3)在汽车服务活动策划、业务流程规划或服务优化设计中能够考虑安全、健康、法律、文化及环境等制约因素。

4. 研究

能够基于科学原理并采用科学方法对汽车服务领域复杂工程问题进行研究,包括设计实验、分析与解释数据,并通过信息综合得到合理有效的结论。

(1)能够基于数学、自然科学和工程科学的基本原理,通过文献研究或相关方法,调研和分析汽车服务领域复杂工程问题的解决方案。

(2)能够根据设计性实验、综合性实验或实证研究的特征,选择研究路线,设计实验方案。

(3)能借助实验或调研数据对实验结果进行分析和解释,并通过信息综合得到合理有效的结论。

5. 使用现代工具

能够针对汽车服务领域的复杂工程问题,开发、选择和使用恰当的信息技术工具和现代工程工具,进行建模、求解和分析,并能够理解其局限性。

(1)了解汽车服务工程专业常用的仪器与设备、信息技术工具、工程工具和模拟软件的使用原理和方法,并理解其局限性。

(2)能够选择与使用恰当的仪器、信息资源、工程工具和专业模拟软件,对汽车服务领域复杂工程问题进行分析、计算与设计。

(3)能够针对汽车服务领域具体的对象,开发或选用满足特定需求的现代工具,模拟和预测专业问题,并能够分析其局限性。

6. 工程与社会

能够基于汽车服务相关的背景知识和标准对汽车服务项目设计、实施方案的合理性进行分析,评价汽车服务复杂工程问题的解决方案对社会、健康、安全、法律以及文化的影响,并理解汽车服务工程师应承担的责任。

(1)了解汽车服务工程专业相关领域的技术标准体系、知识产权、产业政策和法律法规,理解不同社会文化对工程活动的影响。

(2)能分析和评价汽车服务工程专业工程实践对社会、健康、安全、法律、文化的影响,以及这些制约因素对项目实施的影响,并理解应承担的责任。

7. 环境和可持续发展

针对汽车服务领域复杂工程问题的专业工程实践,能够理解和评价其对环境和可持续发展的影响。

(1)在解决汽车服务领域复杂工程问题时,知晓和理解国家的环境可持续发展战略及相关的政策、法律和法规。

(2)能够站在环境保护和可持续发展的角度思考专业工程实践的可持续性,评价汽车产品生命周期或汽车服务活动实施进程中可能对人类和环境造成的损害和存在的隐患。

8. 职业规范

具有人文社会科学素养、社会责任感,能够在汽车服务工程实践中理解并遵守工程职业道德和规范,履行责任。

(1)有正确人生观和价值观,理解个人与社会的关系,了解中国国情。

(2)理解工程师对公众的安全、健康和福祉,以及环境保护的社会责任,能够在汽车服务工程实践中自觉履行责任。

9. 个人和团队

有团队合作精神,能够在多学科组成的团队中承担个体、团队成员或负责人的角色,共同达成工作目标。

(1)能够理解团队中每个角色的含义及团队协作对于整个团队的意义,能与其他学科的成员有效沟通,合作共事。

(2)能够在团队中独立承担分配的工作或与团队其他成员合作开展工作,协调和指挥团队开展工作。

10. 沟通

能够就汽车服务领域的复杂工程问题与业界同行及社会公众进行有效沟通和交流,并具备一定的国际视野,能够在跨文化背景下进行沟通和交流。

(1)了解汽车服务工程专业领域的国际发展趋势、研究热点,能就汽车服务领域复杂工程问题,以口头、文稿、图表等方式与业界同行及社会公众进行有效沟通、交流和讨论。

(2)具备跨文化交流的语言和书面表达能力,能就汽车服务工程领域的专业问题,在跨文化背景下进行基本沟通和交流。

11. 项目管理

理解并掌握工程管理原理与经济决策方法,并能在机械工程和管理工程交叉学科环境中应用。

(1)掌握工程项目中涉及的管理与经济决策方法。

(2)了解汽车服务项目或服务产品全周期、全流程的成本构成,理解其中涉及的工程管理与经济决策问题;在设计和制订汽车服务工程领域问题解决方案的过程中,运用工程管理与经济决策方法。

12. 终身学习

能正确认识自主学习和终身学习的重要性,具有追踪新知识的意识,具备适应汽车服务技术新发展的能力。

(1)能在社会发展的大背景下,认识到自主和终身学习的必要性。

(2)具有自主学习的能力,包括对汽车服务领域相关技术问题的理解能力、归纳总结的能力和提出问题的能力等。

四、学制、学分

(1)学制:标准学制4年,实行弹性修读年限3~8年。

(2)本专业学生需修满171+10(第二课堂)学分准予毕业。其中创新与创业教育需修满6学分(创新创业课程4学分、创新创业实践2学分)。

五、主干学科、核心课程

1. 主干学科

机械工程、管理科学。

2. 核心课程

汽车构造、汽车电气与电控技术、汽车理论、汽车营销学、汽车保险与理赔、二手车鉴定与评估、新能源汽车等。

六、课程结构

大学课程大体可以划分为公共基础课(通识教育平台)、专业基础课(学科基础平台)、专业课(专业教育平台)三个平台和实践教学模块。

公共基础课(通识教育平台)是指高等院校中所有专业或部分同类专业的考生都必须学习的课程,如"马克思主义基本原理""大学计算机基础"等。公共基础课虽然不一定同所学专业有直接联系,但它是培养德智体全面发展人才,为进一步学习提供方法论的不可缺少的课程。

专业基础课(学科基础平台)是指供某一专业的学生学习基础理论、基本知识和基本技能的课程,其作用是帮助该专业学生为掌握专业知识、学习科学技术、发展有关能力打下坚实的基础。

专业课(专业教育平台)是指同专业知识直接联系的课程,它包括专业理论基础课和专业技术基础课。它的作用是使学生掌握必要的专业基本理论、专业知识和专业技能,了解本专业的前沿科学技术和发展趋势,培养分析解决本专业范围内一般实际问题的能力。

实践教学模块是巩固理论知识和加深对理论认识的有效途径,是培养具有创新意识的高素质工程技术人员的重要环节,是理论联系实际、培养学生掌握科学方法和提高学生动手能力的重要平台。同时,由于工程学科对学生的实践技能要求相对较高,因此实践教学环节所占的学时较多,其中大部分的学科基础课程和专业课程都包含实践教学内容。

此外,公共基础课(通识教育平台)、学科基础课(学科基础平台)、专业课(专业教育平台)各自均含有必修课程和选修课程。必修课是指某一专业必须学习和掌握的课程,此类课程是专业人才培养方案规定的核心课程,是保证培养专门人才的根本。必修课程可以概括分为三类:公共必修课、学科基础必修课和专业必修课。

选修课是根据大学教育要求和专业人才培养要求而设置的,可供学生结合自己的学习兴趣或专业方向而选修的课程。选修课程可以概括分为两类:公共选修课和专业选修课。公共选修课一般要求的学分不高,在10个学分左右。专业选修课一般只有本专业的学生可以选择,大多为专业课程,是掌握专业知识、拓展知识面的重要途径。

此外,为全面推进素质教育,更好地发挥课外活动的育人功能,引导、帮助学生完善知识结构,增强创新意识和动手能力,培养适应时代发展需要的高素质人才,在人才培养方案中提出了素质拓展与创新创业教育要求。

1. 公共基础课

公共基础课根据不同的学科门类有所不同,工程学科公共基础课的主要课程包括马克思主义基本原理概论、思想道德修养与法律基础、大学体育、大学英语、大学计算机基础、计算方法等必修课程。汽车服务工程专业的公共基础课开设情况大体见表5-1。

汽车服务工程专业的公共基础课开设情况　　　　表5-1

类别	序号	课程名称	先修课程	学分	学时		
					总学时数	理论学时	实验实践学时	上机学时

类别	序号	课程名称	先修课程	学分	总学时数	理论学时	实验实践学时	上机学时
公共基础课	1	马克思主义基本原理概论	—	3	48	40	8	—
	2	毛泽东思想和中国特色社会主义理论体系概论	—	5	80	64	16	—
	3	中国近现代史纲要	—	3	48	40	8	—
	4	思想道德修养与法律基础	—	3	48	40	8	—

续上表

类别	序号	课程名称	先修课程	学分	学时			
					总学时数	理论学时	实验实践学时	上机学时
公共基础课	5	形势政策	—	2	64	48	16	—
	6	军事理论	—	2	32	26	6	—
	7	体育	—	4	128	112	16	—
	8	大学英语	—	12	192	192	—	—
	9	高等数学	—	10	160	160	—	—
	10	线性代数	高等数学	2	32	32	—	—
	11	概率论与数理统计	高等数学、线性代数	3	48	48	—	—
	12	大学物理	高等数学	4	64	64	—	—
	13	大学物理实验	高等数学	3	48	—	48	—
	14	人工智能基础	—	1	16	16	—	—
	15	计算机技术基础(C)	—	3	48	24	—	24
	16	工程化学	—	1.5	24	24	—	—
	17	计算方法	高等数学	3	48	48	—	—
		公共基础课学分/学时合计		64.5	1128	978	126	24

2. 专业基础课

专业基础课是进入专业学习前必须学习的课程,很多课程是同一专业类(学科类)都需要开设的课程。汽车服务工程专业的专业基础课主要包括机械制图、理论力学、电工与电子技术、机械设计基础、汽车服务工程专业导论等课程,开设情况大体见表5-2。

汽车服务工程专业的专业基础课开设情况　　表5-2

类别	序号	课程名称	先修课程	学分	学时			
					总学时数	理论学时	实验实践学时	上机学时
专业基础课	1	汽车服务工程专业导论	—	1	16	12	4	—
	2	机械制图	—	4	64	40	24	—
	3	理论力学	高等数学	4	64	64	—	—
	4	材料力学	理论力学	3.5	56	50	6	—
	5	电工与电子技术	大学物理	5	80	62	18	—
	6	金属工艺学	机械制图	2	32	28	4	—
	7	互换性原理与技术测量	理论力学	1.5	24	24	—	—
	8	机械设计基础	机械制图、理论力学	4	64	60	4	—
	9	液压传动	机械制图	2	32	30	2	—
	10	工程流体力学	高等数学	1.5	24	24	—	—
		专业基础课学分/学时合计		28.5	456	394	62	—

3. 专业课

专业课是教授学生专业基本理论、专业知识和专业技能的课程，其中必修课一般是专业特色课程，选修课根据专业方向设置了一组课程供学生选择，一般要求学生修满10个学分左右。汽车服务工程专业课主要包括汽车构造、汽车电气与电控、汽车理论、汽车营销学、汽车保险与理赔、汽车检测与维修、二手车鉴定与评估等，开设情况大体见表5-3。

汽车服务工程专业的专业课开设情况　　　　　表5-3

类别	序号	课程名称	先修课程	学分	学时			
					总学时数	理论学时	实验实践学时	上机学时
专业课	1	汽车发动机构造	机械制图、汽车服务工程专业导论	2.5	40	26	14	—
	2	汽车底盘构造	机械制图、汽车服务工程专业导论	2.5	40	26	14	—
	3	发动机原理	机械制图	1.5	24	20	4	—
	4	汽车理论	汽车发动机构造、发动机原理	2.5	40	36	4	—
	5	汽车营销学	汽车消费心理学、保险经营与管理	2	32	32	—	—
	6	汽车电气与电控技术	汽车发动机构造、电工与电子技术	2	32	26	6	—
	7	汽车保险与理赔	汽车发动机构造、汽车理论	2	32	26	6	—
	8	二手车鉴定与评估	汽车运用工程、汽车检测与维修	1.5	24	20	4	—
	9	专业英语	大学英语	1.5	24	24	—	—
	10	新能源汽车	工程化学、专业英语、汽车发动机构造	2	32	32	—	—
	11	汽车检测与维修	电工与电子技术、发动机原理	2	32	24	8	—
		专业课学分/学时合计		22	352	292	60	—

4. 专业限选课

在教学计划中，每个专业都列出了若干个不同的专业方向，每个方向包含着若干门相对完整而又成系列的课程。这些专业方向可供学生学完基础课后根据个人的兴趣特长进行选择,使学生在感兴趣的某个专业方向上,通过学习相对完整而又成系列的课程获得进一步的深造提高,体现因材施教、分流培养的思想,见表5-4。专业方向一般应在二年级结束时选定,从三年级开始即可修读其中的3门课程。

汽车服务工程专业的专业限选课开设情况　　　　　表5-4

类别	序号	课程名称	先修课程	学分	学时			
					总学时数	理论学时	实验实践学时	上机学时
专业限选课	1	市场调查与预测	—	2	32	26	6	—
	2	汽车消费心理学	—	2	32	32	—	—
	3	推销技术与谈判技巧	—	2	32	32	—	—
	4	保险经营与管理	汽车服务工程专业导论	2	32	32	—	—
	5	汽车事故鉴定学	汽车理论、汽车运用工程	2	32	32	—	—
	6	汽车单片机	计算机技术基础、人工智能基础	2	32	28	4	—
	7	汽车碰撞估损	汽车发动机构造、汽车底盘构造	2	32	32	—	—
	专业限选课学分/学时合计			6	96	86	10	

5. 专业任选课

教学计划中提供与汽车服务工程专业相关的课程,不加限制,由学生自由选读4门课程,见表5-5。

汽车服务工程专业的专业任选课开设情况　　　　　表5-5

类别	序号	课程名称	先修课程	学分	学时			
					总学时数	理论学时	实验实践学时	上机学时
专业任选课	1	车联网概论	—	1.5	24	24	—	—
	2	汽车运用工程	汽车构造、发动机原理	1.5	24	18	6	—
	3	物流学	—	1.5	24	24	—	—
	4	商务礼仪与公共关系	—	1.5	24	24	—	—
	5	汽车CAD	机械制图、汽车发动机构造、汽车底盘构造	1.5	24	12	—	12
	6	汽车安全工程	汽车发动机构造、汽车检测与维修	1.5	24	24	—	—

续上表

类别	序号	课程名称	先修课程	学分	学时			
					总学时数	理论学时	实验实践学时	上机学时
专业任选课	7	汽车节能与排放	汽车发动机构造、汽车理论	1.5	24	24	—	—
	8	汽车服务企业管理	汽车发动机构造、汽车电气与电控技术	1.5	24	24	—	—
	9	汽车配件技术管理	汽车发动机构造、汽车底盘构造	1.5	24	24	—	—
	10	财产保险		1.5	24	24	—	—
	11	汽车服务系统规划	高等数学、专业导论	1.5	24	24	—	—
		专业任选课学分/学时合计		6	96	84	0	12

6. 创新创业课程

创新创业课程是以培养具有创业基本素质和开创型个性的人才为目标,不仅仅是以培育在校学生的创业意识、创新精神、创新创业能力为主的教育,而是要面向全社会,针对那些打算创业、已经创业、成功创业的创业群体,分阶段分层次地进行创新思维培养和创业能力锻炼的教育,见表5-6。

创新创业课程　　　　　　　　　　　　　　　　　　　　　　　　　　表5-6

类别	序号	课程名称	先修课程	学分	学时			
					总学时数	理论学时	实验实践学时	上机学时
创新创业课程	1	大学生职业生涯规划	—	1	16	16	—	—
	2	就业指导	—	1	16	16	—	—
	3	创业指导	—	1	16	16	—	—
	4	创新创业意识培养	—	1	16	12	4	—
	5	创新创业案例分析	—	1.5	24	16	8	—
	6	汽车服务创新技术	—	1.5	24	16	8	—
		创新创业课程学分/学时合计		4	64	60	4	—

7. 美育课

美育课是培养学生审美意识、审美观点,提高大学生审美力和创造美的能力,从而塑造审美的人生境界,培养和谐完美人格的课程,见表5-7。

美　育　课　　　　　　　　　　　　　　　　　表 5-7

类别	序号	课程名称	先修课程	学分	学时		
					总学时数	理论学时	实验实践学时	上机学时

类别	序号	课程名称	先修课程	学分	总学时数	理论学时	实验实践学时	上机学时
美育必修课	1	艺术导论	—	1	16	16	—	—
	2	美术鉴赏	—	1	16	16	—	—
		美育必修课学分/学时合计		2	32	32	—	—
美育选修课	1	汽车造型设计	—	1	16	16	—	—
	2	美学概论	—	1	16	16	—	—
		美育选修课学分/学时合计		1	16	16	—	—

8. 集中实践教学模块

实践教学是巩固理论知识和加深对理论认识的有效途径,汽车服务工程专业的实践教学模块课程主要包括入学教育及军训、金工实习、专业综合技能训练、生产实习、毕业实习、毕业设计等,开设情况大体见表 5-8。

集中实践教学模块　　　　　　　　　　　　表 5-8

序号		项目名称	学期	周数	学分
专业教育实践	1	入学教育及军训	1	2	2
	2	金工实习(钳工 1 周,机械、热加工 2 周)	4	3	3
	3	汽车驾驶实习	5	2	2
	4	机械设计基础课程设计	6	2	2
	5	专业综合技能训练	7	5	5
	6	生产实习	7	3	3
	7	毕业实习	8	4	4
	8	毕业设计	8	12	12
		创新创业教育实践			2
		合计			35

9. 第二课堂(素质拓展)

第二课堂是相对课堂教学而言的。如果说依据教材及教学大纲,在规定的教学时间里进行的课堂教学活动称为第一课堂,第二课堂就是指在第一课堂外的时间进行的与第一课堂相关的教学活动。从教学内容上看,它源于教材又不限于教材;它无须考试,但又是素质教育不可缺少的部分。从形式上看,它生动活泼、丰富多彩。它的学习空间范围广大:可以在教室,也可以在操场;可以在学校,也可以在社会、家庭开展,见表 5-9。

第二课堂　　　　　　　　　　　　　　　表 5-9

类别	序号	活动名称	活动性质		建议时间安排	学分
			必修	选修		
思政教育与行为养成类	1	学校组织开展的重大节日、重要事件纪念活动	√		第 1~8 学期	0.2×N
	2	党团组织主题教育活动	√		第 1~8 学期	0.2×N
	3	团校培训、团内评优、推优入党		√	第 1~8 学期	0.2×N

续上表

类别	序号	活动名称	活动性质 必修	活动性质 选修	建议时间安排	学分
思政教育与行为养成类	4	政治理论学习、时事政治学习	√		第1~8学期	$0.1 \times N$
	5	毕业就业创业及教育管理	√		第6~8学期	$0.2 \times N$
	6	心理健康教育	√		第1~8学期	$0.2 \times N$
	7	安全教育	√		第1~8学期	$0.1 \times N$
	8	考风考纪教育	√		第1~8学期	$0.1 \times N$
	9	"一日常规"教育(课堂出勤、早读、晚自习、宿舍、教室卫生管理、晚归管理)	√		第1~8学期	0.5
	10	新生入学教育	√		第1学期	0.5
		最低修读学分				3
学术科技与创新创业类	1	大学生工程综合训练竞赛等		√	第3~6学期	—
	2	CATICS网络制图赛		√	第1~8学期	—
	3	全国应用型人才大赛		√	第1~8学期	—
	4	互联网+创新创业大赛		√	第1~8学期	—
	5	力学竞赛		√	第1~4学期	—
	6	大学生物理竞赛		√	第1、2学期	—
	7	大学生英语竞赛		√	第1~6学期	—
	8	大学生数学建模大赛		√	第1~4学期	—
	9	汽车知识竞赛		√	第1~8学期	—
	10	大学生创业计划大赛		√	第1~8学期	—
	11	全国大学生节能减排社会实践与科技竞赛		√	第1~8学期	—
	12	大学生机电产品设计大赛		√	第1~8学期	—
	13	大学生专利产品设计大赛		√	第1~8学期	—
	14	大学生学术科技立项		√	第1~8学期	—
	15	"挑战杯"大学生课外科技作品竞赛		√	第1~8学期	—
	16	ANSYS有限元分析		√	第5~8学期	—
	17	大学生先进成图技能与创新大赛		√	第1~4学期	—
	18	大学生制图大赛		√	第1~6学期	—
	19	大学生车身设计大赛		√	第1~8学期	—
	20	大学生三维数字建模大赛		√	第1~8学期	—
	21	单片机应用设计大赛等		√	第1~8学期	—
	22	大学生电子产品设计大赛		√	第1~8学期	—
	23	"飞思卡尔"杯智能汽车大赛		√	第1~8学期	—
	24	大学生机器人大赛		√	第1~8学期	—

续上表

类别	序号	活动名称	活动性质 必修	活动性质 选修	建议时间安排	学分
学术科技与创新创业类	25	C语言程序设计大赛		√	第1~8学期	—
	26	汽车保险技能大赛		√	第7~8学期	—
	27	汽车营销技能大赛		√	第7~8学期	—
	28	二手车评估技能大赛		√	第7~8学期	—
		最低修读学分				3
文体艺术与身心发展类	1	早操	√		第1~2学期	0.2
	2	学校"知性雅居"系列活动	√		第1~8学期	0.1×4
	3	学院教室文化节系列活动	√		第1~8学期	0.2
	4	大学生职业生涯规划大赛		√	第1~8学期	0.8
	5	学院手工品制作、创意大赛		√	第1~8学期	0.2
	6	校、院国学比赛、读书活动、征文、演讲比赛等		√	第1~8学期	0.2
	7	校、院合唱比赛、歌手大赛等		√	第1~8学期	0.2
	8	学校"大学ing"微博活动		√	第1~8学期	0.2
	9	学院社团文化节系列活动		√	第1~8学期	0.2
	10	学院文艺演出		√	第1~8学期	0.2
	11	啦啦操比赛、拔河比赛、踢毽子比赛、冬季长跑、趣味运动会等趣味运动项目(班级比赛+学院比赛+校级比赛相结合)		√	第1~8学期	0.2
	12	篮球、足球、排球、羽毛球赛等球类项目(班级比赛+学院比赛+校级比赛相结合)		√	第1~8学期	0.2
	13	田径运动会		√	第1~8学期	0.1×4
		最低修读学分				1
社团活动与社会工作类	1	校学生会、校社团联合会、校大学生艺术团等校级学生组织成员的日常行为管理工作		√	根据学生干部每学期考核结果,考核合格及以上获得学分,或参与活动	0.4
	2	学院班级学生干部日常管理工作		√		0.2
	3	学院青年志愿者协会等社团的日常管理工作		√		0.2
	4	学院年级团总支、学生会日常管理工作		√		0.2
	5	学院自律委员会日常管理工作		√		0.2
	6	学院分团委、学生会日常管理工作		√		0.3
		最低修读学分				1
社会实践与志愿服务类	1	大学生寒暑假社会实践活动、调研山东、专业调研等	√		寒暑假	0.1×N
	2	爱心献血活动		√	不定	0.3

续上表

类别	序号	活动名称	活动性质		建议时间安排	学分
			必修	选修		
社会实践与志愿服务类	3	爱心捐款、义卖活动		√	不定	0.3
	4	爱心植树活动		√	不定	0.3
	5	红色景区志愿讲解员活动		√	不定	0.3
	6	火车站、汽车站志愿者活动		√	不定	0.3
	7	"关爱外来务工子女"活动		√	不定	0.3
	8	走进敬老院活动		√	不定	0.4
	9	交通协管活动		√	不定	0.4
		最低修读学分				1
技能证书及其他	1	注册动力工程师		√	不定	0.5
	2	英语四级证书		√	不定	0.5
	3	英语六级证书		√	不定	0.5
	4	俄语四级		√	不定	0.5
	5	计算机二级证书		√	不定	0.5
	6	计算机三级证书		√	不定	0.5
	7	汽车维修工三级职业资格证书		√	不定	0.5
	8	高级汽车维修师证		√	不定	0.5
	9	全国绘图员应用工程师		√	不定	0.5
	10	普通话水平等级证书		√	不定	0.5
	11	机动车驾驶证		√	不定	0.5
	12	机动车检测维修工程师		√	不定	0.5
	13	二手车鉴定评估师		√	不定	0.5
	14	汽车装调工		√	不定	0.5
	15	商务英语(中级)证书		√	不定	0.5
	16	保险公估人员资格证		√	不定	0.5
	17	汽车营销师		√	不定	0.5
	18	保险理赔师		√	不定	0.5
		最低修读学分				1

备注:第二课堂最低修读学分为10学分,具体学分认定,参考相应管理办法。

七、各课程模块学时学分结构表

按照工程教育专业认证的标准,对于人才培养方面进行分析,各课程模块学时学分结构符合要求,见表5-10。

各课程类别所占比例分析　　　　　　　　　　　　　　　　　　　表 5-10

课程类别	课程名称	设置学分	学分比例	标准要求	课程类别	课程名称	设置学分	学分比例	标准要求
数学与自然科学类	高等数学	26.5	15.50%	≥15%	人文社科通识教育类	马克思主义基本原理概论	38	22.22%	≥15%
	线性代数					毛泽东思想和中国特色社会主义理论体系概论			
	概率论与数理统计								
	计算方法					中国近现代史纲要			
	大学物理					思想道德修养与法律基础			
	大学物理实验					形势政策			
	工程化学					军事理论			
工程科学类	工程流体力学	52.125	30.48%	≥30%		体育			
	理论力学					大学英语			
	材料力学					艺术导论			
	电工与电子技术					美术鉴赏			
	金属工艺学（金属材料机加工）					入学教育及军训			
	汽车服务工程专业导论				工程实践与毕业设计	金工实习	34.25	20.03%	≥20%
	机械制图					汽车驾驶实习			
	机械设计基础					机械设计基础课程设计			
	液压传动					专业综合技能训练			
	互换性原理与技术测量					生产实习			
	计算机技术基础(C)					毕业实习			
	汽车发动机构造（理论）					毕业设计			
	汽车底盘构造（理论）					电工与电子技术			
	汽车电气与电控技术（理论）					汽车发动机构造（实验）			
	发动机原理（理论）					汽车底盘构造（实验）			
	汽车理论（理论）					发动机原理（实验）			
	汽车营销学					汽车理论（实验）			
	汽车保险与理赔（理论）					汽车电气与电控技术（实验）			
	二手车鉴定与评估（理论）					汽车保险与理赔（实验）			
	专业英语					二手车鉴定与评估（实验）			
	人工智能基础								
	新能源汽车								
	汽车检测与维修					汽车检测与维修			
	符合工程教育专业认证中课程比例要求									

八、汽车服务工程专业人才培养方案课程体系结构图

汽车服务工程专业人才培养方案课程体系结构图如图 5-2 所示。

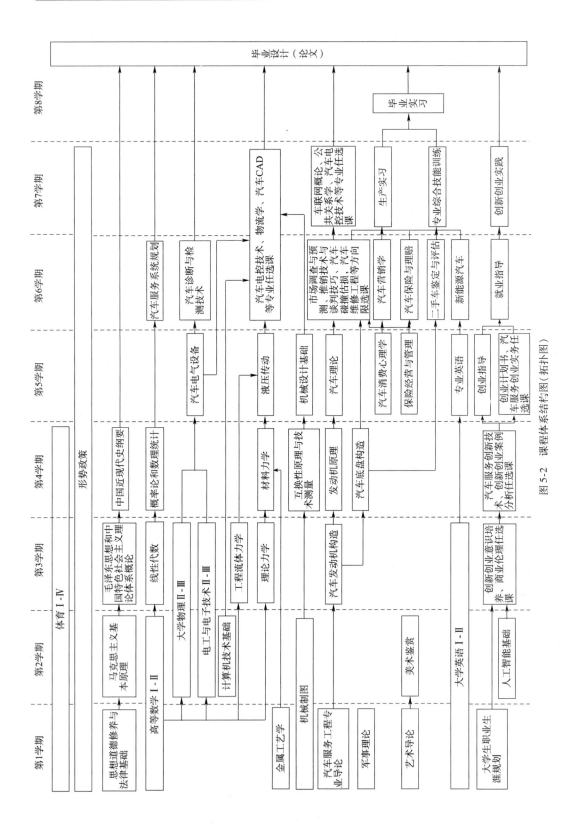

图 5-2 课程体系结构图(拓扑图)

九、各学期教学计划总体安排表

各学期教学计划总体安排见表5-11。

各学期教学计划总体安排表（学分） 表5-11

学期	理论教学	课程设计	毕业（设计）论文	实习	考试	入学教育与军训	机动	毕业鉴定	学期小计	社会实践	寒暑假	总计
1	15	—	—	—	1	2	1	—	19	1	5	25
2	18	—	—	—	1	—	1	—	20	—	6	26
3	18	—	—	—	1	—	1	—	20	1	5	26
4	15	—	—	3	1	—	1	—	20	—	6	26
5	16	—	—	2	1	—	1	—	20	1	5	26
6	16	2	—	—	1	—	1	—	20	—	6	26
7	7	—	—	11	1	—	1	—	20	1	5	26
8	0	—	12	4	—	—	—	1	17	—	—	17
总计	105	2	12	20	7	2	7	1	156	4	38	198

第五节 汽车服务工程专业人才培养方案实施

新生自入学起，应按照本届学生的人才培养方案进行培养。从汽车服务工程专业的人才培养方案可以看出，本专业的人才培养体系包括理论教学、实践教学、第二课堂与创新创业教育模块，本节将重点介绍理论课程和实践环节的教学组织与考核方式。

一、理论课程的教学组织与考核方式

理论课程教学组织的基本形式是课堂讲授，同时，教师会根据课程的特点，采用翻转课堂、MOOC（大型开放式网络课程）、增加习题课或者课堂讨论环节等其他辅助教学形式，帮助学生更好地掌握该门课程的重点和难点。

理论课程的考核方式，根据教学进程，可以分为小测验、期中考试和期末考试等。当然不同的课程，不同的任课教师，考核的方式也会略有不同。通常情况下，学分较多的课程，例如高等数学、大学英语等，可能安排期中考试或多次课堂测验。考核方式可以分为闭卷考试、开卷考试、课程论文等多种形式。一般情况下，必修课多采用闭卷考试的方式，选修课的考核方式有多种选择，由任课老师决定。

课程结业后，通常以学生的综合成绩作为课程结业成绩，并记入学生的成绩档案，一般情况下，平时成绩（包括学生课堂表现、作业完成情况、随堂测验情况等）占综合成绩的30%~40%，考试卷面成绩占综合成绩的60%~70%。

二、实践环节的教学组织与考核方式

实践环节的教学组织基本形式包括实验、实习、实训、课程设计、毕业设计等。实践教学环节以学生为主体，通常指导老师负责大纲的撰写、实践项目的布置、实践环节的辅导等。

考核方式以学生实操或上交作品、总结报告、设计说明书等为主。

1. 实验

通过教学实验,可以加深学生对理论知识的理解,也可以培养学生掌握科学实验技能和科学研究方法。教学实验的类型包括验证性实验、演示性实验、综合性实验和设计性实验几种。表5-12列出了某高校汽车服务工程专业部分实验项目。

某高校汽车服务工程专业部分实验项目(参考)　　　　　表5-12

课程名称	实验项目	实验性质
机械制图	平面绘图的一般方法与步骤	综合性
	测绘组合体	综合性
	零件的测绘	综合性
	齿轮油泵装配体测绘	综合性
汽车发动机构造	曲柄连杆机构拆装	验证性
	配气机构拆装	验证性
	汽油机燃料供给系统拆装	验证性
	柴油机燃料供给系统拆装	验证性
	冷却系统拆装	验证性
	润滑系统拆装	验证性
二手车鉴定与评估	汽车技术状况及性能检查鉴定(静态)	综合性
	二手车评估	综合性

学生在完成实验后,要求及时撰写实验报告,实验报告一般包括以下内容。

(1)实验的目的及要求:说明实验所涉及并要求掌握的知识点。

(2)实验条件:说明实验所用的仪器、设备名称、规格、数量等。

(3)实验原理:支持实验的理论基础。

(4)实验方法和步骤:说明实验的操作程序和过程。

(5)实验记录:记录实验数据、实验现象和实验结果。

(6)实验结果分析:根据实验原理和实验记录,进行数据处理,以文字、表格、图形等形式报告实验结果,并作出结果分析。

(7)讨论与提高:提出实验改进意见或心得体会。

实验环节的考核一般根据实验报告成绩、实验操作成绩(从操作规范性、仪器的使用、操作流程等方面考虑)和平时成绩进行综合折算。

2. 集中实习、实训

表5-13中已经详细列出了汽车服务工程专业的实习、实训开设情况,不同的实习、实训项目,组织形式有所不同。

汽车服务工程专业实习、实训环节及实施过程(参考)　　　　表5-13

实践环节名称	组织形式	实践目的与实践内容
入学教育及军训	集体参加	入学教育和军事训练
金工实习	操作	金属冷加工、热加工学习与操作

续上表

实践环节名称	组织形式	实践目的与实践内容
汽车驾驶实习	操作	掌握汽车的驾驶及使用维护知识
专业综合技能训练	参观、操作	对汽车服务工程专业四个方向进行综合强化训练
生产实习	参观、讲座、顶岗实习	掌握汽车服务领域专业知识,熟悉生产流程
毕业实习	调研、参观、讲座、顶岗实习	提高学生专业综合运用能力;收集材料,为毕业设计做准备

学生在实习各过程,要登录"校友邦",填写实习地点、实习时间、实习目的、实习周志。实习结束后要及时撰写实习报告,实习单位填写"实习鉴定表"。

实习、实训环节的成绩考核,通常以学生的出勤率与综合表现、实习周志、实习报告以及实习单位评价等方面进行综合考核。

3. 课程设计

课程设计是工科实践教学的重要环节,是学生在校期间一次较全面的设计能力训练,对于实现学生总体培养目标具有重要作用。

(1)任务:对工科专业,要求完成课程设计题目的方案分析与设计,完成装配图、零件图设计,编写设计计算说明书。

(2)要求:

①学生要在教师的指导下独立完成设计任务,提倡独立思考、分析和解决问题;

②正确处理设计计算与结构设计的关系;

③正确使用标准和规范;

④正确处理传承与创新的关系,做到在传承前人的经验和知识的基础上,进行大力创新,培养创新精神。

(3)成绩考核:一般按优秀、良好、中等、及格、不及格五级评定成绩,单独记分。成绩由平时成绩、图纸成绩、设计说明书成绩、答辩成绩综合构成。

4. 毕业设计

毕业设计是本科大学生最后一次知识的全面检验,是对学生知识、理论和技能掌握情况的一次总测试。通过开展毕业设计工作,培养大学生的科学研究能力,使学生初步掌握进行科学研究的基本程序和方法。

开展毕业设计的过程是训练学生独立进行科学研究的过程,对学生而言也是专业知识的学习过程,而且是更生动、更切实、更深入地进行专业知识的学习。

(1)毕业论文选题范围。

所有选题须与汽车服务工程专业相关,包括但不限于:机械工程方向(汽车零部件设计、汽车零部件工艺设计、汽车零部件系统的研究等)、机电工程方向(汽车电子控制技术等)、交通运输工程方向(汽车管理信息系统的研究与开发、智能交通系统的调查与研究等)、工业工程方向(汽车零部件或整车企业生产运作管理、人力资源管理等)、管理工程方向(汽车服务体系的调查与研究、汽车市场营销、汽车企业管理等)。

(2)在工作量方面原则上要求:结构类毕业设计总计图纸数量折合不少于1.5张A0号图纸,同时完成设计说明书。毕业论文字数不少于1.2万字。

(3)毕业论文(设计)主要包括以下评分项目。

①文献应用能力:对该领域的各种理论知识理解正确、运用合理,具有独立查阅文献、正

确翻译、合理加工、利用各种信息获取新知识的能力。

②调查研究和实验能力：设计方案合理，实验方法科学，完成论文的技术路线科学合理，使用的调查和实验手段能较好地实现研究目的。技术熟练，数据精确，能独立从事调查研究，发现、解决实际问题并得出结论，研究结果较好地体现了课题的研究目标。

③综合应用能力：对该学科基础理论知识有很好的掌握，对学科前沿的发展动态有较全面了解，并在论文中有较好的运用。

④创新点：论文立意新颖、思路独特，反映学科前沿的理论思想，对前人的理论和观点有所突破，对于社会生产实践有重要的应用价值。

⑤结构和逻辑性：论文论点鲜明，论据确凿，论证充分，结构严谨，逻辑严密，内容体系完整。

⑥文字表达：文字表达准确流畅，引用文献正确合理，数据采集精确无误。

毕业论文(设计)一般按优秀、良好、中等、及格、不及格五级评定成绩，单独记分。毕业论文(设计)成绩评定为"优秀"的必要条件之一是：对于结构设计类选题，须使用三维设计软件；对于调研及科研型选题，须形成一篇可以公开发表的论文(由指导教师认可)。

第六章　大学生活与未来发展

对刚进入大学校园的新生而言,生活环境和学习环境都发生了重大变化:由父母的精心呵护转换到独立性较强的集体生活,由老师的严格督促学习转变为自主性学习,由熟悉单纯的学习环境转换到大学这个小社会中。诸如此类变化,许多大学生一时难以适应,不知如何学习、如何处理人际关系,心理紧张彷徨,严重影响学业。有的同学高中时学习、练习完全依靠老师安排辅导,但是上大学后发现学习要自己安排,整天不知该做什么好,课听不懂,渐渐没了兴趣,结果成绩一塌糊涂。还有的同学在学习上比较努力,不是整天玩,可是总觉得学习效率非常低,学习成绩提高不了,也非常苦闷。由此可见,学习方法不当会阻碍才能的发挥,越学越"死",给学习者造成学习效率低和烦恼。

第一节　大学中的教与学

一、大学的教学方法

1. 大学教学形式的基本特点

高等教育的基本特点是:研究高深学问、培养高级专门人才,简称为"一高、二专"。从这一观点出发,便派生出大学教学形式的两个基本特点。

1)专业针对性

尽管高等教育在人才培养方向上有所谓"专才"与"通才"之争,但总体上还是培养符合社会需要的按学科、专业分类的各种专门人才,也可以把"通才"看作是一个类型的专门人才。专业针对性就要求在教学组织中充分体现理论与实际紧密联系的原则,充分反映社会上各专业、行业、学科发展的现实与满足对人才培养方面的需求。教学过程需要社会有关方面的参与、配合,因而产生了产学研合作的多种教学组织形式。

2)研究探索性

大学不仅有文化传承的任务,而且负有整合创新和探索创造新科技、新文化的使命。因此,大学教学工作要在研究的气氛下进行,高等教育的"研究高深学问"这一基本特点必然使得其教学形式具有研究探索性。例如,在教学中安排有 Seminar(研讨班)、课程论文、毕业论文、课程设计、毕业设计、设计性试验乃至进行专题科学研究等教学环节。

此外,由于教学对象特点等因素,大学教学形式还有以下两个特点。

(1)学生学习的独立自主性。由于大学生身心发展已趋于成熟,经过大学教育将成为步入社会的独立工作者。因此,大学生学习的独立自主性逐步增强。学生自学的成分随年级的升高而递增。学生自主学习能力的增强使他们能根据自己的实际情况自己管理自己,自主选择自己的发展方向,独立地收集信息、研究各种文献资料。教学方式也由过去的以"知识传授"为主转向以"学会学习""自主学习"为主。学生从学习中获得的已不仅是知识与原理,而是精神状态与思想方法。

(2)教学形式与教学方法的融合性。在高等教育阶段,教学形式与教学方法是融合在一起的,某种教学形式也就有其相应的教学方法。这是大学教育形式特殊性的一个表现。

2.大学的主要教学方式

教学方式方法取决于教学任务和内容,为完成教学任务和内容服务。我国高等教育的主要教学方式有以下几种。

1)课堂教学

(1)课堂讲授。课堂讲授是以教师在课堂上讲授作为传授知识、技能和方法的教学方式。课堂讲授是按照各门课程的教学大纲规定的内容和体系,有固定的时间表,面向编成固定人数的班级集体,通过教师在课堂内讲授,使学生系统地、集中地学习科学文化知识,同时,通过教师讲授时的思想、感情、作风、方法和态度等对学生进行教育的教学方式。

(2)课堂讨论。课堂讨论是按照预先拟好的问题,在课堂上讨论,进行师生互动和交流的教学方式。课堂讨论以学生自学和思考问题为讨论的基础,在问题的情景中进行积极的思维活动,通过讨论的形式加深对问题的理解,促进学生自主学习,锻炼学生分析问题和口头表达观点的能力,培养学生的发散思维。教师可以通过讨论检查学生的学习效果和知识掌握水平。学生可以系统发言或自由发言。

(3)习题课。习题课是由教师或学生在课堂上进行习题演算,达到教学目的的教学方式。

(4)辅导课。辅导课是以学生自学为主,教师帮助学生理解教学内容,质疑或答疑的教学方式。

2)多媒体教学

(1)录像。录像是通过播放事先准备好的录像教材,用于传输动态图像或事物变化过程的教学方式。

(2)录音。录音是通过播放事先准备好的录音教材,用于语言教学的教学方式。

(3)计算机辅助教学。计算机辅助教学是在教学过程中,利用计算机或多媒体展现教学体系、内容和图示,观察事物、现象、物体图形,练习解题,辅助作图,辅助设计作业,人机对话等多媒体教学方式。目前大学多媒体教学占主导方式。

3)实验教学

实验教学是通过在实验室中观察事物、现象的变化规律,获取知识或验证知识,教授实际作业方法,训练基本技能的教学方式。通过实验操作使学生弄懂原理,掌握实验技术,学会把知识转变成验证理论和实验方法、解决实际问题的手段。学生根据教学要求制订实验方案,准备实验条件(此项内容也可以由实验员完成)并进行实验,同时观察实验现象,进行实验分析,处理实验数据,得出实验结论,写出实验报告。

4)设计教学

通过设计教学使学生面对模拟或实际的社会需求,运用所学的科技知识提高自身的技术设想,并转化为可以实施的方案、图示和说明,在较大程度上培养学生的自学、解决问题、组织和创新能力。设计教学一般采用多方案、可扩展的题目,以便发挥学生的创造性。学生要在考虑各种约束条件的基础上,学会综合运用所学知识解决实际问题,在设计中学会检索资料、运算、绘图和科技写作等,讲求运用好的设计方法、规范化的设计程序和正确的设计结果表达形式,写出符合工程设计要求的设计说明书、计算书和设计图样。

(1)课程设计。课程设计是针对某一课题,综合运用本课程的理论和方法,制订出解决该课题问题的方法、图示和说明的教学方式。如"机械设计基础"课程中的"机械设计基础课程设计",其主要目的是为学生在完成课堂教学基本内容后,提供一个较完整的从事机械设计初步实践的训练。

(2)毕业设计。毕业设计是针对与车辆相关的某一实际工程或研究项目,综合运用汽车服务工程专业已学的理论知识和技术手段,制订出可以实施的方案、图示和说明,作为检查和总结学生在校期间学习成果的教学方式。

5)现场教学

现场教学是组织学生到车辆设计、制造、试验及售后服务等相关的生产车间,通过观察、调查进行教学的教学方式。

6)实习

(1)教学实习。教学实习是指通过学生自己实际操作练习,完成所属课程规定的教学要求,如金工实习、电工电子实习、驾驶实习、车辆构造实习和车辆制造工艺实习等。

(2)认识实习。认识实习是指到汽车4S店、汽车维修厂、汽车检测站等现场,了解汽车服务工程主要内容。

(3)生产实习。生产实习是指学生以实际工作者的身份,在现场工程师和教师的共同指导下直接参与生产过程,完成一定的生产任务,通过实际工作学习知识、技能和培养能力,使所学专业知识与生产实际结合起来的教学方式。生产实习要贯彻理论联系实际的原则,使学生学到实际的生产技术和管理知识,检验学生掌握专业知识和技能的实际水平,培养社会服务的专业思想,以及劳动纪律和职业道德。

(4)毕业实习。毕业实习是指学生到生产现场或技术中心收集各种资料和数据,为毕业设计做准备。

7)社会实践活动

(1)公益劳动。参加校内或校外具有公益性的劳动,如改善校内环境、参加社区服务等,以树立劳动观念。

(2)军事训练。实施军事教育和训练,以增强国防观念,加强组织纪律。

(3)社会实践。参加各类社会活动,进行调查研究,写出调查报告,培养分析社会现象的能力。

8)自学

以学生自己学习为主,教师不进行课堂讲授,事先提出教学要求或提出具体要学生通过学习解决的问题,列出教材和参考书,布置作业,进行答疑。学生根据规定的教材和教师的具体要求进行自学和练习,通过规定的考查或考试后获得承认或取得学分。

9)考核

(1)考试。考试是指通过口试、开卷笔试、闭卷笔试、操作考试等形式对教学效果进行考核,包括章节考试、期中考试、期末考试等。

(2)考查。考查包括日常考查和总结性考查,方法有写书面作业、书面表达、口头提问、书面测试、检查实践性作业等。

3. 大学的主要教学环节

普通高等学校人才培养目标确定以后，通常要根据培养目标的要求制订培养方案，而培养方案的实现，还要通过一定的教学环节来完成。

普通高等学校主要的教学环节有入学教育、军训、课堂教学、课程实验、课程设计、生产实习、社会实践活动、毕业实习和毕业设计等。

1) 入学教育

学生入学后，一般要进行1周的入学教育活动，主要包括对学生进行有关学校管理规章制度的教育、学校生活和学习环境的介绍、学生学习态度的教育、世界观的教育、学习目标和学习方法的指导及专业的介绍等内容。

2) 军训

入学教育结束后，紧接着要进行1~2周的军训活动。对新入学的大学生实行军事教育和军事训练，以增强国防意识，加强组织纪律观念。由解放军武警战士负责教育、操练和相关科目的训练。

3) 公共课

普通高等学校工程类专业的公共课(也称为通识教育课)主要包括马克思主义基本原理概论、中国近现代史纲要、思想道德修养与法律基础、体育、外语、大学计算机基础及计算机程序设计基础等。

4) 基础课

基础课是指研究自然界和社会形态、结构、性质及运动规律的课程。其中包括没有应用背景、各专业都使用的基础知识课程，是学生学习知识、进行思维和基本技能训练、培养能力的基础，也是学生提高基本素质以及为学好专业技术课程奠定良好基础的课程。基础课还包括有专业背景、与专业相关并与某些技术科学学科有关的知识组成的课程，它是利用自然和改造自然为人类服务的知识，虽与专业内涵相关，但是，它并不涉及具体的工程或产品，因而是覆盖面较宽，有一定理论深度和知识广度，具有与工程科学密切联系方法论的课程，它是为培养专门人才奠定基础的课程。

5) 专业课

专业课是指有具体应用背景的，与本专业有关的工程、产品类课程，或与本专业的工程技术、技能直接相关的课程，包括汽车构造、汽车电气设备、汽车理论、汽车营销学、汽车保险与理赔、二手车鉴定与评估、汽车维修工程、汽车运用工程等课程。

6) 实验课与设计课

实验课与设计课是配合工程师基本训练，为培养相应技能和能力的课程。其教学目标是使学生获得将所学知识用于解决科学技术和工程实际中较为简单问题的能力。

7) 生产实习和毕业实习

生产实习和毕业实习是工程师基本训练的重要组成部分，用以培养学生理论联系实际、综合运用所学知识解决工程实际中较为复杂问题的能力，使学生与社会、工程之间的关系更为密切。

毕业实习是有针对性地将学生与毕业后的就业联系起来的生产实习过程，在实习中学习就业岗位所要求的基本知识、基本技能和专业规范，培养适应就业岗位所要求的工程能力和工程素质，为今后的工作奠定基础。另一方面，针对毕业设计(论文)的题目和内容，调查并收集资料,研究和发现问题,思考如何用所学知识来解决这些问题,在实习的基础上,进行总结和分析研究,为毕业设计(论文)奠定基础。

8) 课外教育活动

课外教育活动是我国普通高等学校教育和教学不可缺少的部分,是学生课余所参加的有教育意义的活动。课外活动又可以分为校内活动和校外活动,二者的区别在于组织指导的不同。

二、大学的学习方法

高等教育有其自身的特点,那么大学生怎样才能尽快适应大学学习生活,早日完成由中学到大学的过渡呢?我们提倡进入大学首先应从"学会学习、学会生活、学会合作、学会思考"这四个方面入手。

1. 学会学习

人的一生是离不开学习的,人们往往说"活到老,学到老"。特别是在社会竞争异常激烈的今天,"生命不息,学习不止"是至理名言。学习是一个人终生获得知识,取得经验,转化为行为的重要途径。它可以充实生活、发展身心,促使个人得到全面的发展和提高。要学好,就得讲究科学的学习方法。所谓学习方法,就是人们在学习过程中所采用的手段和途径,它包括获得知识的方法、学习技能的方法、发展智力与培养能力的方法。科学的学习方法将使学习者的才能得到充分的发挥,并能给学习者带来高效率和乐趣,正确的方法是成功的捷径。科学的学习方法应该从以下几个方面考虑。

1) 尽快确立新的学习目标

大学是一个文化与精神凝聚的场所,大学生正处于富于理想、憧憬未来的青春年华,应当树立对社会有益、对个人发展有益的奋斗目标。目标是激发人的积极性、产生自觉行为的动力。人生一旦没有目标,就会意志消沉、浑浑噩噩。中学阶段大家的目标明确一致,都是想升入理想的大学。一旦进入了大学,这个目标已经实现,有些人觉得大功告成,可以松口气,而没有了目标,就会使学习生活缺乏动力。因而,有些学生生活松散疲沓、空虚乏味,很快学会了"混日子"。大学新生中这种现象的出现,主要是由于没有及时树立新的学习目标所致。因此,大学新生需要尽快熟悉大学生活,树立新的奋斗目标。例如,根据自身的兴趣、特长、条件,制订出适合自己的大学学习目标计划。目标有近期目标和远期目标,并没有高低之分,不需要因为自己的目标没有别人远大而不好意思,达到自己的目标就是成功。

2) 尽快适应大学学习模式

大学学习内容广博,资料浩瀚。教师在有限的课时内不可能一句一句地讲解所有的内容,只能是提纲挈领,讲解基本理论、典型案例和研究方向。因此,大学学习中大量的学习内容需要自己查阅资料、自主学习,需要有很强的主动性和独立学习能力。新生进入大学后碰到的一个普遍问题就是学习方法的不适应,很多同学习惯了中学老师逐字逐句反复讲解、练习、督促的被动接受知识的学习方式,当需要自己自主决定怎么学、学什么时,就感到无所适从。大学新生可以通过向高年级同学"取经"、向老师求教等各种方法,尽快了解大学的学习特点和规律,并根据大学学习特点迅速摸索出一套适合自己的学习方法。

3) 重视实践能力的培养

世间万物简单中孕育着复杂,复杂中透析出简单,两者之间没有不可逾越的鸿沟。一些看似抽象深奥的理论,一经实验演示便豁然开朗;一切技术方案都必须经过实践的检验。因此,工科学生实践能力的培养是非常重要的。汽车服务工程专业在大学中非常注重实践能力的培养,除了课程实验外,还有金工实习(钳工1周,机械、热加工2周)、汽车驾驶实习、机械设计基础课程设计、专业综合技能训练、专业生产实习、毕业实习、毕业设计等。参加各种竞赛是最能锻炼和提高动手能力的手段之一。

目前汽车服务工程专业大学生的科技竞赛有很多,有高教系统举办的竞赛,如全国大学生电子设计竞赛、全国数学建模竞赛、中国机器人大赛、全国大学生创业计划大赛、全国大学生课外学术科技作品竞赛、全国大学生软件设计大赛等;还有以企业名义举办的各种比赛等。

通过各种科技竞赛,不仅可以得到工程实践能力的训练,提高针对实际问题进行设计制作的综合能力,还可以在团结、合作、协调、创新等各方面得到锻炼,对提高个人素质有很大好处。

4) 学会合理安排时间

古人云:"凡事预则立,不预则废。"这就是说不管做什么,先有了统筹规划,那么定会取得成功,否则就可能导致失败。大学的自学时间较多,看似很自由,如果不能自觉、自律、主动有效地管理时间,学习就容易被遗忘。优秀的学生能有重点地进行系统学习,明确自己每天要做什么事情。但常常看到有些学生糊里糊涂过日子,或者干脆将学习任务堆积起来,一直拖到期末考试即将来临,不得不突击学习应付考试,成绩可想而知。

一个好的时间表可对学习做整体统筹,从而节约时间和精力,提高学习效率。同时,它可将日常学习细节变成习惯,使学习变得更为主动积极。这就需要合理制订计划,科学安排时间。良好的习惯是个人竞争力的一种体现,有效的时间安排也是获得成功的重要手段。

2. 学会生活

大学阶段是大学生职业生涯发展中最重要的准备阶段。在这个阶段里,为今后的职业生涯准备得如何,将直接影响到学生的就业竞争力和未来的职业发展力。大学新生离开了昔日的中学好友、师长及家乡亲人,来到新的集体中生活,面对陌生的校园、陌生的面孔,可能会感到寂寞和孤独,有的同学缺乏独立生活和集体生活的能力,既不善于接近他人,也不善于让别人了解自己,很难融入新的集体之中。大学新生要摆脱这种烦恼,首先要树立自信,大胆热情地与他人进行交往;其次要主动参加集体活动,热情帮助他人,扩大自己的交往范围,从而结识新同学。

学校各社团组织的课余活动,能丰富生活、陶冶情操,同时也能提高自身的素质与修养。参加校外各种实践活动可以更多地接触社会,了解社会发展趋势,关注社会、关注民生是当代大学生的责任。积极参加各类活动,可以结交更多的朋友,拓展人际关系,提高自己的综合能力和基础素质。大学生的基础素质包括品格、文化、体质和能力四个方面。

1) 品格方面

大学生作为中华民族的一个群体,要有强烈的爱国主义和拼搏精神;要树立正确的人生观、价值观;要树立民主精神、科学态度、竞争观念和法律意识等现代思想观念。这是大学生活和以后工作的基本原则,没有正确的人生观、价值观,做事情也会没有主见,容易迷失方向。

2) 文化方面

文化是人类不可缺少的精神食粮,是作为社会人必须具备的基础素质,大学生作为文化人,其文化素质尤为重要。中国是有着悠久历史、灿烂文化的文明古国,不能因为自己是学工科专业的,就对社会、历史、文学等一无所知。大学生应努力做到博览群书,提高自己科学、文化、自然、历史、地理等方面的基本素养。

3）体质方面

身体健康是人生存和发展的基本要素,没有健康的体魄,事业发展无从谈起。大学生在学习之余,应积极参加体育锻炼,应掌握科学的健身方法和用脑方法,养成良好的生活习惯和行为习惯,形成健康的体魄和发达灵活的大脑。

4）能力方面

这里能力泛指一般人所具有的最基本的生存和生活能力,即自我生活能力、一般社交能力、从事简单劳动的能力、吸收选择与生活有关信息的能力,以及应对一般性挑战的能力。要有积极的态度,对自己的一切负责,勇敢面对人生,不要把困难的事情一味搁置起来。例如,有些同学觉得自己需要参加社团磨炼人际关系,但是因为害羞就不积极报名,把想法搁置起来,会永远没有结果。我们必须认识到,不去解决也是一种解决,不做决定也是一个决定,这种消极、胆怯的作风将使你面前的机会丧失殆尽。要做好充分的准备,事事用心,事事尽力,还要把握机遇,创造机遇。

3. 学会合作

所谓合作能力,指在工作、事业中所需要的协调、协作能力。在现代科学发展条件下,越来越多的科研难题都是科学工作者合作研究攻克的,群体合作已成为现代社会活动的主要方式。俗话说:"一个篱笆三个桩,一个好汉三个帮。"这足见合作的重要性。现代组织的基本单位都是团队,众多的成就都是依靠集体取得的。因此,团结协作十分重要。

《礼记·学记》有云:"独学而无友,则孤陋而寡闻。"学习中因有了朋友才不会闭门造车,才不会使自己成为井底之蛙。在知识激增、更新速度不断加快的信息社会,必须培养互相学习、紧密合作的能力,在团队协作中更好地促进自身成长成才。大学有很多教师带头的学术研究团队,有各种学生兴趣小组和社团,要根据自己的兴趣和能力积极参加到团队中,团队合作能使我们获得学习成长的机会,扩大自己的能量,提高生活品质,收获更多的成功。

4. 学会思考

大学生需要更多阅读和思考,求理解,重运用,不去死记硬背。一个记忆力强的人,最多只能称之为"活字典",不能成为"大家"。古人云:"读书须知出入法。始当求所以入,终当求所以出。"这是对读书人的告诫,这一入一出就是思考理解的过程,在这一入一出的反复之间实现学习的目的。大学生要学会运用抽象思维,因为任何概念是抽象的也是具体的。掌握概念不仅是从个别到一般的过程,而且也包括一般再回到个别的过程。只有经过这样的反复才能真正掌握知识。

我们提倡主动学习,勤于思考,敢于质疑。看教材或参考书时,要紧紧围绕概念、公式、法则、定理,思考它们是怎么形成与推导出来的,能应用到哪些方面,它们需要什么条件,有无其他的证明方法,它与哪些知识有联系,通过追根溯源可以使我们增强分析问题和解决问题的能力。正是问题才激励我们去学习、去实验、去观察,从而获得知识。知识是有体系的,在学习中应当把各种知识点作为相互联系的整体来对待,通过理解,将学习的各种知识点组织起来、联系起来,形成体系。这样,不仅便于记忆,便于应用,而且通过知识点的组合,知识的信息量会激增,认识会进一步加深。

探索创新精神是人才应该具备的最宝贵的精神,独立性和主动性是优秀大学生所应该具备的品质。我们鼓励学生多看资料文献,广泛获取信息,开拓思路,勤于思考,从研究、试验、比较中获得正确的结论。将科学的世界观、科学的思维方法和学习方法联系起来,动态地、辩证地、全面地看问题才是寻求正确答案的有效方法。我们希望同学们在学习中既要有排除万难、不达目标誓不罢休的勇气,又要有灵活驾驭、事半功倍的技巧。我们可以用控制论的观点,有意识地根据自己的行动效果与预期目标的比较获取反馈信息,及时调整自己的学习思路与方法,学会自我调节就会使自己保持最佳的学习状态。

第二节　就业与读研

每位学生在选择专业之际都会考虑毕业后会做什么样的工作,自己应朝什么方向发展,如果在大学期间不做积极、充分的准备,缺乏自主选择的积极性和能力,就等于放弃了自己把握命运的权利,只能被动地等待和接受社会对个人的选择。而那些对大学生涯有正确认识和合理规划的大学毕业生,则能够更加顺利地走向社会,取得更大的成功。

大学生应从入学一年级就开始做专业规划。所谓专业规划,指的是在对自己所学专业有较清晰认识的基础上,对自己未来的就业或考研方向有一个定位,以及在求学过程中应采取怎样的方法去接近自己规划的目标。在这方面,有很多未雨绸缪的做法,如学习期间到相关行业参观实习、考取相关的职业证书、提前参加行业招聘会、听取业内知名人士的经验、向已经工作的师兄师姐"取经"等都可以为自己的专业规划提供参考。如果没有适合自己的专业规划,没有系统的、充分的准备,无论对今后的就业还是对考研都是不利的。

一、就业规划

随着市场经济的发展,社会为大学生提供了广阔的就业天地,同时也伴随着激烈的竞争与挑战。因此,大学生应该充分做好就业的准备,主动适应社会的需要。中国有句成语叫"未雨绸缪",意思是事先准备好,防患于未然。怎样做好就业的准备工作,是每个人学生必须认真思考的问题。对大学生这样一个特殊层次的人来说,为就业需要做好的准备主要包括以下几个方面。

1. 确定合理的就业目标

当今大学生设定合理的就业目标应主要从两个方面考虑。

1) 专业对口

对于一个特定专业的大学生,最大的可能是从事与所学专业相关的职业。因此大学生应把能充分运用自己所学专业知识的职业作为自己就业的主要目标,这既符合学校教育的培养目标,又能充分运用自己的专业知识,发挥专业特长。

2) 专业扩展

社会职业结构在不断变化,对人才的需求结构也随之变化,就业形势就会相应发生变化。这就要求大学生在学好本专业知识的同时,根据社会的就业热点和自己的兴趣、特点,自学相关学科的理论知识,丰富自己的知识,丰富自己的知识储备,扩展适合自己能力的其他就业目标。

2. 知识、能力和技能准备

世界上所有职业最终可以归结为两类:技术型和管理型。技术型岗位要求有扎实的技术理论基础和技术能力,而管理型岗位要求有广泛的知识面和管理能力。不论什么岗位,一切职业都要求从业者具有相应的知识、能力和技能。

1)知识

知识是人类的认识成果,来自社会实践。其初级形态是经验知识,高级形态是系统科学理论,知识的总体在社会实践的世代延续中不断积累和发展。这就要求大学生努力学好专业知识,并努力扩大自己的知识面。

2)能力

能力是顺利完成某种活动所必需的主观条件,是直接影响活动效率的个性心理特征。能力一般指自学能力、表达能力、环境适应能力、创造能力、自我教育能力、管理能力和动手能力等。为了提高自己各方面的能力,要多参加有益的校园文体活动、社会实践活动,在活动中不断提高能力。在校期间获得的各种证书、奖励和发表的作品等都会为求职择业增添亮点,为就业奠定坚实的基础。

3)技能

技能是掌握和运用专门技术的能力,只有通过动手练习才能掌握其中的技巧。在大学期间要重视实验、实习和实践训练环节,积极参与各种技能测试、技能比赛。在校期间要尽早参加国家英语四、六级考试和计算机二、三级考试;要积极参加各种学科竞赛,如果能设计出作品或者发表论文对以后择业都是非常有帮助的。

3.树立良好的就业意识,做好参加"双向选择"的准备

树立良好的就业意识,是就业准备的重要内容,它将对择业和就业产生十分重要的影响。当今大学生除了应该树立专业就业的意识外,还应该树立大对口专业就业的意识,到艰苦行业、边远地区就业的意识,先就业后调整的就业意识,自主创业的就业意识等。在市场经济条件下,大学生就业主要在人才市场进行"双向选择"。这就要求大学生了解社会中各种职业的性质和价值,学习在市场竞争中求职择业的技能和技巧,做好进入人才市场、参加"双向选择"的准备。

什么样的大学生,用人单位最欢迎呢?北京高校毕业生就业指导中心曾对150多家国有大中型企事业单位、民营及高新技术企业、三资企业的人力资源部门和部分高校进行调查,调查问卷显示,8类求职大学生更容易得到用人单位的青睐。

1)在最短时间内认同企业文化

企业文化是企业生存和发展的精神支柱,员工只有认同企业文化,才能与公司共同成长。壳牌公司人力资源部的负责人介绍说,"我们公司在招聘时,会重点考查大学生求职心态与职业定位是否与公司需求相吻合,个人的自我认识与发展空间是否与公司的企业文化与发展趋势相吻合。"

北京高校中业生就业指导中心有关专家提示:"大学生求职前,要着重对所选择企业的企业文化有一些了解,并看自己是否认同该企业文化。如果想加入这个企业,就要使自己的价值观与企业倡导的价值观相吻合,以便进入企业后,自觉地把自己融入这个团队中,以企业文化来约束自己的行为,为企业尽职尽责。"

2)对企业忠诚,有团队归属感

员工对企业忠诚,表现在员工对公司事业兴旺和成功的兴趣方面,不管老板在不在场,都要认认真真地工作,踏踏实实地做事。有归属感的员工,他对企业的忠诚,会使他成为一个值得信赖的人,一个老板乐于雇用的人,一个可能成为老板得力助手的人,一个最能实现自己理想的人。

有关专家提示:"企业在招聘员工时,除了要考查其能力水平外,个人品行是最重要的评估方面。品行不端的人不能用,也不值得培养。品行中最重要的一方面是对企业的忠诚度。那种既有能力又忠诚企业的人,才是每个企业需要的最理想的人才。"

3) 不苛求名校出身,只要综合素质好

许多公司的人力资源人士表示,"我们公司不苛求名校和专业对口,即使是比较冷僻的专业,只要学生综合素质好,学习能力和适应能力强,遇到问题能及时看到问题的症结所在,并能及时调动自己的能力和所学的知识,迅速释放出自己的潜能,制订出可操作的方案,同样会受到欢迎。"

4) 有敬业精神和职业素质

新来的大学生在工作中遇到问题或困难,不及时与同事沟通交流,等到领导过问时才汇报,耽误工作的进展,甚至有年轻人,早晨上班迟到的理由居然是昨晚看电视节目看得太晚了,这些都是没有敬业精神和职业素质差的表现。企业希望学校对学生加强社会生存观、价值观的教育,加强对学生职业素质、情商、适应能力和心理素质的培养。有了敬业精神,其他素质就相对容易培养了。

5) 有专业技术能力

北京某科技股份公司人力资源部经理介绍说,"专业技能是我们对员工最基本的素质要求,IT(信息技术)行业招人时更是注重应聘者的技术能力。在招聘时应聘者如果是同等能力,也许会优先录取研究生。但是,进入公司后学历高低就不是主要的衡量标准了,会更看重实际操作技术,谁能做出来,谁就是有本事,谁就拿高工资。"

6) 沟通能力强、有亲和力

企业特别需要性格开朗、善于交流、有一个好人缘的员工。这样的人有一种亲和力,能够吸引同事跟他合作,同心同德完成组织的使命和任务。

7) 有团队精神和协作能力

上海汽车工业(集团)总公司的人力资源主管人士认为:"从人才成长的角度看,一个人是属于团队的,要有团队协作精神和协作能力,只有在良好的社会关系氛围中,个人的成长才会更加顺利。"

8) 带着激情去工作

热情是一种强劲的激动情绪,一种对人、对工作和信仰的强烈情感。某公司的人力资源部人士表示,"我们在对外招聘时,特别注重人才的基本素质。除了要求求职者拥有扎实的专业基础外,还要看他是否有工作激情。一个没有工作激情的人,我们是不会录用的。"

北京高校毕业生就业指导中心有关专家提示,"一个没有工作热情的员工,不可能高质量地完成自己的工作,更别说创造业绩。只有那些对自己的愿望有真正热情的人,才有可能把自己的愿望变成美好的现实。"

4. 就业途径

对于高校大学应届毕业生,就业途径应以校园招聘会为主,校外招聘会、网络招聘及其他途径招聘为辅。

1) 校园招聘会

校园招聘会是指在学校内举办的各种招聘活动,是大学生就业的最主要渠道,主要包括单位专场招聘会、毕业生双选招聘会和行业专场招聘会等。

单位专场招聘会是指用人单位通过高校就业指导部门安排,在指定高校举办招聘应届毕业生的小型招聘会。这种招聘会的特点是涉及的专业、人数不太多,但招聘对象目的性强——指定高校、指定专业的毕业生,应聘成功率大,尤其是安排到院系一级的招聘,成功率更大。由用人单位到高校内招聘是目前毕业生就业的主要渠道,一般大型企业采用这种方式,特别是针对车辆工程专业学生的招聘,建议学生主动参与,积极应聘。

毕业生双选招聘会是由高校就业部门邀请全国各地用人单位参加,一般秋季和春季各一次。这种招聘会的特点是参加的用人单位多,分布在各行业、各地区、各层次,如国有、股份制、民营企业等;需求的人数和专业较多,毕业生有较大范围的选择;一般除了举办高校的毕业生外,还会有外校的毕业生来应聘,用人单位的选择性较大,但热门专业的热门企业一般不参加,中小企业主要采用这种方式。

行业专场招聘会主要针对招聘需求较大的行业或岗位开设,如汽车行业专场招聘会,航天系统专场招聘会等。行业专场招聘会行业特色鲜明,按需参与,可以有效地提高成功率。

校园招聘一般流程为:网上接收简历—校园宣讲会—简历筛选—笔试—面试—体检—签约录用。但各企业会有一些差异,求职者一定要先了解清楚企业招聘的流程。如果程序不符合,企业是不会招聘的。有些企业主要是在网上接收简历,到学校只是考核,不在现场接收简历。

2)校外招聘会

校外招聘会是指在学校外举办的各种招聘活动,主要包括省(市)毕业生招聘会、人才交流市场等。

省(市)毕业生招聘会是指由各省(市)人事部门、大学毕业生就业管理部门在本地举办的大型招聘会,一般安排在寒假期间或前后。这种招聘会的特点是参会用人单位基本为本省(市)单位,需求信息较多,但由于回乡毕业生参会太多,竞争过于激烈,而且招聘岗位不如校内招聘会,所以应聘成功率不高。

人才交流市场是指各地(市)在人才交流市场不定期举办的各类招聘会,这种招聘会涉及范围过大,包括不同层次、不同专业、不同籍贯人才,一般要求应聘者具有一定的工作经验,应聘成功率不高,适合寻求短期聘用工作的毕业生。

3)网络招聘

网络招聘是各用人单位和求职者之间一个高效、便捷、务实的就业信息交流服务平台。一般网络招聘主要有各种专业招聘网站,如中国高校毕业生就业服务信息网、应届毕业生网、中国大学生就业网、中国高校就业联盟网等,这种招聘方式是以网站为平台,具有得天独厚的优势,网站资源多、受众广,而且网络招聘将企业和行业细分,条理清晰,更方便求职者找工作。目前国家每年都组织网络招聘周活动。

互联网行业在不断影响着人们的生活,人的衣食住行都离不开互联网,工作又是跟人们息息相关的话题,工作改变生活,互联网和工作共同作用产生网络招聘行业。相信在不久的将来,网络招聘将成为社会的主流招聘模式。

4)其他就业途径

其他就业途径是指除招聘会和网络招聘以外的就业方式,如利用社会关系、实习单位聘用等。

通过亲朋好友打听招聘信息,通过熟人推荐,也是符合目前国情的求职方法,同时有熟人介绍,对单位的状况也会很了解,成功率较高。

紧紧地抓住在实习单位的机会,努力表现,如果双方合适,省心省力,当然是最简洁的求职方式。同时经过一段时间的实习,对单位的领导、同事及各方面的情况都有些了解,正式进入后也便于工作的继续开展。

微博、微信等新媒体备受年轻应届生的青睐,其招聘信息成为学生应聘途径上一股不可忽视的力量。

5. 汽车服务工程专业就业岗位

目前,随着汽车保有量的增加,市场上的汽车服务工程人才比较短缺,汽车服务工程专业的学生毕业以后可以去汽车销售公司、汽车保险公司、汽车修理企业等单位。当前我国汽车服务工程专业的就业方向可以概括为以下几点,见表6-1。

汽车服务工程专业就业方向　　　　表6-1

序号	就业方向	主要工作内容
1	大中型汽车生产企业	如广汽本田、东风日产、东风本田、中国重型汽车集团等,主要从事汽车研发、生产管理、售后服务和汽车销售等工作。这类企业对毕业生的综合素质要求较高,进入单位后的发展空间较大。不过这些企业一般只接收国家原"211"工程高校毕业生
2	汽车改装和专用汽车生产企业	这些企业一般都是集团公司的下属分厂或分公司,如重庆大江工业集团、北京凯特专用汽车公司等。这些工作岗位对学生的专业知识和实践动手能力要求很高,工作比较辛苦,不过对毕业生的培养和成长很有好处
3	汽车经销类企业	如各种品牌汽车的4S店等。这类工作对毕业生的交际和表达能力要求较高,待遇也很不错
4	汽车检测与维修企业	汽车维修厂、汽车检测中心等
5	交通类研究院所	主要从事智能交通、交通理论等的研究和开发工作
6	政府机关和事业单位	主要是交通运输部门。毕业生主要通过报考公务员、参加事业单位选调等方式获得工作,主要从事的是偏技术的行政管理工作。对毕业生的综合素质要求较高,待遇很好,工作比较稳定
7	汽车运输类企业	如运输集团、物流企业等。在这类企业中,毕业生既可以从事技术类工作,也可以从事管理类工作,发展空间较广,比较自由
8	汽车服务类企业	汽车租赁、汽车广告、汽车俱乐部等
9	汽车和交通相关的报纸、杂志和出版社等	主要从事与专业知识相关的编辑类工作
10	高职、中职院校教师	从事与汽车服务工程专业相关的专业课、实践、实训课的教学工作
11	汽车保险类企业	从事汽车事故现场的查勘定损、理赔工作,人才需求量非常大
12	二手汽车交易类企业	二手车鉴定评估、二手车经销、二手车经纪、拍卖、置换等
13	汽车美容服务类企业	汽车美容、汽车装饰、汽车改装
14	汽车回收再生类企业	汽车报废回收、拆解、废旧汽车资源化
15	汽车技术鉴定类企业	汽车技术鉴定、交通事故技术鉴定

二、读研规划

为了提升自己的学术水平和就业实力,大学生毕业后可以选择参加硕士研究生入学考试,以便能够在国内外高等院校、科研院所继续学习深造。

1. 读研准备

读研是一个系统工程,需要学生自己做好规划,分阶段实施。读研途径不同,读研准备内容和方式不同,应尽早确定自己的读研途径。读研途径包括保研、考研、出国读研等。

1) 保研准备

保研根据各个学校情况而异,但对于大多数学校来说,主要看学生前3年的成绩。如果想保研,就要了解学校的保研政策,重点了解保研的比例、对成绩的要求以及加分项等,要学好每门课程,做好各个实践环节,努力获得加分项。

只要目标明确、扎实学习、做好积累、全面发展,就容易获得推荐免试研究生(简称推免)资格。推免名额不是分配到班级,而是分配到专业,学习成绩和综合素质一般在专业前15%左右的学生,有望获得参加推免资格评审。获得学校推免资格后,可以申请本校读研,也可以申请外校读研。

2) 考研准备

如果想考取研究生,就要学好考研公共课和专业课,其他课程也不能出现挂科,特别是专业基础课和专业课也要学好,复试时需要考查这些课程。避免出现一切为了考研,而忽略其他课程的学习。

工科学生考研公共课是英语和政治,专业课一是数学,专业课二是各专业的骨干课,由学科确定。

英语内容包括阅读理解、写作、英语知识运用。英语学习是一个长期积累的过程,建议大家学好英语课堂教学的同时,注意学习考研词汇,或者多注意学习考研相关的英语参考书,尽早把英语提高到六级水平或六级优秀的水平。

政治内容包括马克思主义哲学原理、毛泽东思想概论、邓小平理论、"三个代表"重要思想、科学发展观、习近平新时代中国特色社会主义思想及时事政治。

数学包括高等数学、线性代数、概率论与数理统计等,大一开始需要系统地学习数学基础课,如果你决定了考研,在学习过程中,就要对自己严格要求一些,做好老师留的作业外,尝试做些数学考研题,学习数学考研辅导书。

考研专业课要学好,其他专业课也不能忽略,因为复试一般会涉及很多专业课程,其至专业基础课,有的学科复试课程涉及10余门专业课。在复习考研专业课时,尽量了解往年考题的类型。

如果想考取外校的研究生,一般要在大三的时候,确定报考的学校和专业。若准备硕士毕业后就业,选择时,学校的名气和排名比专业重要,因为用人单位主要通过学校来判断一个人的学业成就;若准备硕士毕业后读博,专业的排名和影响力就比学校重要。关于同一专业不同学校之间的选择,须了解报录比进行比较。报录比是报考人数和录取人数之间的比例,每年招生单位会在网上公布下一年的招生人数,注意这个人数往往包括了保研的人数。报考的学校和专业确定以后,就要对报考学校进行较全面的了解。如果报考同一专业,就要比较一下两所学校这一专业的本科培养方案,特别是考研专业课的差异。即使考同一门课,因为选用教材不同或讲授重点不同,考试内容也会出现较大差异,因此,最好能拿到报考学校往届考研专业课的试题,考外校相对于考本校,难度会增加,特别是复试环节。

如果对本专业不感兴趣，需要跨专业考研，则在整个大学过程中更要注意报考专业的课程学习。如果本专业课程设置中没有这些课程，最好去相关院系旁听这些课程，这样可以帮助学习和理解。跨专业考研难度大，复试会很困难，一般不建议，如果报考专业没有本科毕业生，则可以考虑。

考研应从以下几方面做好准备。

(1) 首先要确定报考的学校和专业。是考本校，还是考外校，或跨专业考研。

(2) 收集考试各科目参考用书。参考用书是招生单位给考生指定的复习用书，专业课一般为各校自主命题，其参考用书信息每年会公布在招生单位的相关网页上，须根据要求收集完整并仔细研读。提早复习的同学完全可以参照去年公布的参考用书，一般不会有太大变化。公共课政治、英语、数学的参考用书都不是大学的教材，而是带有复习总结功能的"复习全书"。这种书教育部考试中心没有指定，须根据情况自行选择。考数学还要视专业的不同分为数一(理工类)、数二(理工类)、数三(文商类)3种。

(3) 收集往届研究生入学试题。需要收集至少3年内的试题，研究命题风格和难度。

(4) 制订各科复习计划。英语和数学建议及早复习，先紧后松，每天坚持，采用历年真题材料。政治的考试大纲每年变化很大，建议在教育部公布公共课考试大纲之后再复习，政治的复习要先松后紧，因为后期时事政治的背诵、知识点的机械记忆要求大量的时间。专业课可以不用太急，可根据自己实际情况确定。

3) 出国读研准备

如果想出国读研，首先要确定出国读研的国家，国家不同，招收硕士研究生的条件和政策、培养方式等也不同，应详细研究；然后是要参加相应的语言水平考试，并达到要求。在校学习成绩决定了拟申请学校的层次、是否能获得奖学金等。出国读研材料准备好后，可以自己申请学校或向导师联系，也可以通过留学中介机构联系。

2. 读研途径

在校大学生读研途径主要有保研、考研和出国读研3种。

1) 保研

保研是指推荐免试研究生，是指不用参加全国硕士研究生统一招生考试直接读研的应届本科毕业生，保研办法是在教育部关于推免的相关规定基础上由各学校制订，因此学校不同，保研政策也有所不同，拟保研的学生需要详细了解保研政策。

申请保研一般需要提交以下材料：申请表；个人陈述；专家推荐信；成绩单；由申请者现所在学校教务处提供同意推荐免试的证明信，并加盖公章；获奖证书复印件；发表的学术论文等复印件；有的学校要求英语水平类证书。

申请保研一般需要具备两大条件，即拥护中国共产党的领导，愿为社会主义现代化建设服务，品德良好，遵纪守法；获得母校推荐免试资格的全国重点大学优秀应届本科毕业生。

推荐免试研究生一般包括以下流程。

(1) 学生做好保研的各项准备。

(2) 学校下发保研通知，成立推免工作机构。

(3) 推免资格网上公示。

(4) 学生在推免服务系统注册并填报志愿。

(5) 推免生复试。

(6)推免生录取。

(7)推免服务系统备案。

(8)发放录取通知书。

2)考研

报名参加全国硕士研究生统一招生考试的人员,须符合下列条件。

(1)中华人民共和国公民。

(2)拥护中国共产党的领导,品德良好,遵纪守法。

(3)身体健康状况符合国家和招生单位规定的体检要求。

(4)考生必须符合下列学历等条件之一。

①国家承认学历的应届本科毕业生(录取当年9月1日前须取得国家承认的本科毕业证书。含普通高校、成人高校、普通高校举办的成人高等学历教育应届本科毕业生,及自学考试和网络教育届时可毕业本科生)。

②具有国家承认的大学本科毕业学历的人员。

③获得国家承认的高职高专毕业学历后满2年(从毕业后到录取当年9月1日,下同)或2年以上,达到与大学本科毕业生同等学力,且符合招生单位根据本单位的培养目标对考生提出的具体业务要求的人员。

④国家承认学历的本科结业生,按本科毕业生同等学力身份报考。

⑤已获硕士、博士学位的人员。

在职研究生报考须在报名前征得所在培养单位同意。

网上报名与现场确认,关注网上报名时间和确认时间,网上报名主要是缴纳报名费、填报志愿、写考生信息等。现场确认就是现场核对报考信息,采集相片等,一定要本人亲自到场而不能代办。

全国硕士研究生招生考试分初试和复试两个阶段进行,初试由国家统一组织,初试日期和时间由教育部公布;复试由招生单位自行组织,复试时间、地点、内容范围和方式由招生单位公布。

硕士研究生招生初试一般设置4门考试科目,即思想政治理论、外国语、业务课一和业务课二,满分分别为100分、100分、150分、150分,每科考试时间一般为3h,业务课一和业务课二由招生单位确定。

考生成绩由招生单位在教育部规定时间内向考生公布,教育部按照一区、二区制定并公布参加全国统考和联考考生进入复试的初试成绩基本要求,招生单位在国家确定的初试成绩基本要求基础上,结合考生和招生计划等情况,自主确定本单位进入复试的初试成绩基本要求及其他学术要求,经教育部批准的部分招生单位可自主确定考生进入复试的初试成绩基本要求及其他学术要求。

复试应采取差额形式,差额比例一般按照120%掌握,生源充足的招生单位,可以适当扩大差额复试比例。对于达到复试成绩但没有参加复试的考生或参加复试但没有被录取的考生,可以申请调剂。

3)招收研究生的高校

目前全国高校本科汽车服务工程毕业生考研还没有直接对应的研究生专业,但是可以考取相近专业的研究生。

(1) 车辆工程专业。

吉林大学、清华大学、同济大学、西南交通大学、上海交通大学、北京理工大学、中南大学、江苏大学、华中科技大学、合肥工业大学、南京航空航天大学、北京交通大学、北京航空航天大学、中国农业大学、武汉理工大学、西北工业大学、大连理工大学、浙江大学、南京理工大学、长安大学、兰州交通大学、燕山大学、东北大学等高校,各自都具有特色,要认真分析。

(2) 载运工具运用工程专业。

吉林大学、长安大学、同济大学、北京交通大学、长沙理工大学、重庆交通大学、武汉理工大学、西北工业大学、北京理工大学、东南大学、东北林业大学、山东理工大学、西南交通大学、山东交通学院等高校,各自都具有特色,要认真分析。

4) 应用型研究

近年来,我国经济社会快速发展,迫切需要大批具有创新能力、创业能力和实践能力的高层次专门人才。为了适应国家和社会发展的需要,加大应用型人才培养的力度,我国的硕士研究生培养方式由原来的普通硕士教育和专业硕士教育改为"学术学位硕士"和"专业学位硕士"。这标志我国硕士研究生教育与国际接轨,从以培养学术型人才为主向以培养应用型人才为主转变,体现了对实践应用研究的重视。

(1) 学术学位硕士。

学术学位硕士是学术型学位(Academic Degree)教育,注重学术研究能力的训练,以培养教学和科研人才为目标,授予学位的类型是学术型学位。目前我国学术型学位按招生学科门类分为哲学、经济学、法学、教育学、文学、历史学、理学、工学、农学、医学、军事学、管理学等12大类,12大类下面再分为88个一级学科,88个一级学科下面再细分为300多个二级学科,同时还有招生单位自行设立的760多个二级学科。

(2) 专业学位硕士。

专业学位(Professional Degree)是相对于学术学位而言的学位类型。专业学位硕士研究生与学术型研究生属同一层次的不同类型。根据国务院学位委员会的定位,其目的是培养具有扎实理论基础,并适应行业或职业实际工作需要的应用型高层次专门人才。我国自1991年开始实行专业学位教育制度以来,专业学位教育发展迅速,目前耳熟能详的工商管理硕士专业学位(MBA)、公共管理硕士专业学位(MPA)、工程硕士(ME)、法律硕士(J. M)、会计硕士专业学位(MPACC)都是属于专业学位范畴。今后,我国的硕士研究生教育会更多地转向专业硕士学位。

3. 出国读研

近年来,随着留学市场的日益开放和各国留学政策对中国留学生的倾斜,出国读研呈稳步上升趋势。国外的研究生教育差别很大,每个国家都在学制、费用、申请条件等方面有自己的相关规定,一定要慎重选择适合自己的国家、学校和专业。

以下简单介绍主要国家研究生教育的一般状况和主要特点。

(1) 美国。美国是我国最主要的留学国,留学美国读研的申请一向火爆,竞争也更加激烈,所以想申请奖、助学金降低留学费用的学生,更需要提早着手准备申请材料。申请硕士研究生入学资格,GPA(平均学分绩点)总平均应该在3.0以上,如能达到3.3以上,比较有利;要参加托福或GRE考试,并达到分数要求。美国硕士学位分为学术型硕士学位和职业型硕士学位,学术型硕士学位又分为论文硕士和非论文硕士,一般1~2年完成。美国大学对研究生要求很严,而且学生们学业负担也很重。另外,课程教学进度很快,布置大量的阅读任务外,还安排很多考试并要求写论文。学生要根据自己的兴趣、特长和发展目标找到最适合自己的学校和专业。

(2)英国。赴英国留学读硕士研究生学位,最大的优点就是学制短,只需1年。但到英国留学,最大的问题是学费和生活费相对较高,每年的学费加生活费为17万~25万元人民币,在全世界接受留学的国家中,以英国的费用为最高。英国允许学生打工,最低工资为每小时5英镑,可大多数攻读硕士学位的留学生根本没有时间打工。英国学风严谨,学校课程安排紧凑,学生很少有娱乐时间,生活的主旋律就是学习。

(3)加拿大。加拿大硕士学制2年,每年学费大约1万加币。加拿大不允许学生打工,但学生可帮助导师做项目,得到一些补贴。加拿大高校对硕士的要求相对较高,要求英语托福成绩580分以上,大学成绩要在B+以上。另外,大学招收硕士研究生,教授的意见起决定作用,理科生申请相对容易,也容易拿到奖学金。

(4)法国、德国。赴法国、德国留学的优势是专业课程免学费,目前学校仅向学生收取注册费,学制为2年。每年的学习费用加生活费约为4万元人民币,另外,法国政府对留学生有很多补贴,如住房补贴、伙食补贴等。劣势是必须学习第二门外语,对于大多数中国学生来说,需要一个过程。

(5)澳大利亚。去澳大利亚读研,雅思成绩一般要求在6.5以上,澳大利亚院校教学质量高,且遍布全国各地,为学生提供广泛的地域选择,硕士研究生可申请许可工作的小时数没有任何限制,学生在本国已经开始攻读硕士学位或博士学位课程的,必须出具学校提供的证明,澳大利亚读研学费支出每年约为7.5万元人民币,生活费约6万元人民币。出国读研的一般流程为:读研条件的准备—寻找学校,索取资料—留学方案设计—入学申请—办理护照—办理公证—申请签证—准备出境—准备入学。

三、创业规划

大学生创业是高校毕业生就业的一种新趋势。目前,各高校开展创新创业教育,将创业教育课程纳入学分管理,有关部门要研发适合高校毕业生特点的创业培训课程,根据需求开展创业培训,提升高校毕业生创业意识和创业能力。各地公共就业人才服务机构要为自主创业的高校毕业生做好人事代理、档案保管、社会保险办理和接续、职称评定、权益保障等服务。

尽管国家和学校为大学生自主创业提供诸多支持和优惠政策,但是我国大学生自主创业还仅仅处于起步阶段,选择自主创业的大学生并不多,自主创业的成功率也不是很高。

资金、人脉、市场环境和社会阅历,被认为是影响创业最主要的客观因素;市场意识、创新精神、责任感和合作意识,被认为是影响创业最主要的主观因素;执行能力、市场调查能力、团队合作和创新能力,被认为是决定创业成败的主要内在因素。

1. 创业准备

大学生如果有了创业意愿,关键在于培养创业能力。创业能力是大学生在创业活动过程中必须具备的一系列能力,如创业原动力、机会把握力、资源整合力、创业坚毅力、关系胜任力、创新创业力、实践学习力等。

(1)创业原动力。创业原动力是指对创业生活方式及其成果的向往和追求能力,对创业生活方式和成果的向往是创业的基础。大学生渴望拥有成功创业人士的生活方式,忙忙碌碌为自己的事业而奋斗;期望自己的创业成果能带给社会重要影响,期望通过自己的努力,创造出来的新产品、新成果能够为地方经济发展产生促进作用,从而更好地回报社会。创业的追求能力主要表现在大学生是否拥有较为完善的创业计划,是否相信自己能独立承担创业风险,能解决创业过程中将遇到的大多数难题。

(2)机会把握力。机会把握力是指通过各种方法识别、评估和捕捉市场机会的能力。主要包括三个层面:第一个层面是对市场创业机会的识别。常用的渠道有通过各种媒介来获得商业动态,通过关系网络来征求商业信息,通过向有行业经验的人请教创业机会的可行性,还可以自己预测市场对某种产品的需求,这个层面是把握创业机会的基础,需要创业者有敏锐的洞察力。第二个层面是对市场创业机会的评估,需要创业者努力寻找各种途径去评估创业机会的价值,如通过实践尝试来评估创业机会的可行性或者通过与人交流来评估所发现的创业机会。第三个层面是对市场创业机会的把握,主要表现为个人的决策能力,是否能够在较短的时间里,对经营与否作出判断。在对创业机会作出评估之后,自己根据自身的实际情况,快速作出抉择,这个层面需要创业者有清醒的头脑,认准商机。

(3)资源整合力。资源整合力是指整合组织内外人、财物和技术资源的能力。它是指大学生在创业过程中把握好创业机会之后,有效地组织身边可以利用的各项资源的能力,主要包括三个层面:第一个层面是指人力资源的充分利用。对于大学生创业来说,人才也是创业成功的关键,创业者自己就是创业事业的关键人才,那是最理想的状态。因为在这种情况下,关键人力资源能够得到充分的发挥,若创业者本身只是看准了商机,自己并不是这方面的专家,那么创业者需要想方设法引入专家型人才来为自己的创业事业服务,而且,在这方面投入的人力成本也会相对较高。此外,创业者需要善于配置和发挥好团队成员的能力,并通过实行有效的激励机制使员工完成公司所制订的各项战略规划。第二个层面是指财物资源的充分利用。创业者需要了解自己可利用的各种资源分配情况,以便在需要时能够及时有效地获得所需的资源。此外,创业者还需要善于整合分散资源去完成一项任务或活动。第三个层面是指技术资源的充分利用,主要表现在创业者要善于发掘并利用一些资源的潜在价值。技术与人才都是创业成功的关键因素。有了先进的技术,创业往往事半功倍。因此,创业者要加强对这方面的投入,鼓励员工开展学习新技术,以提高工作效率。

(4)创业坚毅力。创业坚毅力是指面对创业的困难和挫折,坚持而不放弃的能力。创业是开拓一条新的事业道路,对于大学生而言,一切都是从头开始。因此,在这个过程中,遇到困难是必然的事,这就需要大学生拥有创业坚毅力,才能顺利走上创业道路,实现自己的创业梦想,这方面的能力主要表现在:认可创业是一种能力的锻炼和鞭笞;当在创业过程中遇到困难时,能经常自我鼓励和自我激励;即使创业的过程中遇到了很大的困难,也会尽自己最大的努力去完成创业目标;总是能积极面对创业中出现的困境;在创业中遇到困难时,能多方求助以找到解决方案;在创业中遇到瓶颈时,能积极反思并向有行业经验的前辈请教,以修正创业方案;即使创业失败,也不会后悔当初选择创业,失败乃成功之母。

(5)关系胜任力。关系胜任力是指建立和维持个人之间,个人和组织之间互动关系的能力。建立和维持个人之间的互动关系主要表现为创业者是否善于和陌生人建立朋友关系,结识不同背景或不同类型的朋友,通过各种渠道去结识新朋友,主动和新结识的朋友保持联系,时常关心身边的人等。建立和维持个人与组织之间的互动关系主要是指在创业成立公司或者企业之后,个人代表公司与其他公司或者企业进行互动,以促进本公司或企业的运行和发展。

(6)创新创业力。创新创业力是指创新性地解决创业过程中出现的各种问题,包括创造和改进新的技术、产品、服务和流程的能力。创业要能取得成功,创新是一个很重要的因素,这就需要创业者有强烈的接受新知识、掌握新技能的愿望,在日常做事中总是有一种很强的创新意识,喜欢用创新的方法处理所面临的一些问题,喜欢以突破常规的思路或方法来做事情等。

(7)实践学习力。不断在实践中学习创业所需知识和技能的能力,这个能力是所有人都必须拥有的能力。拥有学习的能力,才健跟上社会步伐,才能不被社会淘汰。主要包括以下一些渠道:坚持良好的读书习惯,并从书籍中学习,善于学习他人的成功经验;善于从网络、书籍等媒介中学习知识和技能,善于倾听与学习他人的好想法或建议;善于在实践中学习各种知识和技能以便有效地解决创业中遇到的困难,能够耐心地从错误、失败中学习,同时得到收获,并且善于将学到的知识灵活地运用到工作中。

2.创业途径

大学生创业途径有网络创业、加盟连锁创业、合作创业、自我积累创业、技术智能型创业等。

1)网络创业

互联网改变了人们的生活理念,同时也提供了全新的创业方式。网络创业与传统创业不同,无须白手起家,而是利用现成的网络资源。目前网络创业主要有两种形式:网上开店,即在网上注册成立网络商店;网上加盟,以某个电子商务网站门店的形式经营,利用母体网站的货源和销售渠道。网络创业的优势主要在于进入门槛低、成本投入少、承担风险小、经营方式灵活,特别适合初涉商海的大学生创业者。而且,网络创业受到政府的重视,给予诸多的优惠政策和措施,有些地方建立了电子商务创业园,为创业者提供优质的创业环境和服务。

越来越多的大学生将投身到电子商务行业进行创业,网络创业将成为大学生创业的重要方式。虽然网络创业风险相对较小却不等于没有风险,在创业前一定要先进行多方调研,选择既适合自己产品特点又具有较高访问量的电子商务平台。

2)加盟连锁创业

加盟创业分享品牌、分享经营诀窍、分享资源,这就是连锁加盟的优势,并因此成为备受青睐的创业新方式。目前,连锁加盟有直营、委托加盟、特许加盟等形式,投资金额也根据商品种类、技术设备的不同而不同。在经营管理模式方面实施总部或者中心统一管理,使得加盟创业的大学生可以直接享受规模经营和品牌效应所带来的效益,同时在经营管理方面还可以借鉴现有的经验和模式,规避大学生创业的风险,提高成功率。但是加盟模式创业初期投资要求高,企业的经营管理和发展缺乏自主性和创造性,创业企业发展空间相对较小。全国各地经常举办加盟连锁展会,如果想从事加盟连锁创业,就应该关注加盟连锁展会。加盟创业受到广大创业大学生的普遍欢迎。

汽车行业连锁机构非常多,主要集中在汽车后市场,非常适合汽车服务工程专业学生创业。如图6-1所示。

图 6-1　汽车行业连锁机构

3）合作创业

合作创业是一种既分担风险又能分工合作的好方法。找几个志同道合的、有管理经验的、有资金的或有技术发明的互补伙伴共同创业是当前比较流行的创业手段。一个由研发、技术、市场、融资等各方面人员组成，优势互补的创业团队，是创业成功的法宝。但需要注意的是，伙伴的选择可能是成功的关键，但也可能隐藏着失败的风险。只有大家同心协力，集合各自的优势，利用群体的智慧和能量，不计较个人的得失，才能使企业长远发展下去。

4）自我积累创业

自我积累创业主要是指创业者在经济基础薄弱的前提下，通过发展积累，将企业从小做到大，是一种完全独立的创业活动，这种创业通常所需要的时间较长，对创业者的心理素质要求较高。这类创业模式没有固定的形式，创业者在初期阶段主要从事技术门槛较低、投资较小的行业，如餐饮、商品批发和零售等。自我积累创业发展起来的企业规模小，规章制度建设不完善，在经营管理上创业者有自由发挥的空间。在取得一定成果之后，企业会转变发展思路并且建立既有法人地位的规范的股份制小型公司，但这种公司因为缺乏核心竞争力，其长期发展令人担忧，抗风险能力较弱。

5）技术智能型创业

技术智能型创业可以低成本创业，不需要大的资金投资，但对学生科研能力的要求比较高，需要有某方面专长，如管理才能、营销才能、发明专利等，并以专利产品为依托获得风险投资的资助建厂创业。现时许多地级城市都建立了"孵化器"，拥有技术、产品的人进入"孵化器"，配备各种管理人员，进行正式投产前的"预热"是较好的选择。

除了以上创业途径以外，还有一些其他创业途径，如创客空间。想要创业的大学生，要时刻关注大学生创业教育，只有把创业教育植入大学生的理论学习和实践中，才能为将来创业提供更扎实的理论基础和经验。

参 考 文 献

[1] 王林超.汽车构造[M].北京:人民交通出版社股份有限公司,2016.
[2] 王林超.汽车电控技术[M].北京:中国水利水电出版社,2015.
[3] 赵长利.汽车保险[M].北京:中国水利水电出版社,2018.
[4] 刘纯志.汽车服务工程概论[M].长沙:中南大学出版社,2016.
[5] 鲁植雄.车辆工程专业导论[M].北京:机械工业出版社,2013.
[6] 储江伟.汽车服务理论[M].北京:机械工业出版社,2020.
[7] 崔胜民.车辆工程专业导论[M].北京:北京大学出版社,2015.
[8] 周贺.汽车新技术[M].北京:北京理工大学出版社,2015.
[9] 欧阳波仪.新能源汽车概述[M].北京:北京理工大学出版社,2020.
[10] 崔胜民.智能网联汽车新技术[M].北京:化学工业出版社,2016.